民法典
人格权编一本通

程啸　编著

法律出版社
LAW PRESS·CHINA
——北京——

图书在版编目（CIP）数据

民法典人格权编一本通 / 程啸编著. -- 北京：法律出版社，2021（2021.12 重印）

ISBN 978 -7 -5197 -4981 -1

Ⅰ. ①民… Ⅱ. ①程… Ⅲ. ①人格－权利－汇编－中国 Ⅳ. ①D923.19

中国版本图书馆 CIP 数据核字（2020）第 182958 号

民法典人格权编一本通
MINFADIAN RENGEQUAN BIAN YIBENTONG

程 啸 编著

责任编辑 黄倩倩
装帧设计 臧晓飞

出版发行 法律出版社
编辑统筹 学术·对外出版分社
责任校对 王晓萍 王语童 李景美
责任印制 陶 松
经 销 新华书店

开本 A5
印张 9.25 **字数** 286 千
版本 2021 年 7 月第 1 版
印次 2021 年 12 月第 2 次印刷
印刷 天津嘉恒印务有限公司

地址：北京市丰台区莲花池西里 7 号（100073）
网址：www.lawpress.com.cn
投稿邮箱：info@lawpress.com.cn
举报盗版邮箱：jbwq@lawpress.com.cn

销售电话：010－83938349
客服电话：010－83938350
咨询电话：010－63939796

书号：ISBN 978－7－5197－4981－1
定价：38.00 元

凡购买本社图书，如有印装错误，我社负责退换。电话：010－83938349

编者简介

程啸，男，法学博士，清华大学法学院副院长、教授、博士生导师，教育部长江学者青年学者，德国联邦总理奖学金获得者、洪堡学者；兼任最高人民法院执行特邀咨询专家、最高人民检察院民事行政诉讼监督案件专家委员会委员、云南省委法律顾问、中国婚姻法学研究会常务理事、中国消费者协会专家委员会专家、中国银行间市场交易商协会第三届法律专业委员会副主任委员、北京仲裁委员会/北京国际仲裁中心仲裁员、北京市不动产法研究会副会长等。

2008 年 5 月至 2009 年 9 月，荣获德国联邦总理奖学金，在奥斯纳布吕克大学欧洲法研究所进行学术研究。2012 年 6 月至 9 月，获德国洪堡基金会的资助，在柏林自由大学法学院进行学术研究。

先后出版《侵权责任法》《担保物权研究》《不动产登记法研究》等个人独著十余部，在《中国社会科学》《中国法学》《法学研究》等权威核心期刊发表论文一百余篇。参与民法典、物权法、侵权责任法、不动产登记法、个人信息保护法等重大立法和司法解释的起草论证工作，并主持国家社科基金重大项目、国家社科基金重点项目、最高人民法院司法研究重大课题等国家和省部级课题多项。

前　言

2020年5月28日,第十三届全国人民代表大会第三次会议审议通过了《中华人民共和国民法典》(以下简称《民法典》),这是我国首部以“法典”命名的法律,也是我国民商事领域最重要、最基本的法律。我国的《民法典》共计7编1260条,各编依次为总则、物权、合同、人格权、婚姻家庭、继承、侵权责任,以及附则。

习近平总书记指出:“民法典系统整合了新中国成立70多年来长期实践形成的民事法律规范,汲取了中华民族5000多年优秀法律文化,借鉴了人类法治文明建设有益成果,是一部体现我国社会主义性质、符合人民利益和愿望、顺应时代发展要求的民法典,是一部体现对生命健康、财产安全、交易便利、生活幸福、人格尊严等各方面权利平等保护的民法典,是一部具有鲜明中国特色、实践特色、时代特色的民法典。”与世界其他国家民法典相比,我国《民法典》最大的特色之一,就是将人格权独立,专门作为《民法典》的第四编,该编共计6章51条,分别对人格权的一般规定,生命权、身体权和健康权,姓名权和名称权,肖像权,名誉权和荣誉权,隐私权和个人信息保护作出了详细的规定。

尽管在我国民法典的编纂过程中,对于人格权是否独立成编曾经存在一些争议,但是,最高立法机关一锤定音,最终采取了支持人格权独立成编的立场,这是因为:人格权是民事主体对其特定的人格利益享有的权利,关系到每个人的人格尊严,是民事主体最基本、最重要的权利。保护人格权、维护人格尊严,是我国法治建设的重要任务。近年来,加强人格权保护的呼声和期待较多。故此,为了贯彻党的十九大和十九届二中全会关于“保护人民人身权、财产权、人格权”的精神,落实我国《宪法》关于“公民的人格尊严不受侵犯”的要求，综合考虑各方面意见，总结我国现有人格权法律规范的实践经验，在民法典中增加人格权编是较为妥当、可取的。我国《民法典》人格权编，主要是从民事法律规范的角度规定自然人和其他民事主体人格权的内容、边界和保护方式，不涉及公民政治、社会等方面权利。

我国《民法典》已于2021年1月1日起正式施行。在《民法典》施行前，为贯彻实施《民法典》，最高人民法院全面完成了司法解释的清理工作，并制定了与民法典配套的第一批共7件新的司法解释。其中清理的司法解释分为三类：一是与民法典规定一致的司法解释共364件，未作修改、继续适用；二是对标民法典，需要对名称和部分条款进行修改的共11件，经修改颁布后自2021年1月1日施行；三是决定废止的司法解释及相关规范性文件共116件，自2021年1月1日失效。此外，最高人民法院还对2011年以来发布的139件指导性案例进行了全面清理，决定2件案例（第9号、第20号）不再参照适用。

为了满足广大法律实务工作者和研究者研究学习《民法典》人格权编，掌握我国人格权法律规范体系的需要，便于司法实践中准确地适用相关人格权法律规范，笔者抽出专门时间，依据《民法典》第四编“人格权”，对该编各条文进行了精要性的注解说明，同时全面归纳整理我国现行法律法规规章、司法解释中人格权的相关规范以及相关经典案例，编成本书。其中每条方头括号中的内容为作者总结该条条旨，便于读者理解和使用。希望本书能够对广大读者有所帮助，也衷心希望读者不吝赐教，以使本书不断完善。

程　啸

2021年1月10日于清华园

目　录

民法典人格权编

民法典人格权编

（《中华人民共和国民法典》于2020年5月28日由第十三届全国人民代表大会第三次会议通过；自2021年1月1日起施行）

目　录

第一章 一般规定

第九百八十九条 【人格权编的调整范围】本编调整因人格权的享有和保护产生的民事关系。

法条评释：本条是对人格权编调整范围的规定。所谓人格权法，即调整人格权关系的民事法律规范总称，有广义和狭义之分。狭义的人格权法，仅指民法典中调整人格权关系的法律规范，主要就是民法典人格权编，以及总则编和其他分编中调整人格权关系的规定，如第109条至第111条、第1179条、第1182条、第1183条。广义的人格权法，是指所有调整人格权关系的民事法律规范，除民法典外，还包括《消费者权益保护法》《妇女权益保障法》《未成年人保护法》《残疾人保障法》《产品质量法》《网络安全法》《电子商务法》等法律中的人格权法律规范。《民法典》人格权编调整的人格权关系分为：因人格权享有而产生的关系以及因人格权保护而产生的关系。人格权的享有，就是指人格权的产生与消灭、人格权的主体与类型、人格权的行使与限制、人格权之间以及与其他权利的冲突等。人格权的保护，是指对人格权的各种保护方法，包括人格权请求权、损害赔偿请求权等。人格权法既是权利确认法、权利行使法，也是权利保护法。我国《民法典》人格权编中既有赋权性规范，也有权利行使规范，还有权利保护规范，绝不能将之简单地看成侵权法的特别法。

相关法律条文

《中华人民共和国民法典》(2021年1月1日起施行)

第一条 为了保护民事主体的合法权益，调整民事关系，维护社会和经济秩序，适应中国特色社会主义发展要求，弘扬社会主义核心价值观，根据宪法，制定本法。

第二条 民法调整平等主体的自然人、法人和非法人组织之间的人身关系和财产关系。

第三条 民事主体的人身权利、财产权利以及其他合法权益受法律保护，任何组织或者个人不得侵犯。

> **第四条**　民事主体在民事活动中的法律地位一律平等。
>
> **第五条**　民事主体从事民事活动，应当遵循自愿原则，按照自己的意思设立、变更、终止民事法律关系。
>
> **第六条**　民事主体从事民事活动，应当遵循公平原则，合理确定各方的权利和义务。
>
> **第七条**　民事主体从事民事活动，应当遵循诚信原则，秉持诚实，恪守承诺。
>
> **第八条**　民事主体从事民事活动，不得违反法律，不得违背公序良俗。
>
> **第九条**　民事主体从事民事活动，应当有利于节约资源、保护生态环境。
>
> **第十条**　处理民事纠纷，应当依照法律；法律没有规定的，可以适用习惯，但是不得违背公序良俗。
>
> **第十一条**　其他法律对民事关系有特别规定的，依照其规定。
>
> **第十二条**　中华人民共和国领域内的民事活动，适用中华人民共和国法律。法律另有规定的，依照其规定。

第九百九十条　【人格权的类型】人格权是民事主体享有的生命权、身体权、健康权、姓名权、名称权、肖像权、名誉权、荣誉权、隐私权等权利。

除前款规定的人格权外，自然人享有基于人身自由、人格尊严产生的其他人格权益。

法条评释：本条是对人格权类型的规定。所谓人格权，是指自然人等民事主体针对生命、身体、健康、姓名、名称、肖像、名誉、荣誉、隐私等人格要素而享有的受到法律保护的人格利益。我国《民法典》没有界定人格权的概念，而是在本条列举了民事主体享有的人格权的类型。从该条可知，我国《民法典》人格权编规定的不仅是人格权，还包括人格利益，合称“人格权益”。人格权又可以分为：具体人格权与一般人格权。具体人格权也称“特别人格权”，是指因人格利益的内容和类型被特定化、具体化而被法律明确规定为权利的人格权，包括生命权、健康权、身体权、姓名权、名称权、肖像权、名誉权、荣誉权、隐私权等。一般人格权，是指人身自由、人格尊严，它们是关于人格尊严和人格发展的权利,是法律采取高度概括的方式,赋予自然人享有的具有权利集合性特点的框架性人格权。由于人格利益具有发展性,随着社会的发展而会产生新的需要保护的人格利益,因此规定一般人格权有助于对新产生的、无法被归入具体人格权中的新型人格利益给予保护。我国《民法典》中规定的受到保护的人格利益主要就是死者的姓名、名称、名誉、隐私等人格利益以及自然人的个人信息。

一、相关法律条文

1.《中华人民共和国宪法》(2018年3月11日修正)

第三十三条 凡具有中华人民共和国国籍的人都是中华人民共和国公民。

中华人民共和国公民在法律面前一律平等。

国家尊重和保障人权。

任何公民享有宪法和法律规定的权利,同时必须履行宪法和法律规定的义务。

第三十七条 中华人民共和国公民的人身自由不受侵犯。

任何公民,非经人民检察院批准或者决定或者人民法院决定,并由公安机关执行,不受逮捕。

禁止非法拘禁和以其他方法非法剥夺或者限制公民的人身自由,禁止非法搜查公民的身体。

第三十八条 中华人民共和国公民的人格尊严不受侵犯。禁止用任何方法对公民进行侮辱、诽谤和诬告陷害。

第三十九条 中华人民共和国公民的住宅不受侵犯。禁止非法搜查或者非法侵入公民的住宅。

第四十条 中华人民共和国公民的通信自由和通信秘密受法律的保护。除因国家安全或者追查刑事犯罪的需要,由公安机关或者检察机关依照法律规定的程序对通信进行检查外,任何组织或者个人不得以任何理由侵犯公民的通信自由和通信秘密。

2.《中华人民共和国民法典》(2021年1月1日起施行)

第一百零九条 自然人的人身自由、人格尊严受法律保护。

第一百一十条　自然人享有生命权、身体权、健康权、姓名权、肖像权、名誉权、荣誉权、隐私权、婚姻自主权等权利。

法人、非法人组织享有名称权、名誉权和荣誉权。

第一百一十一条　自然人的个人信息受法律保护。任何组织或者个人需要获取他人个人信息的,应当依法取得并确保信息安全,不得非法收集、使用、加工、传输他人个人信息,不得非法买卖、提供或者公开他人个人信息。

第一百二十六条　民事主体享有法律规定的其他民事权利和利益。

3.《中华人民共和国基本医疗卫生与健康促进法》(2020年6月1日起施行)

第三十三条　公民接受医疗卫生服务,应当受到尊重。医疗卫生机构、医疗卫生人员应当关心爱护、平等对待患者,尊重患者人格尊严,保护患者隐私。

公民接受医疗卫生服务,应当遵守诊疗制度和医疗卫生服务秩序,尊重医疗卫生人员。

4.《中华人民共和国义务教育法》(2018年12月29日修正)

第二十九条　教师在教育教学中应当平等对待学生,关注学生的个体差异,因材施教,促进学生的充分发展。

教师应当尊重学生的人格,不得歧视学生,不得对学生实施体罚、变相体罚或者其他侮辱人格尊严的行为,不得侵犯学生合法权益。

5.《中华人民共和国妇女权益保障法》(2018年10月26日修正)

第三十七条　妇女的人身自由不受侵犯。禁止非法拘禁和以其他非法手段剥夺或者限制妇女的人身自由;禁止非法搜查妇女的身体。

第四十二条　妇女的名誉权、荣誉权、隐私权、肖像权等人格权受法律保护。

禁止用侮辱、诽谤等方式损害妇女的人格尊严。禁止通过大众传播媒介或者其他方式贬低损害妇女人格。未经本人同意,不得以营利为目的,通过广告、商标、展览橱窗、报纸、期刊、图书、音像制品、电子出版物、网络等形式使用妇女肖像。

6.《中华人民共和国残疾人保障法》(2018年10月26日修正)

第三条 残疾人在政治、经济、文化、社会和家庭生活等方面享有同其他公民平等的权利。

残疾人的公民权利和人格尊严受法律保护。

禁止基于残疾的歧视。禁止侮辱、侵害残疾人。禁止通过大众传播媒介或者其他方式贬低损害残疾人人格。

第四十条 任何单位和个人不得以暴力、威胁或者非法限制人身自由的手段强迫残疾人劳动。

7.《中华人民共和国旅游法》(2018年10月26日修正)

第十条 旅游者的人格尊严、民族风俗习惯和宗教信仰应当得到尊重。

8.《中华人民共和国精神卫生法》(2018年4月27日修正)

第四条 精神障碍患者的人格尊严、人身和财产安全不受侵犯。

精神障碍患者的教育、劳动、医疗以及从国家和社会获得物质帮助等方面的合法权益受法律保护。

有关单位和个人应当对精神障碍患者的姓名、肖像、住址、工作单位、病历资料以及其他可能推断出其身份的信息予以保密;但是,依法履行职责需要公开的除外。

第五条 全社会应当尊重、理解、关爱精神障碍患者。

任何组织或者个人不得歧视、侮辱、虐待精神障碍患者,不得非法限制精神障碍患者的人身自由。

新闻报道和文学艺术作品等不得含有歧视、侮辱精神障碍患者的内容。

9.《中华人民共和国慈善法》(2016年9月1日起施行)

第六十二条 开展慈善服务,应当尊重受益人、志愿者的人格尊严,不得侵害受益人、志愿者的隐私。

10.《中华人民共和国消费者权益保护法》(2013年10月25日修正)

第十四条 消费者在购买、使用商品和接受服务时,享有人格尊严、民族风俗习惯得到尊重的权利,享有个人信息依法得到保护的权利。

第二十七条 经营者不得对消费者进行侮辱、诽谤，不得搜查消费者的身体及其携带的物品，不得侵犯消费者的人身自由。

11.《中华人民共和国治安管理处罚法》(2012年10月26日修正)

第五条 治安管理处罚必须以事实为依据，与违反治安管理行为的性质、情节以及社会危害程度相当。

实施治安管理处罚，应当公开、公正，尊重和保障人权，保护公民的人格尊严。

办理治安案件应当坚持教育与处罚相结合的原则。

12.《中华人民共和国国防法》(2020年12月26日修订)

第六十二条 军人应当受到全社会的尊崇。

国家建立军人功勋荣誉表彰制度。

国家采取有效措施保护现役军人的荣誉、人格尊严，依照法律规定对军人的婚姻实行特别保护。

军人依法履行职责的行为受法律保护。

13.《中华人民共和国劳动法》(2018年12月29日修正)

第三十二条 有下列情形之一的，劳动者可以随时通知用人单位解除劳动合同：

(一)在试用期内的；

(二)用人单位以暴力、威胁或者非法限制人身自由的手段强迫劳动的；

(三)用人单位未按照劳动合同约定支付劳动报酬或者提供劳动条件的。

14.《中华人民共和国劳动合同法》(2012年12月28日修正)

第三十八条 用人单位有下列情形之一的，劳动者可以解除劳动合同：

(一)未按照劳动合同约定提供劳动保护或者劳动条件的；

(二)未及时足额支付劳动报酬的；

(三)未依法为劳动者缴纳社会保险费的；

(四)用人单位的规章制度违反法律、法规的规定，损害劳动者权益的；

(五)因本法第二十六条第一款规定的情形致使劳动合同无效的；

(六)法律、行政法规规定劳动者可以解除劳动合同的其他情形。

用人单位以暴力、威胁或者非法限制人身自由的手段强迫劳动者劳动的,或者用人单位违章指挥、强令冒险作业危及劳动者人身安全的,劳动者可以立即解除劳动合同,不需事先告知用人单位。

15.《中华人民共和国反家庭暴力法》(2016年3月1日起施行)

第二条 本法所称家庭暴力,是指家庭成员之间以殴打、捆绑、残害、限制人身自由以及经常性谩骂、恐吓等方式实施的身体、精神等侵害行为。

二、相关行政法规

《中华人民共和国台湾同胞投资保护法实施细则》(1999年12月5日起施行)

第二十五条 国家依法保护台湾同胞投资者个人及其随行家属和台湾同胞投资企业中的台湾同胞职工及其随行家属的人身自由和人身安全。除依照国家有关法律规定办理的外,不得对台湾同胞采取限制人身自由的强制措施。

三、相关司法解释规定

《最高人民法院关于确定民事侵权精神损害赔偿责任若干问题的解释》(法释〔2001〕7号)(2020年12月23日修正)

第一条 因人身权益或者具有人身意义的特定物受到侵害,自然人或者其近亲属向人民法院提起诉讼请求精神损害赔偿的,人民法院应当依法予以受理。

四、相关文件规定

《最高人民法院关于印发修改后的〈民事案件案由规定〉的通知》(法〔2020〕347号)

第一部分 人格权纠纷

一、人格权纠纷

1. 生命权、身体权、健康权纠纷

2. 姓名权纠纷

3. 名称权纠纷
4. 肖像权纠纷
5. 声音保护纠纷
6. 名誉权纠纷
7. 荣誉权纠纷
8. 隐私权、个人信息保护纠纷
(1)隐私权纠纷
(2)个人信息保护纠纷
9. 婚姻自主权纠纷
10. 人身自由权纠纷
11. 一般人格权纠纷
(1)平等就业纠纷

第九百九十一条　【人格权受法律保护的原则】民事主体的人格权受法律保护,任何组织或者个人不得侵害。

法条评释:本条是对人格权受法律保护原则的规定。人格权与自然人、法人或者非法人组织等民事主体的存在和发展密切关联,是最基本、最重要的一类民事权利。对于自然人而言,人格权是最根本的权利,其他一切民事权益都以此为基础。一个人如果不能称为人,没有生命权、身体权、健康权等人格权,则物权、债权、知识产权等其他权利将无所依附。尽管《民法典》第3条已经明确规定:“民事主体的人身权利、财产权利以及其他合法权益受法律保护,任何组织或者个人不得侵犯。”但是,为了凸显国家保护人格权的决心,本条再次明确宣示人格权受法律保护,任何组织或者个人不得侵害。

第九百九十二条　【人格权的专属性】人格权不得放弃、转让或者继承。

法条评释:本条是对人格权专属性的规定。财产权原则都具有可转让性,可以通过法律行为如买卖合同等加以转让,也可以因法律行为之外的法律事实而转让(如因继承而取得被继承人的债权与物权)。但是,人格权则具有专属性、不可转让性。人格权旨在维护的人的自由与尊严,与权利主体紧密联系、不可分离。一旦允许权利人可以任意转让、抛弃或继承人格权,或由他人代为行使人格权,就会出现严重损害人的自由和尊严的情形。例如,自然人放弃自己的自由权而将自己卖身给他人为奴。这种做法显然是不可以的。故此,本条明确规定,人格权不得放弃、转让或者继承。

第九百九十三条 【人格权客体的许可使用】民事主体可以将自己的姓名、名称、肖像等许可他人使用,但是依照法律规定或者根据其性质不得许可的除外。

法条评释:本条是对人格权客体许可使用的规定。人格权客体的许可使用,也被称为"人格权的商业化利用",是指人格权主体可以通过许可他人利用某些人格要素的方式,据以实现人格权所保护的某些人格要素上的经济利益。虽然人格权产生之初,是为了保护自然人基于人身自由、人格尊严而产生的使人之为人的精神利益,但是,随着社会经济生活和科技的发展,作为人格权客体的一些人格要素如姓名、名称、肖像等逐渐具有了经济价值,可以为权利人带来经济利益。尤其是歌星、影星、体育明星等社会名人的姓名、肖像以及知名企业的名称,更是具有极高的经济价值。因此,我国《民法典》中的人格权保护的不仅是权利人对于人格要素的精神利益,也保护其上的经济利益。人格权客体的许可使用并没有创设了一种新的权利,如公开权、形象权或商品化权,我国是采取一元化模式,通过人格权制度统一实现对民事主体针对人格要素的精神利益和经济利益的保护。

依据本条规定,民事主体可以许可使用的人格要素有明确的限定,必须符合以下条件:一是可以许可使用的人格要素是姓名、名称、肖像等。本条在列举后使用了一个"等"字,就表明该列举是不完全的。例如,个人信息实际上也是可以许可他人使用的。此外,随着社会的发展,可能今后能够被许可他人使用的人格要素也会增加,因此,本条规定要为将来的发展预留空间。二是不存在依照法律规定或者根据其性质不得许可的情形。生命、身体、健康、名誉、荣誉、隐私等人格要素,不得许可他人使用。因为如果允许这些人格要素可以许可他人使用,就会违反法律的强制性规定,违背公序良俗甚至损害公共利益。

第九百九十四条 【死者人格利益的保护】死者的姓名、肖像、名誉、荣誉、隐私、遗体等受到侵害的，其配偶、子女、父母有权依法请求行为人承担民事责任；死者没有配偶、子女且父母已经死亡的，其他近亲属有权依法请求行为人承担民事责任。

法条评释：本条是对死者人格利益予以保护的规定。依据本条规定，首先，侵害死者姓名、肖像、名誉、荣誉、隐私、遗体等的侵权责任，适用的是过错责任原则。其次，请求权人的范围限定为死者的近亲属，但是，有请求权行使的先后顺序，即在死者的姓名、肖像、名誉等受到侵害时，死者的配偶、子女、父母有权依法请求行为人承担民事责任。只有当死者没有配偶、子女并且父母已经死亡的，其他的近亲属才能提起诉讼。如果死者的配偶、子女、父母不起诉的，则其他的近亲属不得提起诉讼。这主要是考虑到保护死者的人格利益本质上是保护活着的人即近亲属的利益。在近亲属中，配偶、子女、父母与死者的关系最近，受到的影响最大。如果死者的配偶、子女、父母都不起诉，其他近亲属没有权利起诉。最后，侵害死者的姓名、肖像、名誉、荣誉、隐私、遗体的，侵权人需要承担的不仅是精神损害赔偿，也包括其他的侵权责任承担方式，如停止侵害、排除妨碍、消除危险、损害赔偿。

一、相关法律条文

1.《中华人民共和国民法典》(2021 年 1 月 1 日起施行)

第一百八十五条　侵害英雄烈士等的姓名、肖像、名誉、荣誉，损害社会公共利益的，应当承担民事责任。

2.《中华人民共和国英雄烈士保护法》(2018 年 5 月 1 日起施行)

第二条　国家和人民永远尊崇、铭记英雄烈士为国家、人民和民族作出的牺牲和贡献。

近代以来，为了争取民族独立和人民解放，实现国家富强和人民幸福，促进世界和平和人类进步而毕生奋斗、英勇献身的英雄烈士，功勋彪炳史册，精神永垂不朽。

第三条　英雄烈士事迹和精神是中华民族的共同历史记忆和社会主义核心价值观的重要体现。

国家保护英雄烈士，对英雄烈士予以褒扬、纪念，加强对英雄烈士事迹和精神的宣传、教育，维护英雄烈士尊严和合法权益。

全社会都应当崇尚、学习、捍卫英雄烈士。

第二十二条 禁止歪曲、丑化、亵渎、否定英雄烈士事迹和精神。

英雄烈士的姓名、肖像、名誉、荣誉受法律保护。任何组织和个人不得在公共场所、互联网或者利用广播电视、电影、出版物等，以侮辱、诽谤或者其他方式侵害英雄烈士的姓名、肖像、名誉、荣誉。任何组织和个人不得将英雄烈士的姓名、肖像用于或者变相用于商标、商业广告，损害英雄烈士的名誉、荣誉。

公安、文化、新闻出版、广播电视、电影、网信、市场监督管理、负责英雄烈士保护工作的部门发现前款规定行为的，应当依法及时处理。

第二十三条 网信和电信、公安等有关部门在对网络信息进行依法监督管理工作中，发现发布或者传输以侮辱、诽谤或者其他方式侵害英雄烈士的姓名、肖像、名誉、荣誉的信息的，应当要求网络运营者停止传输，采取消除等处置措施和其他必要措施；对来源于中华人民共和国境外的上述信息，应当通知有关机构采取技术措施和其他必要措施阻断传播。

网络运营者发现其用户发布前款规定的信息的，应当立即停止传输该信息，采取消除等处置措施，防止信息扩散，保存有关记录，并向有关主管部门报告。网络运营者未采取停止传输、消除等处置措施的，依照《中华人民共和国网络安全法》的规定处罚。

第二十四条 任何组织和个人有权对侵害英雄烈士合法权益和其他违反本法规定的行为，向负责英雄烈士保护工作的部门、网信、公安等有关部门举报，接到举报的部门应当依法及时处理。

第二十五条 对侵害英雄烈士的姓名、肖像、名誉、荣誉的行为，英雄烈士的近亲属可以依法向人民法院提起诉讼。

英雄烈士没有近亲属或者近亲属不提起诉讼的，检察机关依法对侵害英雄烈士的姓名、肖像、名誉、荣誉，损害社会公共利益的行为向人民法院提起诉讼。

负责英雄烈士保护工作的部门和其他有关部门在履行职责过程中发现第一款规定的行为，需要检察机关提起诉讼的，应当向检察机关报告。

英雄烈士近亲属依照第一款规定提起诉讼的，法律援助机构应当依法提供法律援助服务。

第二十六条　以侮辱、诽谤或者其他方式侵害英雄烈士的姓名、肖像、名誉、荣誉，损害社会公共利益的，依法承担民事责任；构成违反治安管理行为的，由公安机关依法给予治安管理处罚；构成犯罪的，依法追究刑事责任。

二、相关司法解释规定

1.《最高人民法院关于确定民事侵权精神损害赔偿责任若干问题的解释》(法释〔2001〕7号)(2020年12月23日修正)

第三条　死者的姓名、肖像、名誉、荣誉、隐私、遗体、遗骨等受到侵害，其近亲属向人民法院提起诉讼请求精神损害赔偿的，人民法院应当依法予以支持。

第七条　自然人因侵权行为致死，或者自然人死亡后其人格或者遗体遭受侵害，死者的配偶、父母和子女向人民法院起诉请求赔偿精神损害的，列其配偶、父母和子女为原告；没有配偶、父母和子女的，可以由其他近亲属提起诉讼，列其他近亲属为原告。

2.《最高人民法院、最高人民检察院关于检察公益诉讼案件适用法律若干问题的解释》(法释〔2018〕6号)

第一条　为正确适用《中华人民共和国民事诉讼法》《中华人民共和国行政诉讼法》关于人民检察院提起公益诉讼制度的规定，结合审判、检察工作实际，制定本解释。

第二条　人民法院、人民检察院办理公益诉讼案件主要任务是充分发挥司法审判、法律监督职能作用，维护宪法法律权威，维护社会公平正义，维护国家利益和社会公共利益，督促适格主体依法行使公益诉权，促进依法行政、严格执法。

第三条　人民法院、人民检察院办理公益诉讼案件，应当遵守宪法法律规定，遵循诉讼制度的原则，遵循审判权、检察权运行规律。

第四条　人民检察院以公益诉讼起诉人身份提起公益诉讼，依照民事诉讼法、行政诉讼法享有相应的诉讼权利，履行相应的诉讼义务，但法律、司法解释另有规定的除外。

第五条　市(分、州)人民检察院提起的第一审民事公益诉讼案件，由侵权行为地或者被告住所地中级人民法院管辖。

基层人民检察院提起的第一审行政公益诉讼案件，由被诉行政机关所在地基层人民法院管辖。

第六条 人民检察院办理公益诉讼案件，可以向有关行政机关以及其他组织、公民调查收集证据材料；有关行政机关以及其他组织、公民应当配合；需要采取证据保全措施的，依照民事诉讼法、行政诉讼法相关规定办理。

第七条 人民法院审理人民检察院提起的第一审公益诉讼案件，可以适用人民陪审制。

第八条 人民法院开庭审理人民检察院提起的公益诉讼案件，应当在开庭三日前向人民检察院送达出庭通知书。

人民检察院应当派员出庭，并应当自收到人民法院出庭通知书之日起三日内向人民法院提交派员出庭通知书。派员出庭通知书应当写明出庭人员的姓名、法律职务以及出庭履行的具体职责。

第九条 出庭检察人员履行以下职责：

（一）宣读公益诉讼起诉书；

（二）对人民检察院调查收集的证据予以出示和说明，对相关证据进行质证；

（三）参加法庭调查，进行辩论并发表意见；

（四）依法从事其他诉讼活动。

第十条 人民检察院不服人民法院第一审判决、裁定的，可以向上一级人民法院提起上诉。

第十一条 人民法院审理第二审案件，由提起公益诉讼的人民检察院派员出庭，上一级人民检察院也可以派员参加。

第十二条 人民检察院提起公益诉讼案件判决、裁定发生法律效力，被告不履行的，人民法院应当移送执行。

第十三条 人民检察院在履行职责中发现破坏生态环境和资源保护、食品药品安全领域侵害众多消费者合法权益等损害社会公共利益的行为，拟提起公益诉讼的，应当依法公告，公告期间为三十日。

公告期满，法律规定的机关和有关组织不提起诉讼的，人民检察院可以向人民法院提起诉讼。

第十四条 人民检察院提起民事公益诉讼应当提交下列材料：

（一）民事公益诉讼起诉书，并按照被告人数提出副本；

（二）被告的行为已经损害社会公共利益的初步证明材料；

（三）检察机关已经履行公告程序的证明材料。

第十五条　人民检察院依据民事诉讼法第五十五条第二款的规定提起民事公益诉讼，符合民事诉讼法第一百一十九条第二项、第三项、第四项及本解释规定的起诉条件的，人民法院应当登记立案。

第十六条　人民检察院提起的民事公益诉讼案件中，被告以反诉方式提出诉讼请求的，人民法院不予受理。

第十七条　人民法院受理人民检察院提起的民事公益诉讼案件后，应当在立案之日起五日内将起诉书副本送达被告。

人民检察院已履行诉前公告程序的，人民法院立案后不再进行公告。

第十八条　人民法院认为人民检察院提出的诉讼请求不足以保护社会公共利益的，可以向其释明变更或者增加停止侵害、恢复原状等诉讼请求。

第十九条　民事公益诉讼案件审理过程中，人民检察院诉讼请求全部实现而撤回起诉的，人民法院应予准许。

第二十条　人民检察院对破坏生态环境和资源保护、食品药品安全领域侵害众多消费者合法权益等损害社会公共利益的犯罪行为提起刑事公诉时，可以向人民法院一并提起附带民事公益诉讼，由人民法院同一审判组织审理。

人民检察院提起的刑事附带民事公益诉讼案件由审理刑事案件的人民法院管辖。

三、相关指导案例

• 第99号指导案例"葛长生诉洪振快名誉权、荣誉权纠纷案"（最高人民法院审判委员会讨论通过；2018年12月19日发布）

法院生效裁判认为：1941年9月25日，在易县狼牙山发生的狼牙山战斗，是被大量事实证明的著名战斗。在这场战斗中，"狼牙山五壮士"英勇抗敌的基本事实和舍生取义的伟大精神，赢得了全国人民高度认同和广泛赞扬，是五壮士获得"狼牙山五壮士"崇高名誉和荣誉的基础。"狼牙山五壮士"这一称号在全军、全国人民中已经赢得了普遍的公众认同，既是国家及公众对他们作为中华民族的优秀儿女在反抗侵略、保家卫国中作出巨大牺牲的褒奖，也是他们应当获得的个人名誉和个人荣誉。“狼牙山五壮士”是中国共产党领导的八路军在抵抗日本帝国主义侵略伟大斗争中涌现出来的英雄群体，是中国共产党领导的全民抗战并取得最终胜利的重要事件载体。“狼牙山五壮士”的事迹经由广泛传播，已成为激励无数中华儿女反抗侵略、英勇抗敌的精神动力之一；成为人民军队誓死捍卫国家利益、保障国家安全的军魂来源之一。在和平年代，“狼牙山五壮士”的精神，仍然是我国公众树立不畏艰辛、不怕困难、为国为民奋斗终身的精神指引。这些英雄烈士及其精神，已经获得全民族的广泛认同，是中华民族共同记忆的一部分，是中华民族精神的内核之一，也是社会主义核心价值观的重要内容。而民族的共同记忆、民族精神乃至社会主义核心价值观，无论是从我国的历史看，还是从现行法上看，都已经是社会公共利益的一部分。

案涉文章对于“狼牙山五壮士”在战斗中所表现出的英勇抗敌的事迹和舍生取义的精神这一基本事实，自始至终未作出正面评价。而是以考证“在何处跳崖”“跳崖是怎么跳的”“敌我双方战斗伤亡”以及“‘五壮士’是否拔了群众的萝卜”等细节为主要线索，通过援引不同时期的材料、相关当事者不同时期的言论，全然不考虑历史的变迁，各个材料所形成的时代背景以及各个材料的语境等因素。在无充分证据的情况下，案涉文章多处作出似是而非的推测、质疑乃至评价。因此，尽管案涉文章无明显侮辱性的语言，但通过强调与基本事实无关或者关联不大的细节，引导读者对“狼牙山五壮士”这一英雄烈士群体英勇抗敌事迹和舍生取义精神产生质疑，从而否定基本事实的真实性，进而降低他们的英勇形象和精神价值。洪振快的行为方式符合以贬损、丑化的方式损害他人名誉和荣誉权益的特征。

案涉文章通过刊物发行和网络传播，在全国范围内产生了较大影响，不仅损害了葛振林的个人名誉和荣誉，损害了葛长生的个人感情，也在一定范围和程度上伤害了社会公众的民族和历史情感。在我国，由于“狼牙山五壮士”的精神价值已经内化为民族精神和社会公共利益的一部分，因此，也损害了社会公共利益。洪振快作为具有一定研究能力和熟练使用互联网工具的人，应当认识到案涉文章的发表及其传播将会损害到“狼牙山五壮士”的名誉及荣誉，也会对其近亲属造成感情和精神上的伤害，更会损害到社会公共利益。在此情形下，洪振快有能力控制文章所可能产生的损害后果而未控制，仍以既有的状态发表，在主观上显然具有过错。

• 最高人民检察院指导性案例“曾云侵害英烈名誉案”（检例第51号）

《中华人民共和国英雄烈士保护法》第二十五条规定：“英雄烈士没有近亲属或者近亲属不提起诉讼的，检察机关依法对侵害英雄烈士的姓名、肖像、名誉、荣誉，损害社会公共利益的行为向人民法院提起诉讼。”英雄烈士的形象是民族精神的体现，是引领社会风尚的标杆。英雄烈士的姓名、肖像、名誉和荣誉等不仅属于英雄烈士本人及其近亲属，更是社会正义的重要组成内容，承载着社会主义核心价值观，具有社会公益性质。侵害英雄烈士名誉就是对公共利益的损害。对于侵害英雄烈士名誉的行为，英雄烈士没有近亲属或者近亲属不提起诉讼时，检察机关应依法提起公益诉讼，捍卫社会公共利益。

检察机关履行这类公益诉讼职责，要在提起诉讼前确认英雄烈士是否有近亲属以及其近亲属是否提起诉讼，区分情况处理。对于英雄烈士有近亲属的，检察机关应当当面征询英雄烈士近亲属是否提起诉讼；对于英雄烈士没有近亲属或者近亲属下落不明的，检察机关可以通过公告的方式履行告知程序。

检察机关办理该类案件，除围绕侵权责任构成要件收集、固定证据外，还要就侵权行为是否损害社会公共利益这一结果要件进行调查取证。对于在微信群内发表侮辱、诽谤英雄烈士言论的行为，要重点收集微信群成员数量、微信群组的私密性、进群验证方式、不当言论被阅读数、转发量等方面的证据，证明侵权行为产生的不良社会影响及其严重性。检察机关在决定是否提起公益诉讼时，还应当考虑行为人的主观过错程度、社会公共利益受损程度等，充分履行职责，实现政治效果、社会效果和法律效果的有机统一。

四、相关裁判摘要

• 2002年第6期《中华人民共和国最高人民法院公报》刊登的“**彭家惠诉《中国故事》杂志社名誉权纠纷案**”判决认为，编造虚构事实上侵

害死者名誉的,应当向死者的近亲属承担侵权责任。相关裁判摘要如下:

公民的名誉权受到法律保护,任何诋毁他人名誉的行为都是法律禁止的,文学作品也不应例外。对涉及真实事件和人物的文学作品,出版单位应该审查有关内容是否真实,是否侵害他人的合法权利。辛亥革命在我国现代史上具有十分重要的意义,对辛亥革命中历史事件和人物的评价,应该是严肃而认真的。即使是文学作品中的内容,也应该注意与历史上的事件和人物的基本情况相符,不得违背历史事实,编造或虚构情节,肆意侵害他人的名誉。小说《祸祟》中涉及辛亥革命的事件及人物的篇幅较大,被告杂志社在审查稿件时,如果能够根据有关历史资料进行核实,很容易发现作品中存在着的编造和虚构的内容,并判断是否损害彭家珍烈士的名誉。但是杂志社在文稿编辑的初审、二审以及终审中,均未就历史事件和人物的真实性进行审查,存在明显的主观过错,对侵权结果的发生应负相应的责任……

彭家惠作为彭家珍烈士的近亲属对杂志社提起诉讼,是维护彭家珍烈士的名誉,而非自身的名誉权受到侵害。一审法院将侵权人实施侵害死者名誉权的行为,认定同时对死者的近亲属也构成了侵权,没有法律依据。彭家惠要求赔偿其住院治疗所受损失的诉讼请求,因无充分证据证明是由杂志社的侵权行为造成的,不予支持;但提出因本案诉讼支出的必要的差旅费、复印资料费等应予支持。彭家惠死亡后,其应获得的经济赔偿由法定继承人林琦、林玮、林琮、高学冰、林玉章共同继承。

- **1998 年第 1 期《中华人民共和国最高人民法院公报》**刊登的"**李林诉《新生界》杂志社、何建明侵害名誉权纠纷案**"判决认为,公民的名誉即使在其死后,也不应当受到侵害。如果公民的名誉在其死后受到侵害,其近亲属有权提起诉讼。相关裁判摘要如下:

公民的名誉即使在其死后,也不应当受到侵害。如果公民的名誉在其死后受到侵害,其近亲属有权提起诉讼。上诉人何建明在报告文学中叙述我国当代科学史上的重大事件时,理应尊重事实;在对著名历史人物的经历和人品作出评价时,应当持客观、慎重的态度。但是何建明在其撰写的《科》文中,却从政治、学术、人品等方面对李四光进行了不恰当的描写,许多情节缺乏客观事实根据。《科》文的发表,客观上影响了公众对李四光的公正评价。何建明的行为已损害了李四光的名誉,同时也给李四光之女、被上诉人李林造成了一定的精神痛苦，何建明应当依法承担侵权的民事责任。原审被告《新生界》杂志社未尽审查职责，在其主办的《新生界》杂志上发表明显带有侵权内容的作品，也应依法承担相应的民事责任。

• **1990年第2期《中华人民共和国最高人民法院公报》**刊登的“**陈秀琴诉魏锡林、《今晚报》社侵害名誉权纠纷案**”判决认为，在小说中虚构有损死者名誉的事实的，应当向死者的近亲属承担侵权责任。相关裁判摘要如下：

《中华人民共和国民法通则》规定公民享有名誉权。公民死亡后名誉权仍应受法律保护。原告陈秀琴系已故吉文贞之母，在其女儿及本人名誉权受到侵害的情况下，有权提起诉讼，请求法律保护。被告魏锡林所著《荷花女》体裁虽为小说，但作者使用了吉文贞和陈秀琴的真实姓名，其中虚构了有损吉文贞和陈秀琴名誉的一些情况，其行为侵害了吉文贞和陈秀琴的名誉权，应承担民事责任。被告《今晚报》社对使用真实姓名的小说《荷花女》未作认真审查即予登载，致使损害吉文贞和陈秀琴名誉的不良影响扩散，也应承担相应的民事责任。

第九百九十五条 【侵害人格权的民事责任与不适用诉讼时效的请求权】人格权受到侵害的，受害人有权依照本法和其他法律的规定请求行为人承担民事责任。受害人的停止侵害、排除妨碍、消除危险、消除影响、恢复名誉、赔礼道歉请求权，不适用诉讼时效的规定。

法条评释：本条是对侵害人格权的民事责任与不适用诉讼时效的请求权的规定。本条第1句明确规定，人格权受到侵害的，受害人有权依据《民法典》和其他法律的规定请求行为人承担民事责任，包括侵权责任和违约责任。侵害人格权的侵权责任承担方式包括：停止侵害、排除妨碍、消除危险、赔偿损失、消除影响、恢复名誉、赔礼道歉以及惩罚性赔偿。本条第2句明确规定，受害人的停止侵害、排除妨碍、消除危险、消除影响、恢复名誉、赔礼道歉请求权，不适用诉讼时效的规定。该句中规定的请求权并非都属于人格权请求权，只有停止侵害、排除妨碍、消除危险这三类请求权属于人格权请求权。至于消除影响、恢复名誉、赔礼道歉则属于损害赔偿请求权。所谓人格权请求权，就是基于人格权作为绝对权和支配权的效力而产生的排除对人格权的现实的或者潜在的侵害或妨碍，旨在维护人格权圆满状态的请求权。人格权请求权具有以下特征：一方面，人格权请求权具有从属性。人格权请求权是基于人格权而产生的请求权，从属于人格权，只有人格权的主体才能享有此类请求权。由于人格权具有专属性，不得转让、放弃或者继承，故此，从属于人格权的人格权请求权也不得转让、放弃或者继承，也不得由他人代位行使，即不能成为代位权的客体。另一方面，人格权请求权是人格权排他性的体现。人格权属于绝对权、支配权，具有排他效力，这种排他效力不仅体现在人格权的圆满状态已经受到妨害的情形，更体现在具有妨害危险之时。也就是说，人格权请求权不仅具有恢复人格权圆满状态的功能，还具有预防和制止侵害人格权的行为的功能。

一、相关法律条文

1.《中华人民共和国民法典》(2021年1月1日起施行)

第一百二十条 民事权益受到侵害的，被侵权人有权请求侵权人承担侵权责任。

第一百七十九条 承担民事责任的方式主要有：

(一)停止侵害；

(二)排除妨碍；

(三)消除危险；

(四)返还财产；

(五)恢复原状；

(六)修理、重作、更换；

(七)继续履行；

(八)赔偿损失；

(九)支付违约金；

(十)消除影响、恢复名誉；

(十一)赔礼道歉。

法律规定惩罚性赔偿的，依照其规定。

本条规定的承担民事责任的方式，可以单独适用，也可以合并适用。

第一百九十六条 下列请求权不适用诉讼时效的规定：

(一)请求停止侵害、排除妨碍、消除危险；

(二)不动产物权和登记的动产物权的权利人请求返还财产；

（三）请求支付抚养费、赡养费或者扶养费；

（四）依法不适用诉讼时效的其他请求权。

第一千一百六十五条　行为人因过错侵害他人民事权益造成损害的，应当承担侵权责任。

依照法律规定推定行为人有过错，其不能证明自己没有过错的，应当承担侵权责任。

第一千一百六十六条　行为人造成他人民事权益损害，不论行为人有无过错，法律规定应当承担侵权责任的，依照其规定。

第一千一百六十七条　侵权行为危及他人人身、财产安全的，被侵权人有权请求侵权人承担停止侵害、排除妨碍、消除危险等侵权责任。

第一千一百七十九条　侵害他人造成人身损害的，应当赔偿医疗费、护理费、交通费、营养费、住院伙食补助费等为治疗和康复支出的合理费用，以及因误工减少的收入。造成残疾的，还应当赔偿辅助器具费和残疾赔偿金；造成死亡的，还应当赔偿丧葬费和死亡赔偿金。

第一千一百八十条　因同一侵权行为造成多人死亡的，可以以相同数额确定死亡赔偿金。

第一千一百八十一条　被侵权人死亡的，其近亲属有权请求侵权人承担侵权责任。被侵权人为组织，该组织分立、合并的，承继权利的组织有权请求侵权人承担侵权责任。

被侵权人死亡的，支付被侵权人医疗费、丧葬费等合理费用的人有权请求侵权人赔偿费用，但是侵权人已经支付该费用的除外。

第一千一百八十二条　侵害他人人身权益造成财产损失的，按照被侵权人因此受到的损失或者侵权人因此获得的利益赔偿；被侵权人因此受到的损失以及侵权人因此获得的利益难以确定，被侵权人和侵权人就赔偿数额协商不一致，向人民法院提起诉讼的，由人民法院根据实际情况确定赔偿数额。

第一千一百八十三条　侵害自然人人身权益造成严重精神损害的，被侵权人有权请求精神损害赔偿。

因故意或者重大过失侵害自然人具有人身意义的特定物造成严重精神损害的，被侵权人有权请求精神损害赔偿。

2.《中华人民共和国消费者权益保护法》(2013 年 10 月 25 日修正)

第五十条　经营者侵害消费者的人格尊严、侵犯消费者人身自由或者侵害消费者个人信息依法得到保护的权利的，应当停止侵害、恢复名誉、消除影响、赔礼道歉,并赔偿损失。

3.《中华人民共和国国家赔偿法》(2012年10月26日修正)

第三十五条 有本法第三条或者第十七条规定情形之一,致人精神损害的,应当在侵权行为影响的范围内,为受害人消除影响,恢复名誉,赔礼道歉;造成严重后果的,应当支付相应的精神损害抚慰金。

二、相关司法解释规定

1.《最高人民法院关于确定民事侵权精神损害赔偿责任若干问题的解释》(法释〔2001〕7号)(2020年12月23日修正)

第五条 精神损害的赔偿数额根据以下因素确定:

(一)侵权人的过错程度,但是法律另有规定的除外;

(二)侵权行为的目的、方式、场合等具体情节;

(三)侵权行为所造成的后果;

(四)侵权人的获利情况;

(五)侵权人承担责任的经济能力;

(六)受理诉讼法院所在地的平均生活水平。

2.《最高人民法院关于审理利用信息网络侵害人身权益民事纠纷案件适用法律若干问题的规定》(法释〔2014〕11号)(2020年12月23日修正)

第十一条 网络用户或者网络服务提供者侵害他人人身权益,造成财产损失或者严重精神损害,被侵权人依据民法典第一千一百八十二条和第一千一百八十三条的规定,请求其承担赔偿责任的,人民法院应予支持。

第十二条 被侵权人为制止侵权行为所支付的合理开支,可以认定为民法典第一千一百八十二条规定的财产损失。合理开支包括被侵权人或者委托代理人对侵权行为进行调查、取证的合理费用。人民法院根据当事人的请求和具体案情,可以将符合国家有关部门规定的律师费用计算在赔偿范围内。

被侵权人因人身权益受侵害造成的财产损失以及侵权人因此获得的利益难以确定的,人民法院可以根据具体案情在50万元以下的范围内确定赔偿数额。

3.《最高人民法院关于审理消费民事公益诉讼案件适用法律若干问题的解释》(法释〔2016〕10号)(2020年12月23日修正)

第十三条　原告在消费民事公益诉讼案件中,请求被告承担停止侵害、排除妨碍、消除危险、赔礼道歉等民事责任的,人民法院可予支持。

经营者利用格式条款或者通知、声明、店堂告示等,排除或者限制消费者权利、减轻或者免除经营者责任、加重消费者责任,原告认为对消费者不公平、不合理主张无效的,人民法院应依法予以支持。

三、相关裁判摘要

• **2017年第5期《中华人民共和国最高人民法院公报》**刊登的“**郑传新诉中国电信股份有限公司连云港分公司电信服务合同纠纷案**”判决对于赔礼道歉仅适用于侵害人身权益的情形进行了分析。相关裁判摘要如下:

关于原告郑传新要求被告连云港电信公司赔礼道歉的诉讼请求,法院认为,《中华人民共和国消费者权益保护法》第五十条“经营者侵害消费者的人格尊严、侵犯消费者人身自由或者侵害消费者个人信息依法得到保护的权利的,应当停止侵害、恢复名誉、消除影响、赔礼道歉,并赔偿损失”;第五十二条“经营者提供商品或者服务,造成消费者财产损害的,应当依照法律规定或者当事人约定承担修理、重作、更换、退货、补足商品数量、退还货款和服务费用或者赔偿损失等民事责任”。因此,赔礼道歉的民事责任承担一般适用于经营者的经营行为给消费者的人身权利造成损害的情况,而对于财产损害的民事责任则主要是修理、重作、更换、退货、补足商品数量、退还货款和服务费用或者赔偿损失等,该财产损害一般不适用于赔礼道歉。本案中,原告因被告的行为导致财产受损,要求被告赔礼道歉,于法无据,法院不予支持。鉴于本次诉讼因被告在工作中存在过失而发生,原告对此并无过错,案件受理费应由被告承担。被告应在工作中进一步规范业务办理流程,充分尊重消费者权益,确保消费者明明白白消费。

• **2010年第6期《中华人民共和国最高人民法院公报》**刊登的“**苏州市吴良材眼镜有限责任公司与上海三联(集团)有限公司等商标权侵权及不正当竞争纠纷上诉案**”判决对赔礼道歉的适用情形进行了分析。相关裁判摘要如下:

鉴于赔礼道歉行为主要适用于人身权损害或者对商誉造成严重损害的情形，而本案主要涉及对商标专用权中财产性权利的损害，故依法不再适用赔礼道歉的责任承担方式。

• **2010年第6期《中华人民共和国最高人民法院公报》**刊登的"**王美燕与广东中凯文化发展有限公司侵犯商标专用权纠纷上诉案**"判决对赔礼道歉的适用问题进行了分析。相关裁判摘要如下：

至于其公开赔礼道歉的诉讼请求，该院认为，本案商标侵权侵害的是一种财产利益，而赔礼道歉属于人身利益或商誉受到侵害时的救济方式，因此，对王美燕要求赔礼道歉的请求，该院不予支持。

• **2005年第10期《中华人民共和国最高人民法院公报》**刊登的"**仁达建材厂诉新益公司专利侵权纠纷案**"判决就侵害专利权不适用赔礼道歉的民事责任承担方式进行了分析。相关裁判摘要如下：

赔礼道歉，主要是针对人身利益和商业信誉受到损害的一种责任承担方式。而专利权主要是一种财产利益，故专利侵权纠纷案件一般不适用赔礼道歉。而原审法院在未有证据证明新益公司的行为造成仁达厂重大商誉损失的情况下，判令新益公司赔礼道歉，有所不妥。但因新益公司再审期间未提供相应证据证明原审判决书业已刊登及其对新益公司造成的不良影响，故新益公司关于刊登再审判决书以挽回刊登原审判决书影响的再审请求，本院难以支持。

• **2002年第6期《中华人民共和国最高人民法院公报》**刊登的"**彭家惠诉《中国故事》杂志社名誉权纠纷案**"判决对于赔礼道歉、消除影响、恢复名誉等民事责任的履行进行了分析。相关裁判摘要如下：

被告杂志社在得知小说《祸祟》造成了对彭家珍名誉的侵害后，及时向彭家珍亲属说明情况，登报致歉并在最近的一期《中国故事》杂志登载了缅怀彭家珍烈士的专稿，还采取了有关销毁有侵权内容的杂志等措施，有效停止了侵害彭家珍烈士名誉权的行为，实际上已经履行了赔礼道歉、恢复名誉和消除影响的义务。

第九百九十六条　【违约责任中的精神损害赔偿】因当事人一方的违约行为，损害对方人格权并造成严重精神损害，受损害方选择请求其承担违约责任的，不影响受损害方请求精神损害赔偿。

法条评释：本条是对违约责任中的精神损害赔偿的规定。一直以来，我国民法学界多数观点认为，在作为经济交往典型法律形式的合同中，违约方的违约行为通常只是给非违约方造成了经济利益损失即财产损害，原则上不会给其造成精神损害。即便造成了精神损害，在违约诉讼中，守约方也不能要求违约方赔偿精神损害。然而，如果完全否定当事人通过违约诉讼要求精神损害赔偿的可能性，不仅徒增当事人的讼累，也不利于保护人格权益。故此，民法典编纂时，立法机关借鉴比较法上的立法例，增加了本条规定。需要注意的是，只有当违约行为损害了作为合同对方当事人的自然人的人格权并造成严重精神损害时，受害人才能在违约责任中同时请求赔偿精神损害。

一、相关法律条文

1.《中华人民共和国民法典》(2021 年 1 月 1 日起施行)

第一百八十六条　因当事人一方的违约行为，损害对方人身权益、财产权益的，受损害方有权选择请求其承担违约责任或者侵权责任。

第一千一百八十三条　侵害自然人人身权益造成严重精神损害的，被侵权人有权请求精神损害赔偿。

因故意或者重大过失侵害自然人具有人身意义的特定物造成严重精神损害的，被侵权人有权请求精神损害赔偿。

2.《中华人民共和国消费者权益保护法》(2013 年 10 月 25 日修正)

第五十一条　经营者有侮辱诽谤、搜查身体、侵犯人身自由等侵害消费者或者其他受害人人身权益的行为，造成严重精神损害的，受害人可以要求精神损害赔偿。

二、相关司法解释规定

1.《最高人民法院关于审理旅游纠纷案件适用法律若干问题的规定》(法释〔2010〕13 号)(2020 年 12 月 23 日修正)

第三条　因旅游经营者方面的同一原因造成旅游者人身损害、财产损失，旅游者选择请求旅游经营者承担违约责任或者侵权责任的，人民法院应当根据当事人选择的案由进行审理。

2.《最高人民法院关于确定民事侵权精神损害赔偿责任若干问题的解释》(法释〔2001〕7号)(2020年12月23日修正)

第一条 因人身权益或者具有人身意义的特定物受到侵害,自然人或者其近亲属向人民法院提起诉讼请求精神损害赔偿的,人民法院应当依法予以受理。

第二条 非法使被监护人脱离监护,导致亲子关系或者近亲属间的亲属关系遭受严重损害,监护人向人民法院起诉请求赔偿精神损害的,人民法院应当依法予以受理。

第三条 死者的姓名、肖像、名誉、荣誉、隐私、遗体、遗骨等受到侵害,其近亲属向人民法院提起诉讼请求精神损害赔偿的,人民法院应当依法予以支持。

第四条 法人或者非法人组织以名誉权、荣誉权、名称权遭受侵害为由,向人民法院起诉请求精神损害赔偿的,人民法院不予支持。

第五条 精神损害的赔偿数额根据以下因素确定:

(一)侵权人的过错程度,但是法律另有规定的除外;

(二)侵权行为的目的、方式、场合等具体情节;

(三)侵权行为所造成的后果;

(四)侵权人的获利情况;

(五)侵权人承担责任的经济能力;

(六)受理诉讼法院所在地的平均生活水平。

第六条 在本解释公布施行之前已经生效施行的司法解释,其内容有与本解释不一致的,以本解释为准。

三、相关文件规定

《最高人民法院关于精神损害赔偿纠纷案件如何计算案件受理费及确定级别管辖的复函》(〔2004〕立他字第37号)

广东省高级人民法院:

你院〔2004〕粤高法立请字第6号《关于精神损害赔偿纠纷案件如何计算案件受理费及确定级别管辖的请示》收悉。经研究答复如下:

当事人起诉请求精神损害赔偿,或在其他纠纷中请求精神损害赔偿的案件,有具体的赔偿金额的,应按照《人民法院诉讼收费办法》第五条第四项的规定收取案件受理费,并按照请求精神损害赔偿数额的大小确定级别管辖。

四、相关裁判摘要

• **2004年第8期《中华人民共和国最高人民法院公报》**刊登的"**郑雪峰、陈国青诉江苏省人民医院医疗服务合同纠纷案**"判决认为,违约责任中不能赔偿精神损害。相关裁判摘要如下:

关于原告要求被告给予精神损害赔偿的诉讼请求,因本案为合同违约之诉,依据合同法第一百零七条、第一百一十三条第一款的规定,合同当事人未适当履行合同义务的,应当承担赔偿损失等违约责任。损失赔偿的数额应当相当于因违约所造成的损失,包括合同履行后可以获得的利益,但不得超过违反合同一方订立合同时预见到或者应当预见到的因违反合同可能造成的损失,亦不包括精神损害赔偿,故本案对要求被告承担精神损害赔偿不予支持,亦不支持要求被告公开赔礼道歉的请求。

• **2002年第4期《中华人民共和国最高人民法院公报》**刊登的"**陆红诉美国联合航空公司国际航空旅客运输损害赔偿纠纷案**"判决就违约责任与侵权责任在精神损害赔偿责任上的差异进行了分析。相关裁判摘要如下:

关于违约责任与侵权责任的确定。原告陆红因乘坐被告美联航的班机受伤致残,而向美联航索赔,索赔请求中包括精神损害赔偿。乘坐班机发生纠纷,通常是旅客运输合同纠纷,解决的是违约责任。但因乘坐班机受伤致残,违约行为同时侵犯了人身权利,就可能使违约责任与侵权责任竞合。合同法第一百二十二条规定:"因当事人一方的违约行为,侵犯对方人身、财产权益的,受损害方有权选择依照本法要求其承担违约责任或者依照其他法律要求其承担侵权责任。"由此可见,违约责任与侵权责任不能在同一民事案件中并存,二者必居其一,应由受损害方选择。陆红在请求美联航承担违约责任的同时,又请求精神损害赔偿,应视作对责任选择不明。在这种情况下,如何确定责任的选择,对为受害当事人提供必要的司法救济尤为重要。违约责任与侵权责任的重要区别在于,两者的责任范围不同。合同的损害赔偿责任严格按合同的约定执行,主要是对财产损失进行赔偿;侵权的损害赔偿责任按侵权造成的损害后果确定,不仅包括财产损失的赔偿,还包括人身伤害和精神损害的赔偿。从最大程度保护受害人利益的角度出发,法院依职权为受害当事人选择适用侵权损害赔偿责任。

第九百九十七条 【人格权禁令】民事主体有证据证明行为人正在实施或者即将实施侵害其人格权的违法行为,不及时制止将使其合法权益受到难以弥补的损害的,有权依法向人民法院申请采取责令行为人停止有关行为的措施。

法条评释:本条是对人格权禁令的规定。为了更好地保护人格权,我国《民法典》借鉴《反家庭暴力法》中的人身安全保护令制度,建立了人格权禁令制度,使人格权的权利人在人格权遭受侵害或者有遭受侵害的危险时,能够更加高效、便捷地获得人民法院的保护。从本条规定可知,人格权禁令并非诉前禁令,因为人格权的主体向法院申请采取责令行为人停止有关行为的措施,并不以起诉为前提,也就是说,它不是一种临时性的救济措施,而是一种终局性的措施。当人格权的权利主体成功地请求法院采取了相关措施后,很可能就达到了制止侵权行为的目的了,无须再提起诉讼。当然,权利人也可以提起诉讼,要求赔偿侵害人格权的财产损失或精神损害。《民法典》施行后,我国法律和司法解释还需要进一步明确人格权禁令的适用条件,法院的审查程序和人格权禁令的具体内容等。

相关法律条文

《中华人民共和国反家庭暴力法》(2016年3月1日起施行)

第二条 本法所称家庭暴力,是指家庭成员之间以殴打、捆绑、残害、限制人身自由以及经常性谩骂、恐吓等方式实施的身体、精神等侵害行为。

第二十三条 当事人因遭受家庭暴力或者面临家庭暴力的现实危险,向人民法院申请人身安全保护令的,人民法院应当受理。

当事人是无民事行为能力人、限制民事行为能力人,或者因受到强制、威吓等原因无法申请人身安全保护令的,其近亲属、公安机关、妇女联合会、居民委员会、村民委员会、救助管理机构可以代为申请。

第二十四条 申请人身安全保护令应当以书面方式提出；书面申请确有困难的，可以口头申请，由人民法院记入笔录。

第二十五条 人身安全保护令案件由申请人或者被申请人居住地、家庭暴力发生地的基层人民法院管辖。

第二十六条 人身安全保护令由人民法院以裁定形式作出。

第二十七条 作出人身安全保护令，应当具备下列条件：

（一）有明确的被申请人；

（二）有具体的请求；

（三）有遭受家庭暴力或者面临家庭暴力现实危险的情形。

第二十八条 人民法院受理申请后，应当在七十二小时内作出人身安全保护令或者驳回申请；情况紧急的，应当在二十四小时内作出。

第二十九条 人身安全保护令可以包括下列措施：

（一）禁止被申请人实施家庭暴力；

（二）禁止被申请人骚扰、跟踪、接触申请人及其相关近亲属；

（三）责令被申请人迁出申请人住所；

（四）保护申请人人身安全的其他措施。

第三十条 人身安全保护令的有效期不超过六个月，自作出之日起生效。人身安全保护令失效前，人民法院可以根据申请人的申请撤销、变更或者延长。

第三十一条 申请人对驳回申请不服或者被申请人对人身安全保护令不服的，可以自裁定生效之日起五日内向作出裁定的人民法院申请复议一次。人民法院依法作出人身安全保护令的，复议期间不停止人身安全保护令的执行。

第三十二条 人民法院作出人身安全保护令后，应当送达申请人、被申请人、公安机关以及居民委员会、村民委员会等有关组织。人身安全保护令由人民法院执行，公安机关以及居民委员会、村民委员会等应当协助执行。

第三十四条 被申请人违反人身安全保护令，构成犯罪的，依法追究刑事责任；尚不构成犯罪的，人民法院应当给予训诫，可以根据情节轻重处以一千元以下罚款、十五日以下拘留。

第九百九十八条 【认定侵害人格权的民事责任的考虑因素】 认定行为人承担侵害除生命权、身体权和健康权外的人格权的民事责任,应当考虑行为人和受害人的职业、影响范围、过错程度,以及行为的目的、方式、后果等因素。

法条评释:本条是对认定侵害人格权的民事责任的考虑因素的规定,是民法典编纂中新增的规范,其规范意旨在于:第一,明确了人格权中生命权、身体权、健康权不得任意限制和克减的原则,体现了对生命权、身体权和健康权的充分尊重和保护。第二,除了生命权、身体权、健康权之外的人格权,在认定侵害人格权的民事责任时,应当考虑行为人和受害人的职业、影响范围、过错程度,及行为的目的、方式、后果等因素。立法者在此处借鉴了国外的"动态系统论",希望法官在裁判中能够综合考虑这些因素,最终做到人格尊严与个人合理自由的协调。具体而言,考虑行为人和受害人的职业以及行为的目的、方式,意味着法院在认定侵权责任时,要考虑对新闻报道、舆论监督的保护,从而协调言论自由与权益保护的关系;考虑受害人的职业,实际上就是引入了公众人物的概念,对公众人物的人格权需要加以合理的限制,以更好地维护公共利益。

需要注意是,在认定行为人承担侵害生命权、身体权和健康权的民事责任时,如果受害人对于损害的发生存在过错(尤其是存在故意或者重大过失时),依据《民法典》第1173条、第1174条、第1239条、第1240条、第1245条等规定,也是需要依法减轻侵权人的赔偿责任。换言之,不能认为本条意味着,只要是侵害生命权、健康权和身体权,就一概不考虑被害人的过错程度。

第九百九十九条 【人格权客体的合理使用】为公共利益实施新闻报道、舆论监督等行为的,可以合理使用民事主体的姓名、名称、肖像、个人信息等;使用不合理侵害民事主体人格权的,应当依法承担民事责任。

法条评释:本条是对人格权客体合理使用的规定,实际上也是对人格权合理限制的规定。依据本条可知,一方面,只有基于公共利益而实施新闻报道、舆论监督等行为的,才可以使用民事主体的姓名、名称、肖像、个人信息等人格权客体;另一方面,即便是基于新闻报道、舆论监督等行为,此种对人格权客体的也应当是"合理"使用。如果使用不合理而侵害了民事主体的人格权如隐私权、名誉权、姓名权、肖像权的，依然要承担民事责任。在判断使用是否合理时，可以依据《民法典》第998条规定的因素——“行为人和受害人的职业、影响范围、过错程度，及行为的目的、方式、后果等”——加以判断。

第一千条 【消除影响、恢复名誉、赔礼道歉等民事责任的承担与实现】行为人因侵害人格权承担消除影响、恢复名誉、赔礼道歉等民事责任的，应当与行为的具体方式和造成的影响范围相当。

行为人拒不承担前款规定的民事责任的，人民法院可以采取在报刊、网络等媒体上发布公告或者公布生效裁判文书等方式执行，产生的费用由行为人负担。

法条评释：本条是对消除影响、恢复名誉、赔礼道歉等民事责任的承担与实现方式的规定。所谓消除影响，是指侵权人在其因侵权行为给被侵权人造成的不良影响所及之范围内，采取相应的措施以消除被侵权人不利后果的民事责任。恢复名誉，是指加害人在其侵害后果所及范围内使受害人的名誉权恢复到未曾遭受损害的状态。消除影响、恢复名誉属于非财产性的民事责任，在司法实践中，主要适用于侵害人格权的情形。具体而言，多适用于侵害精神性人格权如姓名权、肖像权、名誉权、荣誉权以及侵害死者的人格利益（如姓名、肖像、名誉、荣誉、隐私）等情形，但是，不适用于侵害隐私权的案件。因为在披露他人隐私的情形下，侵权人所披露的内容是真实的而非捏造虚构的，虽然对受害人的名誉造成了不利影响，但是，一旦披露就无法消除由此带来的影响。此时如果采取消除影响、恢复名誉，反而会使受害人的隐私在更大范围内被披露，对受害人造成更大的损害。

赔礼道歉，是指侵权人当庭以口头的方式或者以书面的方式向被侵权人承认错误、表示歉意。赔礼道歉是一种对于保护人格权益具有重要功能的民事责任，它不仅在主观上有利于恢复受害人因侵权行为而遭受的精神上的损害，具有填补和抚慰功能；也能够很好地在客观上起到消除侵权行为给受害人带来的不利影响的作用。尤其是在侵害名誉权案件中，被侵权人往往都要求侵权人赔礼道歉，其目的就是要据此达到消除影响、恢复名誉的效果。赔礼道歉应由侵权人主动履行。如果侵权人拒绝履行，法院也无法强制其向被侵权人道歉。司法实践中处理这种情况的方法一般是，由法院“将案件侵权事实及生效判决予以公示”，如登报。该方法虽非侵权人以其个人名义主动致歉，但同样可达到维护被侵权人名誉的社会效果，实现判决之目的。当然，侵权人应当承当由此产生的费用。

相关裁判摘要

● **2020 年第 2 期《中华人民共和国最高人民法院公报》**刊登的“**周星驰诉中建荣真无锡建材科技有限公司肖像权、姓名权纠纷案**”判决就赔礼道歉的民事责任的适用进行了分析。相关裁判摘要如下：

赔礼道歉的目的是使相关受众知晓事实真相、消除对被侵权人的不良影响，通过何种途径赔礼道歉应结合侵权行为的具体方式和影响范围进行确定。对于原告周星驰要求被告中建荣真建材公司在其官网（www.360cssl.com）、《旅伴》杂志、新浪、搜狐以及一份全国性报纸上公开向原告赔礼道歉的诉讼请求，法院认为，公开赔礼道歉的范围应与侵权行为造成的影响程度相适应，结合被告使用原告照片的侵权形式、范围、内容等具体情节，原告要求被告在其官网（www.360cssl.com）、《旅伴》杂志上刊登致歉声明的该部分主张，法院予以支持。

● **2015 年第 5 期《中华人民共和国最高人民法院公报》**刊登的“**陈某某诉莫宝兰、莫兴明、邹丽丽侵犯健康权、名誉权纠纷案**”判决就赔礼道歉、消除影响的民事责任的适用进行了分析。相关裁判摘要如下：

依据《中华人民共和国民法通则》第一百二十条规定：“公民的姓名权、肖像权、名誉权、荣誉权受到侵害的，有权要求停止侵害，恢复名誉，消除影响，赔礼道歉，并可以要求赔偿损失”，被上诉人陈某某请求上诉人莫宝兰、莫兴明、邹丽丽赔偿相关损失以及在影响范围内向被上诉人赔礼道歉合法有据，予以支持。一审计算被上诉人相关经济损失的标准正确，予以维持。因事发地点为合浦县白沙万宝超市，另被上诉人事发时为合浦县白沙镇平田小学学生，为消除莫兴明、邹丽丽将被上诉人捆绑示众行为引发的不良影响，一审判决三上诉人将道歉声明张贴于上述两个地方与侵权所造成不良影响的范围相当，予以维持。

第一千零一条 【身份权利保护的法律适用规则】对自然人因婚姻家庭关系等产生的身份权利的保护，适用本法第一编、第五编和其他法律的相关规定；没有规定的，可以根据其性质参照适用本编人格权保护的有关规定。

法条评释：本条是身份权利保护的法律适用规则的规定。身份权是基于婚姻家庭等亲属关系而产生的权利，具有很强的人身属性，其与人格权一样，具有专属性，不得转让、继承或由他人代位行使。正因如此，在民法典编纂过程中，有的法学教学研究机构和社会公众提出，自然人因婚姻家庭关系产生的身份权利，与人格权在保护上具有一定相似性。对这些身份权利的保护，除了适用婚姻家庭编的规定外，还应当参照适用人格权保护的相关规定。宪法和法律委员会经研究，建议采纳这一意见。《民法典人格权编(草案第二次审议稿)》第782条之一曾规定："自然人因婚姻、家庭关系等产生的身份权利的保护，参照适用本编人格权保护的有关规定。"这一规定并不妥当，由于身份权利是基于婚姻家庭关系等产生的，我国《民法典》将婚姻家庭编作为分则的一编单独作出了规定。况且，总则编本身就是对整个民法典起到统领作用的规定，分则没有规定的当然是"适用"总则，而非"参照适用"。故此，对于身份权正确的法律适用规则，应当是先适用总则编、婚姻家庭编和其他有关法律的规定(如《妇女权益保障法》《未成年人保护法》)，没有规定的，才参照适用人格权编的规定。鉴于此，本条明确规定，对自然人因婚姻家庭关系等产生的身份权利的保护，适用本法总则编、婚姻家庭编和其他法律的相关规定；没有规定的，根据其性质参照适用本编人格权保护的有关规定。

第二章 生命权、身体权和健康权

第一千零二条 【自然人的生命权】自然人享有生命权。自然人的生命安全和生命尊严受法律保护。任何组织或者个人不得侵害他人的生命权。

法条评释：本条是对自然人的生命权的规定。所谓自然人的生命权，是指自然人享有的生命安全和生命尊严受到法律保护的权利。生命权是自然人享有的最重要、最基本的人格权之一。生命权作为人格权，也属于支配权，但是，自然人对其生命的支配并不等同于所有权人对动产、不动产等有体物的支配。任何法律都无法将对生命的支配的全部形式都归属于自然人，也并不保护其对生命的全部支配方式。因为，如果这样，就会出现允许他人协助某人自杀，承认双方签订的生死文书的法律效力等违反公序良俗,侵害人类道德底线的情形。生命权的核心在于自然人的生命安全和生命尊严不受侵害。首先,就自然人的生命安全而言,一方面,任何组织或个人不得侵害他人的生命权,即使得到被侵害其生命权的自然人同意,该同意也是无效的,此种侵害生命权的行为也是侵权行为、犯罪行为,应当承担法律责任,除非符合法律明确规定的可以剥夺生命权的情形(如依法经过法院审判并被判处死刑)。另一方面,在他人侵害自己的生命或者存在其他危害自己的生命安全情形时,自然人有权采取正当防卫、紧急避险等措施,从而维护自己的生命安全。其次,自然人的生命尊严也受到法律保护。所谓生命尊严,既包括自然人应当有尊严的享有生命,也应当有尊严地走向生命的终点,即所谓"善始善终"。尤其是在一个人罹患重病而不可避免地走向生命终点的过程中,也应当始终是有尊严的。虽然目前大多数国家的法律不承认安乐死,但是,通过缓和医疗(Palliative Care)让患者有尊严的死亡,得到了各国法学和医学界的高度认可,我国也不例外。这就是对生命尊严的尊重和保护。

相关法律条文

1.《中华人民共和国民法典》(2021年1月1日起施行)

第一百八十一条 因正当防卫造成损害的,不承担民事责任。

正当防卫超过必要的限度,造成不应有的损害的,正当防卫人应当承担适当的民事责任。

第一百八十二条 因紧急避险造成损害的,由引起险情发生的人承担民事责任。

危险由自然原因引起的,紧急避险人不承担民事责任,可以给予适当补偿。

紧急避险采取措施不当或者超过必要的限度,造成不应有的损害的,紧急避险人应当承担适当的民事责任。

第一百八十三条 因保护他人民事权益使自己受到损害的,由侵权人承担民事责任,受益人可以给予适当补偿。没有侵权人、侵权人逃逸或者无力承担民事责任,受害人请求补偿的,受益人应当给予适当补偿。

第一百八十四条 因自愿实施紧急救助行为造成受助人损害的,救助人不承担民事责任。

第一千一百六十七条　侵权行为危及他人人身、财产安全的，被侵权人有权请求侵权人承担停止侵害、排除妨碍、消除危险等侵权责任。

第一千一百七十七条　合法权益受到侵害，情况紧迫且不能及时获得国家机关保护，不立即采取措施将使其合法权益受到难以弥补的损害的，受害人可以在保护自己合法权益的必要范围内采取扣留侵权人的财物等合理措施；但是，应当立即请求有关国家机关处理。

受害人采取的措施不当造成他人损害的，应当承担侵权责任。

第一千一百七十九条　侵害他人造成人身损害的，应当赔偿医疗费、护理费、交通费、营养费、住院伙食补助费等为治疗和康复支出的合理费用，以及因误工减少的收入。造成残疾的，还应当赔偿辅助器具费和残疾赔偿金；造成死亡的，还应当赔偿丧葬费和死亡赔偿金。

第一千一百八十条　因同一侵权行为造成多人死亡的，可以以相同数额确定死亡赔偿金。

第一千一百八十一条　被侵权人死亡的，其近亲属有权请求侵权人承担侵权责任。被侵权人为组织，该组织分立、合并的，承继权利的组织有权请求侵权人承担侵权责任。

被侵权人死亡的，支付被侵权人医疗费、丧葬费等合理费用的人有权请求侵权人赔偿费用，但是侵权人已经支付该费用的除外。

第一千一百八十三条　侵害自然人人身权益造成严重精神损害的，被侵权人有权请求精神损害赔偿。

因故意或者重大过失侵害自然人具有人身意义的特定物造成严重精神损害的，被侵权人有权请求精神损害赔偿。

第一千二百零五条　因产品缺陷危及他人人身、财产安全的，被侵权人有权请求生产者、销售者承担停止侵害、排除妨碍、消除危险等侵权责任。

第一千二百二十条　因抢救生命垂危的患者等紧急情况，不能取得患者或者其近亲属意见的，经医疗机构负责人或者授权的负责人批准，可以立即实施相应的医疗措施。

2.《中华人民共和国消费者权益保护法》(2013年10月25日修正)

第七条　消费者在购买、使用商品和接受服务时享有人身、财产安全不受损害的权利。消费者有权要求经营者提供的商品和服务，符合保障人身、财产安全的要求。

3.《中华人民共和国妇女权益保障法》(2018 年 10 月 26 日修正)

第三十八条 妇女的生命健康权不受侵犯。禁止溺、弃、残害女婴;禁止歧视、虐待生育女婴的妇女和不育的妇女;禁止用迷信、暴力等手段残害妇女;禁止虐待、遗弃病、残妇女和老年妇女。

4.《中华人民共和国固体废物污染环境防治法》(2020 年 9 月 1 日起施行)

第八十七条 在发生或者有证据证明可能发生危险废物严重污染环境、威胁居民生命财产安全时,生态环境主管部门或者其他负有固体废物污染环境防治监督管理职责的部门应当立即向本级人民政府和上一级人民政府有关部门报告,由人民政府采取防止或者减轻危害的有效措施。有关人民政府可以根据需要责令停止导致或者可能导致环境污染事故的作业。

5.《中华人民共和国电子商务法》(2019 年 1 月 1 日起施行)

第三十八条 电子商务平台经营者知道或者应当知道平台内经营者销售的商品或者提供的服务不符合保障人身、财产安全的要求,或者有其他侵害消费者合法权益行为,未采取必要措施的,依法与该平台内经营者承担连带责任。

对关系消费者生命健康的商品或者服务,电子商务平台经营者对平台内经营者的资质资格未尽到审核义务,或者对消费者未尽到安全保障义务,造成消费者损害的,依法承担相应的责任。

6.《中华人民共和国母婴保健法》(2017 年 11 月 4 日修正)

第十五条 对患严重疾病或者接触致畸物质,妊娠可能危及孕妇生命安全或者可能严重影响孕妇健康和胎儿正常发育的,医疗保健机构应当予以医学指导。

7.《中华人民共和国国家赔偿法》(2012 年 10 月 26 日修正)

第三十四条 侵犯公民生命健康权的,赔偿金按照下列规定计算:

(一)造成身体伤害的,应当支付医疗费、护理费,以及赔偿因误工减少的收入。减少的收入每日的赔偿金按照国家上年度职工日平均工资计算,最高额为国家上年度职工年平均工资的五倍。

(二)造成部分或者全部丧失劳动能力的,应当支付医疗费、护理费、残疾生活辅助具费、康复费等因残疾而增加的必要支出和继续治疗所必需的费用，以及残疾赔偿金。残疾赔偿金根据丧失劳动能力的程度，按照国家规定的伤残等级确定，最高不超过国家上年度职工年平均工资的二十倍。造成全部丧失劳动能力的，对其扶养的无劳动能力的人，还应当支付生活费。

（三）造成死亡的，应当支付死亡赔偿金、丧葬费，总额为国家上年度职工年平均工资的二十倍。对死者生前扶养的无劳动能力的人，还应当支付生活费。

前款第二项、第三项规定的生活费的发放标准，参照当地最低生活保障标准执行。被扶养的人是未成年人的，生活费给付至十八周岁止；其他无劳动能力的人，生活费给付至死亡时止。

第一千零三条　【自然人的身体权】自然人享有身体权。自然人的身体完整和行动自由受法律保护。任何组织或者个人不得侵害他人的身体权。

法条评释：本条是对自然人身体权的规定。所谓自然人的身体权，是指自然人的身体完整和行动自由受到法律保护的权利。侵害身体权的行为表现为：一是从外部破坏身体的完整性，违背权利人的意愿干预权利人对其肢体、器官和其他身体组织的利用。身体是自然人的物质载体，不能成为他人权利的客体。对于身体的自我决定权来自人格权，而非所有权，未得到身体权人的同意，不得破坏他人身体的完整性，否则构成侵害行为。二是非法限制他人的行动自由。例如，以拘禁等方式剥夺他人自由或者将没有精神病的人强行送往精神病院以限制其行动的自由。

相关法律条文

1.《中华人民共和国消费者权益保护法》（2013 年 10 月 25 日修正）

第二十七条　经营者不得对消费者进行侮辱、诽谤，不得搜查消费者的身体及其携带的物品，不得侵犯消费者的人身自由。

2.《中华人民共和国反家庭暴力法》（2016 年 3 月 1 日起施行）

第二条　本法所称家庭暴力，是指家庭成员之间以殴打、捆绑、残害、限制人身自由以及经常性谩骂、恐吓等方式实施的身体、精神等侵害行为。

第二十三条 当事人因遭受家庭暴力或者面临家庭暴力的现实危险，向人民法院申请人身安全保护令的，人民法院应当受理。

当事人是无民事行为能力人、限制民事行为能力人，或者因受到强制、威吓等原因无法申请人身安全保护令的，其近亲属、公安机关、妇女联合会、居民委员会、村民委员会、救助管理机构可以代为申请。

3.《中华人民共和国国家赔偿法》(2012年10月26日修正)

第三十三条 侵犯公民人身自由的，每日赔偿金按照国家上年度职工日平均工资计算。

第三十四条 侵犯公民生命健康权的，赔偿金按照下列规定计算：

(一)造成身体伤害的，应当支付医疗费、护理费，以及赔偿因误工减少的收入。减少的收入每日的赔偿金按照国家上年度职工日平均工资计算，最高额为国家上年度职工年平均工资的五倍。

(二)造成部分或者全部丧失劳动能力的，应当支付医疗费、护理费、残疾生活辅助具费、康复费等因残疾而增加的必要支出和继续治疗所必需的费用，以及残疾赔偿金。残疾赔偿金根据丧失劳动能力的程度，按照国家规定的伤残等级确定，最高不超过国家上年度职工年平均工资的二十倍。造成全部丧失劳动能力的，对其扶养的无劳动能力的人，还应当支付生活费。

(三)造成死亡的，应当支付死亡赔偿金、丧葬费，总额为国家上年度职工年平均工资的二十倍。对死者生前扶养的无劳动能力的人，还应当支付生活费。

前款第二项、第三项规定的生活费的发放标准，参照当地最低生活保障标准执行。被扶养的人是未成年人的，生活费给付至十八周岁止；其他无劳动能力的人，生活费给付至死亡时止。

第一千零四条 【自然人的健康权】 自然人享有健康权。自然人的身心健康受法律保护。任何组织或者个人不得侵害他人的健康权。

法条评释： 本条是对自然人健康权的规定。所谓健康权，是指自然人享有的身心健康受到法律保护的权利。健康，是指人体发育良好，机理正常，有健全的心理和社会适应能力，可以分为生理健康

(physiologische Gesundheit)与心理健康(psychische Gesundheit)。侵害健康权的行为既包括侵害他人的生理健康,如使他人感染病毒,听力或视力机能丧失,也包括侵害他人的心理健康,如造成他人罹患精神疾病等。

相关法律条文

1.《中华人民共和国老年人权益保障法》(2018年12月29日修正)

第七十条 老年人参加劳动的合法收入受法律保护。

任何单位和个人不得安排老年人从事危害其身心健康的劳动或者危险作业。

2.《中华人民共和国妇女权益保障法》(2018年10月26日修正)

第十七条 学校应当根据女性青少年的特点,在教育、管理、设施等方面采取措施,保障女性青少年身心健康发展。

3.《中华人民共和国广告法》(2021年4月29日修正)

第十条 广告不得损害未成年人和残疾人的身心健康。

第四十条 在针对未成年人的大众传播媒介上不得发布医疗、药品、保健食品、医疗器械、化妆品、酒类、美容广告,以及不利于未成年人身心健康的网络游戏广告。

针对不满十四周岁的未成年人的商品或者服务的广告不得含有下列内容:

(一)劝诱其要求家长购买广告商品或者服务;

(二)可能引发其模仿不安全行为。

4.《中华人民共和国精神卫生法》(2018年4月27日修正)

第十五条 用人单位应当创造有益于职工身心健康的工作环境,关注职工的心理健康;对处于职业发展特定时期或者在特殊岗位工作的职工,应当有针对性地开展心理健康教育。

5.《中华人民共和国网络安全法》(2017年6月1日起施行)

第十三条 国家支持研究开发有利于未成年人健康成长的网络产品和服务,依法惩治利用网络从事危害未成年人身心健康的活动,为未成年人提供安全、健康的网络环境。

6.《中华人民共和国教育法》(2021 年 4 月 29 日修正)

第四十五条 教育、体育、卫生行政部门和学校及其他教育机构应当完善体育、卫生保健设施,保护学生的身心健康。

第四十六条 国家机关、军队、企业事业组织、社会团体及其他社会组织和个人,应当依法为儿童、少年、青年学生的身心健康成长创造良好的社会环境。

7.《中华人民共和国劳动合同法》(2012 年 12 月 28 日修正)

第八十八条 用人单位有下列情形之一的,依法给予行政处罚;构成犯罪的,依法追究刑事责任;给劳动者造成损害的,应当承担赔偿责任:

(一)以暴力、威胁或者非法限制人身自由的手段强迫劳动的;

(二)违章指挥或者强令冒险作业危及劳动者人身安全的;

(三)侮辱、体罚、殴打、非法搜查或者拘禁劳动者的;

(四)劳动条件恶劣、环境污染严重,给劳动者身心健康造成严重损害的。

8.《中华人民共和国未成年人保护法》(2020 年 10 月 17 日修订)

第十一条 任何组织或者个人发现不利于未成年人身心健康或者侵犯未成年人合法权益的情形,都有权劝阻、制止或者向公安、民政、教育等有关部门提出检举、控告。

国家机关、居民委员会、村民委员会、密切接触未成年人的单位及其工作人员,在工作中发现未成年人身心健康受到侵害、疑似受到侵害或者面临其他危险情形的,应当立即向公安、民政、教育等有关部门报告。

有关部门接到涉及未成年人的检举、控告或者报告,应当依法及时受理、处置,并以适当方式将处理结果告知相关单位和人员。

第二十条 未成年人的父母或者其他监护人发现未成年人身心健康受到侵害、疑似受到侵害或者其他合法权益受到侵犯的,应当及时了解情况并采取保护措施;情况严重的,应当立即向公安、民政、教育等部门报告。

第二十一条 未成年人的父母或者其他监护人不得使未满八周岁或者由于身体、心理原因需要特别照顾的未成年人处于无人看护状态,或者将其交由无民事行为能力、限制民事行为能力、患有严重传染性疾病或者其他不适宜的人员临时照护。

未成年人的父母或者其他监护人不得使未满十六周岁的未成年人脱离监护单独生活。

第三十五条 学校、幼儿园应当建立安全管理制度，对未成年人进行安全教育，完善安保设施、配备安保人员，保障未成年人在校、在园期间的人身和财产安全。

学校、幼儿园不得在危及未成年人人身安全、身心健康的校舍和其他设施、场所中进行教育教学活动。

学校、幼儿园安排未成年人参加文化娱乐、社会实践等集体活动，应当保护未成年人的身心健康，防止发生人身伤害事故。

第五十条 禁止制作、复制、出版、发布、传播含有宣扬淫秽、色情、暴力、邪教、迷信、赌博、引诱自杀、恐怖主义、分裂主义、极端主义等危害未成年人身心健康内容的图书、报刊、电影、广播电视节目、舞台艺术作品、音像制品、电子出版物和网络信息等。

第六十一条 任何组织或者个人不得招用未满十六周岁未成年人，国家另有规定的除外。

营业性娱乐场所、酒吧、互联网上网服务营业场所等不适宜未成年人活动的场所不得招用已满十六周岁的未成年人。

招用已满十六周岁未成年人的单位和个人应当执行国家在工种、劳动时间、劳动强度和保护措施等方面的规定，不得安排其从事过重、有毒、有害等危害未成年人身心健康的劳动或者危险作业。

任何组织或者个人不得组织未成年人进行危害其身心健康的表演等活动。经未成年人的父母或者其他监护人同意，未成年人参与演出、节目制作等活动，活动组织方应当根据国家有关规定，保障未成年人合法权益。

第六十六条 网信部门及其他有关部门应当加强对未成年人网络保护工作的监督检查，依法惩处利用网络从事危害未成年人身心健康的活动，为未成年人提供安全、健康的网络环境。

第六十八条 新闻出版、教育、卫生健康、文化和旅游、网信等部门应当定期开展预防未成年人沉迷网络的宣传教育，监督网络产品和服务提供者履行预防未成年人沉迷网络的义务，指导家庭、学校、社会组织互相配合，采取科学、合理的方式对未成年人沉迷网络进行预防和干预。

任何组织或者个人不得以侵害未成年人身心健康的方式对未成年人沉迷网络进行干预。

第九十条 各级人民政府及其有关部门应当对未成年人进行卫生保健和营养指导，提供卫生保健服务。

卫生健康部门应当依法对未成年人的疫苗预防接种进行规范，防治未成年人常见病、多发病，加强传染病防治和监督管理，做好伤害预防和干预，指导和监督学校、幼儿园、婴幼儿照护服务机构开展卫生保健工作。

教育行政部门应当加强未成年人的心理健康教育，建立未成年人心理问题的早期发现和及时干预机制。卫生健康部门应当做好未成年人心理治疗、心理危机干预以及精神障碍早期识别和诊断治疗等工作。

第一千零五条 【法定救助义务】自然人的生命权、身体权、健康权受到侵害或者处于其他危难情形的，负有法定救助义务的组织或者个人应当及时施救。

法条评释：本条是对法定救助义务的规定。自然人享有生命权、身体权和健康权，其当然有权依法自行维护自己的生命、身体和健康。但是，现代社会仅仅依靠个人的力量显然是不足以维护生命、身体和健康安全的。故此，法律上规定了一些组织或者个人在自然人的生命权、身体权、健康权受到侵害或者处于其他危难情形的时候，负有法定的救助义务，从而更好地保护自然人的生命安全。目前，我国的法律中明确规定了负有法定救助义务的单位或个人包括：人民警察、人民武装警察、消防队、旅游经营者、医疗机构、医师、护士等。

一、相关法律条文

1.《中华人民共和国人民警察法》(2012 年 10 月 26 日修正)

第二十一条 人民警察遇到公民人身、财产安全受到侵犯或者处于其他危难情形，应当立即救助；对公民提出解决纠纷的要求，应当给予帮助；对公民的报警案件，应当及时查处。

人民警察应当积极参加抢险救灾和社会公益工作。

2.《中华人民共和国反家庭暴力法》(2016 年 3 月 1 日起施行)

第十五条 公安机关接到家庭暴力报案后应当及时出警，制止家庭暴力，按照有关规定调查取证，协助受害人就医、鉴定伤情。

无民事行为能力人、限制民事行为能力人因家庭暴力身体受到严重伤害、面临人身安全威胁或者处于无人照料等危险状态的，公安机关应当通知并协助民政部门将其安置到临时庇护场所、救助管理机构或者福利机构。

3.《中华人民共和国人民武装警察法》(2020年6月20日修订)

第二十八条 人民武装警察遇有公民的人身财产安全受到侵犯或者处于其他危难情形,应当及时救助。

4.《中华人民共和国消防法》(2021年4月29日修正)

第四十四条 任何人发现火灾都应当立即报警。任何单位、个人都应当无偿为报警提供便利,不得阻拦报警。严禁谎报火警。

人员密集场所发生火灾,该场所的现场工作人员应当立即组织、引导在场人员疏散。

任何单位发生火灾,必须立即组织力量扑救。邻近单位应当给予支援。

消防队接到火警,必须立即赶赴火灾现场,救助遇险人员,排除险情,扑灭火灾。

5.《中华人民共和国旅游法》(2018年10月26日修正)

第八十一条 突发事件或者旅游安全事故发生后,旅游经营者应当立即采取必要的救助和处置措施,依法履行报告义务,并对旅游者作出妥善安排。

第八十二条 旅游者在人身、财产安全遇有危险时,有权请求旅游经营者、当地政府和相关机构进行及时救助。

中国出境旅游者在境外陷于困境时,有权请求我国驻当地机构在其职责范围内给予协助和保护。

旅游者接受相关组织或者机构的救助后,应当支付应由个人承担的费用。

6.《中华人民共和国红十字会法》(2017年5月8日起施行)

第十一条 红十字会履行下列职责:

(一)开展救援、救灾的相关工作,建立红十字应急救援体系。在战争、武装冲突和自然灾害、事故灾难、公共卫生事件等突发事件中,对伤病人员和其他受害者提供紧急救援和人道救助;

(二)开展应急救护培训,普及应急救护、防灾避险和卫生健康知识,组织志愿者参与现场救护;

(三)参与、推动无偿献血、遗体和人体器官捐献工作,参与开展造血干细胞捐献的相关工作;

(四)组织开展红十字志愿服务、红十字青少年工作;

(五)参加国际人道主义救援工作;

（六）宣传国际红十字和红新月运动的基本原则和日内瓦公约及其附加议定书；

（七）依照国际红十字和红新月运动的基本原则，完成人民政府委托事宜；

（八）依照日内瓦公约及其附加议定书的有关规定开展工作；

（九）协助人民政府开展与其职责相关的其他人道主义服务活动。

7.《中华人民共和国海上交通安全法》(2021年4月29日修订)

第七十三条 发生碰撞事故的船舶、设施，应当互通名称、国籍和登记港，在不严重危及自身安全的情况下尽力救助对方人员，不得擅自离开事故现场水域或者逃逸。

8.《中华人民共和国海商法》(1993年7月1日起施行)

第三十八条 船舶发生海上事故，危及在船人员和财产的安全时，船长应当组织船员和其他在船人员尽力施救。在船舶的沉没、毁灭不可避免的情况下，船长可以作出弃船决定；但是，除紧急情况外，应当报经船舶所有人同意。

弃船时，船长必须采取一切措施，首先组织旅客安全离船，然后安排船员离船，船长应当最后离船。在离船前，船长应当指挥船员尽力抢救航海日志、机舱日志、油类记录簿、无线电台日志、本航次使用过的海图和文件，以及贵重物品、邮件和现金。

第一百七十四条 船长在不严重危及本船和船上人员安全的情况下，有义务尽力救助海上人命。

9.《中华人民共和国执业医师法》(2009年8月27日修正)

第二十四条 对急危患者，医师应当采取紧急措施进行诊治；不得拒绝急救处置。

10.《中华人民共和国道路交通安全法》(2021年4月29日修正)

第七十条 在道路上发生交通事故，车辆驾驶人应当立即停车，保护现场；造成人身伤亡的，车辆驾驶人应当立即抢救受伤人员，并迅速报告执勤的交通警察或者公安机关交通管理部门。因抢救受伤人员变动现场的，应当标明位置。乘车人、过往车辆驾驶人、过往行人应当予以协助。

在道路上发生交通事故，未造成人身伤亡，当事人对事实及成因无争议的，可以即行撤离现场，恢复交通，自行协商处理损害赔偿事宜；不即行撤离现场的，应当迅速报告执勤的交通警察或者公安机关交通管理部门。

在道路上发生交通事故，仅造成轻微财产损失，并且基本事实清楚的，当事人应当先撤离现场再进行协商处理。

第七十五条　医疗机构对交通事故中的受伤人员应当及时抢救，不得因抢救费用未及时支付而拖延救治。肇事车辆参加机动车第三者责任强制保险的，由保险公司在责任限额范围内支付抢救费用；抢救费用超过责任限额的，未参加机动车第三者责任强制保险或者肇事后逃逸的，由道路交通事故社会救助基金先行垫付部分或者全部抢救费用，道路交通事故社会救助基金管理机构有权向交通事故责任人追偿。

11.《中华人民共和国矿山安全法》(2009年8月27日修正)

第三十六条　发生矿山事故，矿山企业必须立即组织抢救，防止事故扩大，减少人员伤亡和财产损失，对伤亡事故必须立即如实报告劳动行政主管部门和管理矿山企业的主管部门。

12.《中华人民共和国乡镇企业法》(1997年1月1日起施行)

第三十七条　乡镇企业必须遵守有关劳动保护、劳动安全的法律、法规，认真贯彻执行安全第一、预防为主的方针，采取有效的劳动卫生技术措施和管理措施，防止生产伤亡事故和职业病的发生；对危害职工安全的事故隐患，应当限期解决或者停产整顿。严禁管理者违章指挥，强令职工冒险作业。发生生产伤亡事故，应当采取积极抢救措施，依法妥善处理，并向有关部门报告。

二、相关行政法规

1.《医疗机构管理条例》(2016年2月6日修订)

第三十一条　医疗机构对危重病人应当立即抢救。对限于设备或者技术条件不能诊治的病人，应当及时转诊。

2.《护士条例》(2020年3月27日修订)

第十七条　护士在执业活动中，发现患者病情危急，应当立即通知医师；在紧急情况下为抢救垂危患者生命，应当先行实施必要的紧急救护。

护士发现医嘱违反法律、法规、规章或者诊疗技术规范规定的，应当及时向开具医嘱的医师提出；必要时，应当向该医师所在科室的负责人或者医疗卫生机构负责医疗服务管理的人员报告。

3.《农业机械安全监督管理条例》(2019年3月2日修订)

第二十六条 在道路以外发生的农业机械事故,操作人员和现场其他人员应当立即停止作业或者停止农业机械的转移,保护现场,造成人员伤害的,应当向事故发生地农业机械化主管部门报告;造成人员死亡的,还应当向事故发生地公安机关报告。造成人身伤害的,应当立即采取措施,抢救受伤人员。因抢救受伤人员变动现场的,应当标明位置。

接到报告的农业机械化主管部门和公安机关应当立即派人赶赴现场进行勘验、检查,收集证据,组织抢救受伤人员,尽快恢复正常的生产秩序。

4.《生产安全事故应急条例》(2019年4月1日起施行)

第十七条 发生生产安全事故后,生产经营单位应当立即启动生产安全事故应急救援预案,采取下列一项或者多项应急救援措施,并按照国家有关规定报告事故情况:

(一)迅速控制危险源,组织抢救遇险人员;

(二)根据事故危害程度,组织现场人员撤离或者采取可能的应急措施后撤离;

(三)及时通知可能受到事故影响的单位和人员;

(四)采取必要措施,防止事故危害扩大和次生、衍生灾害发生;

(五)根据需要请求邻近的应急救援队伍参加救援,并向参加救援的应急救援队伍提供相关技术资料、信息和处置方法;

(六)维护事故现场秩序,保护事故现场和相关证据;

(七)法律、法规规定的其他应急救援措施。

第十八条 有关地方人民政府及其部门接到生产安全事故报告后,应当按照国家有关规定上报事故情况,启动相应的生产安全事故应急救援预案,并按照应急救援预案的规定采取下列一项或者多项应急救援措施:

(一)组织抢救遇险人员,救治受伤人员,研判事故发展趋势以及可能造成的危害;

(二)通知可能受到事故影响的单位和人员,隔离事故现场,划定警戒区域,疏散受到威胁的人员,实施交通管制;

(三)采取必要措施,防止事故危害扩大和次生、衍生灾害发生,避免或者减少事故对环境造成的危害;

（四）依法发布调用和征用应急资源的决定；

（五）依法向应急救援队伍下达救援命令；

（六）维护事故现场秩序，组织安抚遇险人员和遇险遇难人员亲属；

（七）依法发布有关事故情况和应急救援工作的信息；

（八）法律、法规规定的其他应急救援措施。

有关地方人民政府不能有效控制生产安全事故的，应当及时向上级人民政府报告。上级人民政府应当及时采取措施，统一指挥应急救援。

5.《特种设备安全监察条例》（2009 年 1 月 24 日修订）

第六十六条　特种设备事故发生后，事故发生单位应当立即启动事故应急预案，组织抢救，防止事故扩大，减少人员伤亡和财产损失，并及时向事故发生地县以上特种设备安全监督管理部门和有关部门报告。

县以上特种设备安全监督管理部门接到事故报告，应当尽快核实有关情况，立即向所在地人民政府报告，并逐级上报事故情况。必要时，特种设备安全监督管理部门可以越级上报事故情况。对特别重大事故、重大事故，国务院特种设备安全监督管理部门应当立即报告国务院并通报国务院安全生产监督管理部门等有关部门。

6.《生产安全事故报告和调查处理条例》（2007 年 6 月 1 日起施行）

第十四条　事故发生单位负责人接到事故报告后，应当立即启动事故相应应急预案，或者采取有效措施，组织抢救，防止事故扩大，减少人员伤亡和财产损失。

7.《中华人民共和国矿山安全法实施条例》（1996 年 10 月 30 日起施行）

第四十六条　矿山发生事故后，事故现场有关人员应当立即报告矿长或者有关主管人员；矿长或者有关主管人员接到事故报告后，必须立即采取有效措施，组织抢救，防止事故扩大，尽力减少人员伤亡和财产损失。

8.《中华人民共和国人民警察使用警械和武器条例》（1996 年 1 月 8 日起施行）

第十二条　人民警察使用武器造成犯罪分子或者无辜人员伤亡的，

> 应当及时抢救受伤人员，保护现场，并立即向当地公安机关或者该人民警察所属机关报告。
>
> 当地公安机关或者该人民警察所属机关接到报告后，应当及时进行勘验、调查，并及时通知当地人民检察院。
>
> 当地公安机关或者该人民警察所属机关应当将犯罪分子或者无辜人员的伤亡情况，及时通知其家属或者其所在单位。

第一千零六条 【人体细胞、人体组织等的自愿捐献】完全民事行为能力人有权依法自主决定无偿捐献其人体细胞、人体组织、人体器官、遗体。任何组织或者个人不得强迫、欺骗、利诱其捐献。

完全民事行为能力人依据前款规定同意捐献的，应当采用书面形式，也可以订立遗嘱。

自然人生前未表示不同意捐献的，该自然人死亡后，其配偶、成年子女、父母可以共同决定捐献，决定捐献应当采用书面形式。

法条评释：本条是对人体细胞、人体组织等自愿捐赠的规定。首先，依据本条第1款，只有完全民事行为能力人才能依法自主决定捐献其人体细胞、人体组织、人体器官、遗体，任何组织或者个人不得强迫、欺骗、利诱其捐献。这就是说，不完全民事行为能力人不能自主决定，其法定监护人也无权决定。因为任何组织或者个人不得摘取未满18周岁公民的活体器官用于移植。其次，即便是自主决定捐献，也必须是无偿的，且须采取书面形式。此外，此种无偿捐献人体器官的协议可以随时撤销或者违反，而不得强制履行，否则就损害了人的尊严，违背了公序良俗，构成对他人身体权以及生命权、健康权的侵害，不仅属于侵权行为，也属于犯罪行为。最后，如果自然人生前未表示不同意捐献的，该自然人死亡后，其配偶、成年子女、父母可以共同决定捐献。该决定捐献应当采取书面形式。所谓共同决定，意味着死者的配偶、成年子女、父母都必须同意，如果有一个人反对，则不得捐献。这种规定就意味着，在死者是不完全民事行为能力人（如一位去世的3岁孩子或因精神疾病而属于无民事行为能力的死者），其生前显然是无法或不可能明确表示不同意捐献的，是否捐献实际就取决于其配偶、成年子女和父母。《民法典》这一规定的目的就在于鼓励捐献，客观上有利于拓宽人体器官尤其是遗体的捐献渠道。

一、相关法律条文

《中华人民共和国刑法》(1996年1月8日起施行)

第二百三十四条之一 组织他人出卖人体器官的,处五年以下有期徒刑,并处罚金;情节严重的,处五年以上有期徒刑,并处罚金或者没收财产。

未经本人同意摘取其器官,或者摘取不满十八周岁的人的器官,或者强迫、欺骗他人捐献器官的,依照本法第二百三十四条、第二百三十二条的规定定罪处罚。

违背本人生前意愿摘取其尸体器官,或者本人生前未表示同意,违反国家规定,违背其近亲属意愿摘取其尸体器官的,依照本法第三百零二条的规定定罪处罚。

二、相关行政法规

《人体器官移植条例》(2007年5月1日起施行)

第二条 在中华人民共和国境内从事人体器官移植,适用本条例;从事人体细胞和角膜、骨髓等人体组织移植,不适用本条例。

本条例所称人体器官移植,是指摘取人体器官捐献人具有特定功能的心脏、肺脏、肝脏、肾脏或者胰腺等器官的全部或者部分,将其植入接受人身体以代替其病损器官的过程。

第七条 人体器官捐献应当遵循自愿、无偿的原则。

公民享有捐献或者不捐献其人体器官的权利;任何组织或者个人不得强迫、欺骗或者利诱他人捐献人体器官。

第八条 捐献人体器官的公民应当具有完全民事行为能力。公民捐献其人体器官应当有书面形式的捐献意愿,对已经表示捐献其人体器官的意愿,有权予以撤销。

公民生前表示不同意捐献其人体器官的,任何组织或者个人不得捐献、摘取该公民的人体器官;公民生前未表示不同意捐献其人体器官的,该公民死亡后,其配偶、成年子女、父母可以以书面形式共同表示同意捐献该公民人体器官的意愿。

第九条 任何组织或者个人不得摘取未满18周岁公民的活体器官用于移植。

第十条 活体器官的接受人限于活体器官捐献人的配偶、直系血亲或者三代以内旁系血亲，或者有证据证明与活体器官捐献人存在因帮扶等形成亲情关系的人员。

第十一条 医疗机构从事人体器官移植，应当依照《医疗机构管理条例》的规定，向所在地省、自治区、直辖市人民政府卫生主管部门申请办理人体器官移植诊疗科目登记。

医疗机构从事人体器官移植，应当具备下列条件：

（一）有与从事人体器官移植相适应的执业医师和其他医务人员；

（二）有满足人体器官移植所需要的设备、设施；

（三）有由医学、法学、伦理学等方面专家组成的人体器官移植技术临床应用与伦理委员会，该委员会中从事人体器官移植的医学专家不超过委员人数的1/4；

（四）有完善的人体器官移植质量监控等管理制度。

第十二条 省、自治区、直辖市人民政府卫生主管部门进行人体器官移植诊疗科目登记，除依据本条例第十一条规定的条件外，还应当考虑本行政区域人体器官移植的医疗需求和合法的人体器官来源情况。

省、自治区、直辖市人民政府卫生主管部门应当及时公布已经办理人体器官移植诊疗科目登记的医疗机构名单。

第十三条 已经办理人体器官移植诊疗科目登记的医疗机构不再具备本条例第十一条规定条件的，应当停止从事人体器官移植，并向原登记部门报告。原登记部门应当自收到报告之日起2日内注销该医疗机构的人体器官移植诊疗科目登记，并予以公布。

第十四条 省级以上人民政府卫生主管部门应当定期组织专家根据人体器官移植手术成功率、植入的人体器官和术后患者的长期存活率，对医疗机构的人体器官移植临床应用能力进行评估，并及时公布评估结果；对评估不合格的，由原登记部门撤销人体器官移植诊疗科目登记。具体办法由国务院卫生主管部门制订。

第十五条 医疗机构及其医务人员从事人体器官移植，应当遵守伦理原则和人体器官移植技术管理规范。

第十六条 实施人体器官移植手术的医疗机构及其医务人员应当对人体器官捐献人进行医学检查，对接受人因人体器官移植感染疾病的风险进行评估，并采取措施，降低风险。

第十七条 在摘取活体器官前或者尸体器官捐献人死亡前，负责人体器官移植的执业医师应当向所在医疗机构的人体器官移植技术临床应用与伦理委员会提出摘取人体器官审查申请。

人体器官移植技术临床应用与伦理委员会不同意摘取人体器官的，医疗机构不得做出摘取人体器官的决定，医务人员不得摘取人体器官。

第十八条　人体器官移植技术临床应用与伦理委员会收到摘取人体器官审查申请后，应当对下列事项进行审查，并出具同意或者不同意的书面意见：

（一）人体器官捐献人的捐献意愿是否真实；

（二）有无买卖或者变相买卖人体器官的情形；

（三）人体器官的配型和接受人的适应症是否符合伦理原则和人体器官移植技术管理规范。

经2/3以上委员同意，人体器官移植技术临床应用与伦理委员会方可出具同意摘取人体器官的书面意见。

第十九条　从事人体器官移植的医疗机构及其医务人员摘取活体器官前，应当履行下列义务：

（一）向活体器官捐献人说明器官摘取手术的风险、术后注意事项、可能发生的并发症及其预防措施等，并与活体器官捐献人签署知情同意书；

（二）查验活体器官捐献人同意捐献其器官的书面意愿、活体器官捐献人与接受人存在本条例第十条规定关系的证明材料；

（三）确认除摘取器官产生的直接后果外不会损害活体器官捐献人其他正常的生理功能。

从事人体器官移植的医疗机构应当保存活体器官捐献人的医学资料，并进行随访。

第二十条　摘取尸体器官，应当在依法判定尸体器官捐献人死亡后进行。从事人体器官移植的医务人员不得参与捐献人的死亡判定。

从事人体器官移植的医疗机构及其医务人员应当尊重死者的尊严；对摘取器官完毕的尸体，应当进行符合伦理原则的医学处理，除用于移植的器官以外，应当恢复尸体原貌。

第二十一条　从事人体器官移植的医疗机构实施人体器官移植手术，除向接受人收取下列费用外，不得收取或者变相收取所移植人体器官的费用：

(一)摘取和植入人体器官的手术费;

(二)保存和运送人体器官的费用;

(三)摘取、植入人体器官所发生的药费、检验费、医用耗材费。

前款规定费用的收取标准,依照有关法律、行政法规的规定确定并予以公布。

第二十二条 申请人体器官移植手术患者的排序,应当符合医疗需要,遵循公平、公正和公开的原则。具体办法由国务院卫生主管部门制订。

第二十三条 从事人体器官移植的医务人员应当对人体器官捐献人、接受人和申请人体器官移植手术的患者的个人资料保密。

第二十四条 从事人体器官移植的医疗机构应当定期将实施人体器官移植的情况向所在地省、自治区、直辖市人民政府卫生主管部门报告。具体办法由国务院卫生主管部门制订。

第二十五条 违反本条例规定,有下列情形之一,构成犯罪的,依法追究刑事责任:

(一)未经公民本人同意摘取其活体器官的;

(二)公民生前表示不同意捐献其人体器官而摘取其尸体器官的;

(三)摘取未满18周岁公民的活体器官的。

第二十六条 违反本条例规定,买卖人体器官或者从事与买卖人体器官有关活动的,由设区的市级以上地方人民政府卫生主管部门依照职责分工没收违法所得,并处交易额8倍以上10倍以下的罚款;医疗机构参与上述活动的,还应当对负有责任的主管人员和其他直接责任人员依法给予处分,并由原登记部门撤销该医疗机构人体器官移植诊疗科目登记,该医疗机构3年内不得再申请人体器官移植诊疗科目登记;医务人员参与上述活动的,由原发证部门吊销其执业证书。

国家工作人员参与买卖人体器官或者从事与买卖人体器官有关活动的,由有关国家机关依据职权依法给予撤职、开除的处分。

第二十七条 医疗机构未办理人体器官移植诊疗科目登记,擅自从事人体器官移植的,依照《医疗机构管理条例》的规定予以处罚。

实施人体器官移植手术的医疗机构及其医务人员违反本条例规定,未对人体器官捐献人进行医学检查或者未采取措施,导致接受人因人体器官移植手术感染疾病的,依照《医疗事故处理条例》的规定予以处罚。

从事人体器官移植的医务人员违反本条例规定，泄露人体器官捐献人、接受人或者申请人体器官移植手术患者个人资料的，依照《执业医师法》或者国家有关护士管理的规定予以处罚。

违反本条例规定，给他人造成损害的，应当依法承担民事责任。

违反本条例第二十一条规定收取费用的，依照价格管理的法律、行政法规的规定予以处罚。

第二十八条　医务人员有下列情形之一的，依法给予处分；情节严重的，由县级以上地方人民政府卫生主管部门依照职责分工暂停其6个月以上1年以下执业活动；情节特别严重的，由原发证部门吊销其执业证书：

（一）未经人体器官移植技术临床应用与伦理委员会审查同意摘取人体器官的；

（二）摘取活体器官前未依照本条例第十九条的规定履行说明、查验、确认义务的；

（三）对摘取器官完毕的尸体未进行符合伦理原则的医学处理，恢复尸体原貌的。

第二十九条　医疗机构有下列情形之一的，对负有责任的主管人员和其他直接责任人员依法给予处分；情节严重的，由原登记部门撤销该医疗机构人体器官移植诊疗科目登记，该医疗机构3年内不得再申请人体器官移植诊疗科目登记：

（一）不再具备本条例第十一条规定条件，仍从事人体器官移植的；

（二）未经人体器官移植技术临床应用与伦理委员会审查同意，做出摘取人体器官的决定，或者胁迫医务人员违反本条例规定摘取人体器官的；

（三）有本条例第二十八条第（二）项、第（三）项列举的情形的。

医疗机构未定期将实施人体器官移植的情况向所在地省、自治区、直辖市人民政府卫生主管部门报告的，由所在地省、自治区、直辖市人民政府卫生主管部门责令限期改正；逾期不改正的，对负有责任的主管人员和其他直接责任人员依法给予处分。

第三十条　从事人体器官移植的医务人员参与尸体器官捐献人的死亡判定的，由县级以上地方人民政府卫生主管部门依照职责分工暂停其6个月以上1年以下执业活动；情节严重的，由原发证部门吊销其执业证书。

第三十一条　国家机关工作人员在人体器官移植监督管理工作中滥用职权、玩忽职守、徇私舞弊，构成犯罪的，依法追究刑事责任；尚不构成犯罪的，依法给予处分。

三、相关文件规定

1.《人体捐献器官获取与分配管理规定》（国卫医发〔2019〕2号）

第一条　为积极推进人体器官捐献与移植工作，进一步规范人体器官获取，完善人体器官获取与分配体系，推动人体器官捐献与移植事业健康、可持续发展，依据《人体器官移植条例》等法规政策，结合工作实际，制定本规定。

第二条　本规定适用于公民逝世后捐献器官（以下简称捐献器官，包括器官段）的获取与分配。

第三条　本规定中人体器官获取组织（以下简称OPO）是指依托符合条件的医疗机构，由外科医师、神经内外科医师、重症医学科医师及护士、人体器官捐献协调员等组成的从事公民逝世后人体器官获取、修复、维护、保存和转运的医学专门组织或机构。

第四条　国家卫生健康委负责全国人体捐献器官获取与分配的监督管理工作。

县级以上卫生健康行政部门负责辖区内人体捐献器官获取与分配的监督管理工作。

第五条　医疗机构应当加强对所设OPO的日常管理，保障其规范运行。

第六条　OPO获取捐献器官，应当在捐献者死亡后按照人体器官获取标准流程和技术规范实施。获取捐献器官种类和数量，应当与人体器官捐献知情同意书一致。

第七条　OPO应当履行以下职责：

（一）对其服务范围内的潜在捐献者进行相关医学评估。

（二）获取器官前核查人体器官捐献知情同意书等合法性文件。

（三）维护捐献器官功能。捐献者死亡后，依据捐献者生前意愿或其配偶、成年子女、父母共同书面意愿获取相应捐献器官。

（四）将潜在捐献者、捐献者及其捐献器官的临床数据和合法性文件上传至中国人体器官分配与共享计算机系统（以下简称器官分配系统，网址：www. cot. org. cn）。

（五）使用器官分配系统启动捐献器官的自动分配。

（六）获取、保存、运送捐献器官，并按照器官分配系统的分配结果与获得该器官的人体器官移植等待者（以下简称等待者）所在的具备人体器官移植资质的医院（以下简称移植医院）进行捐献器官的交接确认。

（七）对捐献者遗体进行符合伦理原则的医学处理，并参与缅怀和慰问工作。

（八）保护捐献者、接受者和等待者的个人隐私，并保障其合法权益。

（九）组织开展其服务范围内医疗机构相关医务人员的专业培训，培训内容涉及潜在捐献者的甄别、抢救、器官功能维护等。开展学术交流和科学研究。

（十）配合本省份各级红十字会人体器官捐献管理机构做好人体器官捐献的宣传动员、协调见证、缅怀纪念等工作。

第八条　OPO 应当组建具备专门技术和能力要求的人体捐献器官获取团队，制定潜在捐献者识别与筛选医学标准，建立标准的人体捐献器官获取技术规范，配备专业人员和设备，以确保获取器官的质量。

第九条　医疗机构成立 OPO，应当符合省级卫生健康行政部门规划，并符合 OPO 基本条件和管理要求。

第十条　OPO 应当独立于人体器官移植科室。

第十一条　省级卫生健康行政部门应当根据覆盖全省、满足需要、唯一、就近的原则做好辖区内 OPO 设置规划，合理划分 OPO 服务区域，不得重叠。

第十二条　省级卫生健康行政部门应当根据 OPO 设置规划，在满足需要的前提下减少 OPO 设置数量，逐渐成立全省统一的 OPO。

第十三条　省级卫生健康行政部门应当将 OPO 名单及其服务区域及时报国家卫生健康委备案。变更 OPO 名单或服务区域，应当在变更后 5 个工作日内报国家卫生健康委备案。

第十四条　OPO 应当在省级卫生健康行政部门划定的服务区域内实施捐献器官的获取，严禁跨范围转运潜在捐献者、获取器官。

第十五条　OPO 进行潜在捐献者评估时，应当在器官分配系统中登记潜在捐献者信息及相关评估情况，保障潜在捐献者可溯源。

第十六条　OPO 应当建立捐献者病历并存档备查。捐献者病历至少包括：捐献者个人基本信息、捐献者评估记录、人体器官捐献知情同意书、死亡判定记录、OPO所在医疗机构人体器官移植技术临床应用与伦理委员会审批材料、人体器官获取同意书、器官获取记录、获取器官质量评估记录、器官接收确认书等。转院的患者需提供首诊医院的出院记录。

第十七条 OPO应当在红十字会人体器官捐献协调员现场见证下获取捐献器官，不得在医疗机构以外实施捐献器官获取手术。捐献者所在医疗机构应当积极协助和配合OPO，为实施捐献器官获取手术提供手术室、器械药品、人员等保障。

第十八条 各级各类医疗机构及其医务人员应当积极支持人体器官捐献与移植工作，并参加相关培训。发现潜在捐献者时，应当主动向划定的OPO以及省级红十字会报告，禁止向其他机构、组织和个人转介潜在捐献者。

第十九条 省级卫生健康行政部门应当在OPO的配合下，依照《人体器官移植条例》的有关规定，积极与当地医疗服务价格管理部门沟通，核算人体器官捐献、获取、保存、分配、检验、运输、信息系统维护等成本，确定其收费标准。

第二十条 人体器官获取经费收支应当纳入OPO所在医疗机构统一管理。医疗机构应当根据人体器官获取工作特点，建立健全人体器官获取财务管理制度，规范人体器官获取有关经费收支管理。

第二十一条 OPO所在医疗机构应当向其服务区域内的捐献者所在医疗机构支付维护、获取捐献器官所消耗的医疗与人力等成本。移植医院接受捐献器官，应当向OPO所在医疗机构支付人体器官获取的相关费用。

第二十五条 捐献器官的分配应当符合医疗需要，遵循公平、公正和公开的原则。

第二十六条 捐献器官必须通过器官分配系统进行分配，保证捐献器官可溯源。任何机构、组织和个人不得在器官分配系统外擅自分配捐献器官，不得干扰、阻碍器官分配。

第二十七条 移植医院应当将本院等待者的相关信息全部录入器官分配系统，建立等待名单并按照要求及时更新。

第二十八条 捐献器官按照人体器官分配与共享基本原则和核心政策的规定，逐级进行分配和共享。有条件的省份可以向国家卫生健康委提出实施辖区内统一等待名单的捐献器官分配。

第二十九条 OPO应当按照要求填写捐献者及捐献器官有关信息,禁止伪造篡改捐献者数据。

第三十条 OPO获取捐献器官后,经评估不可用于移植的,应当在分配系统中登记弃用器官病理检查报告结果,说明弃用原因及弃用后处理情况。

第三十一条 OPO应当及时启动器官分配系统自动分配捐献器官。器官分配系统按照人体器官分配与共享基本原则和核心政策生成匹配名单,并向移植医院发送分配通知后,OPO应当及时联系移植医院,确认其接收分配通知。

第三十二条 移植医院接到器官分配通知后,应当在30分钟内登陆器官分配系统查看捐献者和捐献器官的相关医学信息,并依据医学判断和等待者意愿在60分钟内作出接受或拒绝人体器官分配的决定并回复。拒绝接受人体器官分配的,应当在器官分配系统中说明理由。

第三十三条 OPO应当按照器官分配结果将捐献器官转运至接受者所在移植医院,转运过程中应当携带器官接收确认书。到达移植医院后应当与移植医院确认并交接捐献器官的来源、类型、数量及接受者身份。

第三十四条 移植器官交接后,特殊原因致接受者无法进行移植手术的,移植医院应当立即通知OPO,由OPO使用分配系统进行再分配。

第三十五条 移植医院应当严格执行分配结果,并在人体器官移植手术完成后,立即将接受者信息从等待者名单中移除。

第三十六条 为避免器官浪费,对于符合以下情形的捐献器官开辟特殊通道。OPO可通过器官分配系统按照人体器官分配与共享基本原则和核心政策选择适宜的器官接受者,并按程序在器官分配系统中按照特殊情况进行登记。省级卫生健康行政部门应当加强对特殊通道的监督管理。

(一)因不可抗力导致捐献器官无法转运至分配目的地的;

(二)捐献器官已转运至分配目的地,但接受者无法进行移植手术,再分配转运耗时将超过器官保存时限的;

(三)器官分配耗时已接近器官保存时限的。

第三十七条 国家卫生健康委定期组织专家或委托专业机构对人

体器官分配与共享基本原则和核心政策进行评估,必要时根据工作需要修订。

2.《卫生部关于规范活体器官移植的若干规定》(卫医管发〔2009〕126号)

为加强活体器官移植管理,确保活体器官捐献人和接受人的生命安全,根据《人体器官移植条例》,现将有关事项规定如下:

一、活体器官捐献应当遵循自愿、无偿的原则。公民享有捐献或者不捐献其人体器官的权利,对已经表示捐献其人体器官的意愿,有权予以撤销。任何组织或者个人不得强迫、欺骗或者利诱他人捐献人体器官。捐献人体器官的公民应当年满18周岁且具有完全民事行为能力。

二、活体器官捐献人与接受人仅限于以下关系:

(一)配偶:仅限于结婚3年以上或者婚后已育有子女的;

(二)直系血亲或者三代以内旁系血亲;

(三)因帮扶等形成亲情关系:仅限于养父母和养子女之间的关系、继父母与继子女之间的关系。

三、从事活体器官移植的医疗机构应当要求申请活体器官移植的捐献人与接受人提交以下相关材料:

(一)由活体器官捐献人及其具有完全民事行为能力的父母、成年子女(已结婚的捐献人还应当包括其配偶)共同签署的捐献人自愿、无偿捐献器官的书面意愿和活体器官接受人同意接受捐献人捐献器官的书面意愿;

(二)由户籍所在地公安机关出具的活体器官捐献人与接受人的身份证明以及双方第二代居民身份证、户口本原件;

(三)由户籍所在地公安机关出具的能反映活体器官捐献人与接受人亲属关系的户籍证明;

(四)活体器官捐献人与接受人属于配偶关系,应当提交结婚证原件或者已有生育子女的证明;

(五)省级卫生行政部门要求的其他证明材料。

从事活体器官移植的医疗机构应当配备身份证鉴别仪器并留存上述证明材料原件和相关证件的复印件备查。

四、从事活体器官移植的医疗机构及其医务人员在摘取活体器官前,应当履行下列义务:

（一）查验活体器官捐献人与接收人按照本规定第三条要求提交的相关材料的真实性，并确认其关系符合本通知第二条规定；

（二）评估接受人是否有接受活体器官移植手术的必要性、适应证；

（三）评估活体器官捐献人的健康状况是否适合捐献器官；

（四）评估摘取器官可能对活体器官捐献人健康产生的影响，确认不会因捐献活体器官而损害捐献者正常的生理功能；

（五）评估接受人因活体器官移植传播疾病的风险；

（六）根据医学及伦理学原则需要进行的其他评估；

（七）向医疗机构人体器官移植技术临床应用与伦理委员会（以下简称伦理委员会）提出摘取活体器官申请。

五、伦理委员会在收到摘取活体器官审查申请后，应当召集由伦理委员会全体成员参加的专门会议，对下列事项进行审查和讨论，在全体委员一致同意并签名确认后，伦理委员会方可出具同意摘取活体器官的书面意见：

（一）活体器官捐献人和接受人按照本规定第三条要求提供的材料是否真实、合法，其关系是否符合本规定第二条要求；

（二）活体器官捐献人的捐献意愿是否真实；

（三）有无买卖人体器官的情形；

（四）器官的配型和接受人的适应证是否符合人体器官移植技术管理规范；

（五）活体器官捐献人的身体和心理状况是否适宜捐献器官；

（六）对本通知第四条第（四）项的评估是否全面、科学；

（七）捐献是否符合医学和伦理学原则。

医疗机构应当存留完整的伦理委员会会议记录备查。

六、从事活体器官移植的医疗机构在伦理委员会出具同意摘取活体器官的书面意见后，应将相关材料上报省级卫生行政部门，根据回复意见实施。

七、在实施活体器官摘取手术前，应当由主管医师协助手术室工作人员再次确认活体器官捐献人身份。

八、完成活体器官摘取和器官移植手术后，负责活体器官移植的医务人员应当在72小时内完成以下工作：

（一）向伦理委员会提交手术报告，包括活体器官摘取和移植简要过程、术中和术后是否发生不良事件或者并发症及处理措施等；

(二)按照要求向相应的移植数据中心上报人体器官移植数据。

九、从事活体器官移植的医疗机构应当保存活体器官捐献人的医学资料,并定期对其随访。

十、医疗机构及其医务人员有下列情形之一的,由所在地省级卫生行政部门依照《中华人民共和国执业医师法》、《医疗机构管理条例》、《人体器官移植条例》的规定,对医疗机构及相关责任人予以处罚;涉嫌犯罪的,移交司法机关查处:

(一)摘取未满18周岁公民活体器官用于移植的;

(二)为不符合本规定第二条要求的捐献人与接受人进行活体器官摘取、移植手术的;

(三)摘取活体器官前未按照本规定第四、五条要求履行查验、评估、说明、确认义务的;

(四)未经省级卫生行政部门及医疗机构伦理委员会审查同意,擅自开展活体器官摘取、移植手术的;

(五)完成活体器官摘取、移植手术后,未按照本规定第八条要求报告的;

(六)买卖活体器官或者从事与买卖活体器官有关活动的。

十一、各级卫生行政部门要严格按照本规定及有关文件要求,进一步加强本辖区内医疗机构开展活体器官移植工作的监督管理;对于未能依法履行职责、监管不力,导致辖区内器官移植工作管理混乱的卫生行政部门,将依法追究直接责任人及相关责任人的责任,并予以通报。

3.《卫生部办公厅关于境外人员申请人体器官移植有关问题的通知》(卫办医发〔2007〕110号)

为了认真贯彻《人体器官移植条例》,切实加强我国人体器官移植管理,根据世界卫生组织人体器官移植指导原则,参照其他国家和地区通行做法,现就境外人员申请实施人体器官移植有关事宜通知如下:

一、医疗机构及其医务人员不得为以旅游名义到我国的外国公民实施人体器官移植。

医疗机构及其医务人员不得以旅游名义跨国境为外国居民实施人体器官移植。

二、外国居民申请到我国实施人体器官移植的,医疗机构必须向所在省级卫生行政部门报告,经省级卫生行政部门审核并报我部后,根据回复意见实施。

三、我国人体器官移植优先满足中国公民(包括香港、澳门、台湾永久性居民)需要。

四、医疗机构在为香港、澳门、台湾永久性居民实施人体器官移植前,必须向所在省级卫生行政部门报告。省级卫生行政部门要及时向我部报告。

五、除《医疗广告管理办法》(国家工商行政管理总局、卫生部令第26号)规定的内容外,医疗机构不得利用任何方式发布人体器官移植医疗广告。

六、省级卫生行政部门对医疗机构开展人体器官移植情况,要纳入技术临床应用能力定期评估的重要内容并严格考核。对医疗机构及其医务人员违反规定实施人体器官移植的,要依法严肃处理,并撤销医疗机构相应专业的人体器官移植诊疗科目登记。

第一千零七条　【禁止买卖人体细胞、人体组织等】禁止以任何形式买卖人体细胞、人体组织、人体器官、遗体。

违反前款规定的买卖行为无效。

法条评释:本条是对禁止买卖人体细胞、人体组织、人体器官和遗体的规定。之所以作此规定,是因为如果人体细胞、人体组织、人体器官和遗体可以进行买卖,就会出现不公平地利用最贫穷的和最脆弱的群体,破坏无私捐献,并导致牟取暴利和贩卖人口的情形。这种买卖行为也贬损了人格尊严,将人降低为客体。故此,本条第2款明确规定买卖人体细胞、人体组织、人体器官和遗体的行为是无效的。

一、相关法律条文

1.《中华人民共和国民法典》(2021年1月1日起施行)

第一百五十三条　违反法律、行政法规的强制性规定的民事法律行为无效。但是,该强制性规定不导致该民事法律行为无效的除外。

违背公序良俗的民事法律行为无效。

2.《中华人民共和国献血法》(1998年10月1日起施行)

第二条　国家实行无偿献血制度。

国家提倡十八周岁至五十五周岁的健康公民自愿献血。

第十一条 无偿献血的血液必须用于临床,不得买卖。血站、医疗机构不得将无偿献血的血液出售给单采血浆站或者血液制品生产单位。

第十四条 公民临床用血时只交付用于血液的采集、储存、分离、检验等费用;具体收费标准由国务院卫生行政部门会同国务院价格主管部门制定。

无偿献血者临床需要用血时,免交前款规定的费用;无偿献血者的配偶和直系亲属临床需要用血时,可以按照省、自治区、直辖市人民政府的规定免交或者减交前款规定的费用。

二、相关行政法规

《人体器官移植条例》(2007 年 5 月 1 日起施行)

第三条 任何组织或者个人不得以任何形式买卖人体器官,不得从事与买卖人体器官有关的活动。

第二十一条 从事人体器官移植的医疗机构实施人体器官移植手术,除向接受人收取下列费用外,不得收取或者变相收取所移植人体器官的费用:

(一)摘取和植入人体器官的手术费;

(二)保存和运送人体器官的费用;

(三)摘取、植入人体器官所发生的药费、检验费、医用耗材费。

前款规定费用的收取标准,依照有关法律、行政法规的规定确定并予以公布。

三、相关部门规章

《尸体出入境和尸体处理的管理规定》(2006 年 8 月 1 日起施行)

第一条 为保护社会公共利益,维护社会公共道德,防止传染病由境外传入或者由境内传出,根据《中华人民共和国国境卫生检疫法》、《中华人民共和国海关法》和《殡葬管理条例》等有关法律法规的规定,制定本规定。

第二条 本规定所称尸体,是指人去世后的遗体及其标本(含人体器官组织、人体骨骼及其标本)。

第八条 严禁进行尸体买卖,严禁利用尸体进行商业性活动。

第一千零八条　【临床试验的告知同意与伦理委员会审查】为研制新药、医疗器械或者发展新的预防和治疗方法，需要进行临床试验的，应当依法经相关主管部门批准并经伦理委员会审查同意，向受试者或者受试者的监护人告知试验目的、用途和可能产生的风险等详细情况，并经其书面同意。

进行临床试验的，不得向受试者收取试验费用。

法条评释：本条是对临床试验应当履行告知同意和经过伦理委员会审查的规定。有鉴于各种新药、医疗器械和新的预防和治疗方法的开展需要进行临床试验，为了更好地保护自然人的生命健康，民法典编纂时立法机关采纳了有的常委委员、地方、部门和社会公众提出的意见，在本条对人体试验做出了规范。这一规定既有利于充分保护被试者的生命权健康权，也有利于正常的临床试验的开展，研制更好的新药、医疗器械和治疗方法，从整体上保障人类的生命健康。然而，无论如何，在临床实验中，最重要的还是受试者的生命安全和身体健康，这一权益要高于对科学和社会利益的考虑。也就是说，人是目的而非手段，不能以牺牲作为个人的受试者的生命和健康去换取所谓整体的人类的安全健康。要实现这一点，最主要的措施就是伦理委员会的审查和告知同意规则。

一、相关法律条文

《中华人民共和国药品管理法》(2019 年 8 月 26 日修订)

第十九条　开展药物临床试验，应当按照国务院药品监督管理部门的规定如实报送研制方法、质量指标、药理及毒理试验结果等有关数据、资料和样品，经国务院药品监督管理部门批准。国务院药品监督管理部门应当自受理临床试验申请之日起六十个工作日内决定是否同意并通知临床试验申办者，逾期未通知的，视为同意。其中，开展生物等效性试验的，报国务院药品监督管理部门备案。

开展药物临床试验，应当在具备相应条件的临床试验机构进行。药物临床试验机构实行备案管理，具体办法由国务院药品监督管理部门、国务院卫生健康主管部门共同制定。

第二十条　开展药物临床试验，应当符合伦理原则，制定临床试验方案，经伦理委员会审查同意。

伦理委员会应当建立伦理审查工作制度，保证伦理审查过程独立、客观、公正，监督规范开展药物临床试验，保障受试者合法权益，维护社会公共利益。

第二十一条 实施药物临床试验，应当向受试者或者其监护人如实说明和解释临床试验的目的和风险等详细情况，取得受试者或者其监护人自愿签署的知情同意书，并采取有效措施保护受试者合法权益。

第二十二条 药物临床试验期间，发现存在安全性问题或者其他风险的，临床试验申办者应当及时调整临床试验方案、暂停或者终止临床试验，并向国务院药品监督管理部门报告。必要时，国务院药品监督管理部门可以责令调整临床试验方案、暂停或者终止临床试验。

第二十三条 对正在开展临床试验的用于治疗严重危及生命且尚无有效治疗手段的疾病的药物，经医学观察可能获益，并且符合伦理原则的，经审查、知情同意后可以在开展临床试验的机构内用于其他病情相同的患者。

二、相关行政法规

《医疗器械监督管理条例》(2021年2月9日修订)

第六条 国家对医疗器械按照风险程度实行分类管理。

第一类是风险程度低，实行常规管理可以保证其安全、有效的医疗器械。

第二类是具有中度风险，需要严格控制管理以保证其安全、有效的医疗器械。

第三类是具有较高风险，需要采取特别措施严格控制管理以保证其安全、有效的医疗器械。

评价医疗器械风险程度，应当考虑医疗器械的预期目的、结构特征、使用方法等因素。

国务院食品药品监督管理部门负责制定医疗器械的分类规则和分类目录，并根据医疗器械生产、经营、使用情况，及时对医疗器械的风险变化进行分析、评价，对分类目录进行调整。制定、调整分类目录，应当充分听取医疗器械生产经营企业以及使用单位、行业组织的意见，并参考国际医疗器械分类实践。医疗器械分类规则和分类目录应当向社会公布。

第二十四条 医疗器械产品注册、备案，应当进行临床评价；但是符合下列情形之一，可以免于进行临床评价：

（一）工作机理明确、设计定型，生产工艺成熟，已上市的同品种医疗器械临床应用多年且无严重不良事件记录，不改变常规用途的；

（二）其他通过非临床评价能够证明该医疗器械安全、有效的。

国务院药品监督管理部门应当制定医疗器械临床评价指南。

第二十五条　进行医疗器械临床评价，可以根据产品特征、临床风险、已有临床数据等情形，通过开展临床试验，或者通过对同品种医疗器械临床文献资料、临床数据进行分析评价，证明医疗器械安全、有效。

按照国务院药品监督管理部门的规定，进行医疗器械临床评价时，已有临床文献资料、临床数据不足以确认产品安全、有效的医疗器械，应当开展临床试验。

第二十六条　开展医疗器械临床试验，应当按照医疗器械临床试验质量管理规范的要求，在具备相应条件的临床试验机构进行，并向临床试验申办者所在地省、自治区、直辖市人民政府药品监督管理部门备案。接受临床试验备案的药品监督管理部门应当将备案情况通报临床试验机构所在地同级药品监督管理部门和卫生主管部门。

医疗器械临床试验机构实行备案管理。医疗器械临床试验机构应当具备的条件以及备案管理办法和临床试验质量管理规范，由国务院药品监督管理部门会同国务院卫生主管部门制定并公布。

国家支持医疗机构开展临床试验，将临床试验条件和能力评价纳入医疗机构等级评审，鼓励医疗机构开展创新医疗器械临床试验。

第二十七条　第三类医疗器械临床试验对人体具有较高风险的，应当经国务院药品监督管理部门批准。国务院药品监督管理部门审批临床试验，应当对拟承担医疗器械临床试验的机构的设备、专业人员等条件，该医疗器械的风险程度，临床试验实施方案，临床受益与风险对比分析报告等进行综合分析，并自受理申请之日起60个工作日内作出决定并通知临床试验申办者。逾期未通知的，视为同意。准予开展临床试验的，应当通报临床试验机构所在地省、自治区、直辖市人民政府药品监督管理部门和卫生主管部门。

临床试验对人体具有较高风险的第三类医疗器械目录由国务院药品监督管理部门制定、调整并公布。

第二十八条　开展医疗器械临床试验，应当按照规定进行伦理审查，向受试者告知试验目的、用途和可能产生的风险等详细情况，获得受试者的书面知情同意；受试者为无民事行为能力人或者限制民事行为能力人的，应当依法获得其监护人的书面知情同意。

开展临床试验，不得以任何形式向受试者收取与临床试验有关的费用。

第二十九条 对正在开展临床试验的用于治疗严重危及生命且尚无有效治疗手段的疾病的医疗器械，经医学观察可能使患者获益，经伦理审查、知情同意后，可以在开展医疗器械临床试验的机构内免费用于其他病情相同的患者，其安全性数据可以用于医疗器械注册申请。

三、相关部门规章

1.《医疗器械临床试验质量管理规范》(2016年6月1日起施行)

第一条 为加强对医疗器械临床试验的管理，维护医疗器械临床试验过程中受试者权益，保证医疗器械临床试验过程规范，结果真实、科学、可靠和可追溯，根据《医疗器械监督管理条例》，制定本规范。

第二条 在中华人民共和国境内开展医疗器械临床试验，应当遵循本规范。

本规范涵盖医疗器械临床试验全过程，包括临床试验的方案设计、实施、监查、核查、检查，以及数据的采集、记录，分析总结和报告等。

第三条 本规范所称医疗器械临床试验，是指在经资质认定的医疗器械临床试验机构中，对拟申请注册的医疗器械在正常使用条件下的安全性和有效性进行确认或者验证的过程。

第四条 医疗器械临床试验应当遵循依法原则、伦理原则和科学原则。

第五条 省级以上食品药品监督管理部门负责对医疗器械临床试验的监督管理。

卫生计生主管部门在职责范围内加强对医疗器械临床试验的管理。

食品药品监督管理部门、卫生计生主管部门应当建立医疗器械临床试验质量管理信息通报机制，加强第三类医疗器械、列入国家大型医用设备配置管理品目的医疗器械开展临床试验审批情况以及相应的临床试验监督管理数据的信息通报。

第六条 进行医疗器械临床试验应当有充分的科学依据和明确的试验目的，并权衡对受试者和公众健康预期的受益以及风险，预期的受益应当超过可能出现的损害。

第七条 临床试验前，申办者应当完成试验用医疗器械的临床前研究，包括产品设计(结构组成、工作原理和作用机理、预期用途以及适用范围、适用的技术要求)和质量检验、动物试验以及风险分析等，且结果应当能够支持该项临床试验。质量检验结果包括自检报告和具有资质的检验机构出具的一年内的产品注册检验合格报告。

第八条 临床试验前，申办者应当准备充足的试验用医疗器械。试验用医疗器械的研制应当符合适用的医疗器械质量管理体系相关要求。

第九条　医疗器械临床试验应当在两个或者两个以上医疗器械临床试验机构中进行。

所选择的试验机构应当是经资质认定的医疗器械临床试验机构，且设施和条件应当满足安全有效地进行临床试验的需要。研究者应当具备承担该项临床试验的专业特长、资格和能力，并经过培训。

医疗器械临床试验机构资质认定管理办法由国家食品药品监督管理总局会同国家卫生和计划生育委员会另行制定。

第十条　临床试验前，申办者与临床试验机构和研究者应当就试验设计、试验质量控制、试验中的职责分工、申办者承担的临床试验相关费用以及试验中可能发生的伤害处理原则等达成书面协议。

第十一条　临床试验应当获得医疗器械临床试验机构伦理委员会的同意。列入需进行临床试验审批的第三类医疗器械目录的，还应当获得国家食品药品监督管理总局的批准。

第十二条　临床试验前，申办者应当向所在地省、自治区、直辖市食品药品监督管理部门备案。

接受备案的食品药品监督管理部门应当将备案情况通报临床试验机构所在地的同级食品药品监督管理部门以及卫生计生主管部门。

第十三条　医疗器械临床试验应当遵循《世界医学大会赫尔辛基宣言》确定的伦理准则。

第十四条　伦理审查与知情同意是保障受试者权益的主要措施。

参与临床试验的各方应当按照试验中各自的职责承担相应的伦理责任。

第十五条　申办者应当避免对受试者、临床试验机构和研究者等临床试验参与者或者相关方产生不当影响或者误导。

临床试验机构和研究者应当避免对受试者、申办者等临床试验参与者或者相关方产生不当影响或者误导。

第十六条　申办者、临床试验机构和研究者不得夸大参与临床试验的补偿措施，误导受试者参与临床试验。

第十七条　临床试验前，申办者应当通过研究者和临床试验机构的医疗器械临床试验管理部门向伦理委员会提交下列文件：

（一）临床试验方案；

（二）研究者手册；

（三）知情同意书文本和其他任何提供给受试者的书面材料；

（四）招募受试者和向其宣传的程序性文件；

（五）病例报告表文本；

（六）自检报告和产品注册检验报告；

（七）研究者简历、专业特长、能力、接受培训和其他能够证明其资格的文件；

（八）临床试验机构的设施和条件能够满足试验的综述；

（九）试验用医疗器械的研制符合适用的医疗器械质量管理体系相关要求的声明；

（十）与伦理审查相关的其他文件。

伦理委员会应当秉承伦理和科学的原则，审查和监督临床试验的实施。

第十八条 在临床试验过程中发生下列情况之一的，研究者应当及时向临床试验机构的医疗器械临床试验管理部门报告，并经其及时通报申办者、报告伦理委员会：

（一）严重不良事件；

（二）进度报告，包括安全性总结和偏离报告；

（三）对伦理委员会已批准文件的任何修订，不影响受试者权益、安全和健康，或者与临床试验目的或终点不相关的非实质性改变无需事前报告，但事后应当书面告知；

（四）暂停、终止或者暂停后请求恢复临床试验；

（五）影响受试者权益、安全和健康或者临床试验科学性的临床试验方案偏离，包括请求偏离和报告偏离。

为保护受试者权益、安全和健康，在紧急情况下发生的偏离无法及时报告的，应当在事后以书面形式尽快按照相关规定报告。

第十九条 临床试验过程中，如修订临床试验方案以及知情同意书等文件、请求偏离、恢复已暂停临床试验，应当在获得伦理委员会的书面批准后方可继续实施。

第二十条 应当尽量避免选取未成年人、孕妇、老年人、智力障碍人员、处于生命危急情况的患者等作为受试者；确需选取时，应当遵守伦理委员会提出的有关附加要求，在临床试验中针对其健康状况进行专门设计，并应当有益于其健康。

第二十一条 在受试者参与临床试验前，研究者应当充分向受试者或者无民事行为能力人、限制民事行为能力人的监护人说明临床试验的详细情况，包括已知的、可以预见的风险和可能发生的不良事件等。经充分和详细解释后由受试者或者其监护人在知情同意书上签署姓名和日期，研究者也需在知情同意书上签署姓名和日期。

第二十二条 知情同意书一般应当包括下列内容以及对事项的说明：

(一)研究者的姓名以及相关信息；

(二)临床试验机构的名称；

(三)试验名称、目的、方法、内容；

(四)试验过程、期限；

(五)试验的资金来源、可能的利益冲突；

(六)预期受试者可能的受益和已知的、可以预见的风险以及可能发生的不良事件；

(七)受试者可以获得的替代诊疗方法以及其潜在受益和风险的信息；

(八)需要时，说明受试者可能被分配到试验的不同组别；

(九)受试者参加试验应当是自愿的，且在试验的任何阶段有权退出而不会受到歧视或者报复，其医疗待遇与权益不受影响；

(十)告知受试者参加试验的个人资料属于保密，但伦理委员会、食品药品监督管理部门、卫生计生主管部门或者申办者在工作需要时按照规定程序可以查阅受试者参加试验的个人资料；

(十一)如发生与试验相关的伤害，受试者可以获得治疗和经济补偿；

(十二)受试者在试验期间可以随时了解与其有关的信息资料；

(十三)受试者在试验期间可能获得的免费诊疗项目和其他相关补助。

知情同意书应当采用受试者或者监护人能够理解的语言和文字。知情同意书不应当含有会引起受试者放弃合法权益以及免除临床试验机构和研究者、申办者或者其代理人应当负责任的内容。

第二十三条 获得知情同意还应当符合下列要求：

(一)对无行为能力的受试者，如果伦理委员会原则上同意、研究者认为受试者参加临床试验符合其自身利益时，也可以进入临床试验，但试验前应当由其监护人签名并注明日期；

(二)受试者或者其监护人均无阅读能力时，在知情过程中应当有一名见证人在场，经过详细解释知情同意书后，见证人阅读知情同意书与口头知情内容一致，由受试者或者其监护人口头同意后，见证人在知情同意书上签名并注明日期，见证人的签名与研究者的签名应当在同一天；

(三)未成年人作为受试者，应当征得其监护人的知情同意并签署知情同意书，未成年人能对是否参加试验作出意思表示的，还应当征得其本人同意；

（四）如发现涉及试验用医疗器械的重要信息或者预期以外的临床影响，应当对知情同意书相关内容进行修改，修改的知情同意书经伦理委员会认可后，应当由受试者或者其监护人重新签名确认。

第二十四条 知情同意书应当注明制定的日期或者修订后版本的日期。如知情同意书在试验过程中有修订，修订版的知情同意书执行前需再次经伦理委员会同意。修订版的知情同意书报临床试验机构后，所有未结束试验流程的受试者如受影响，都应当签署新修订的知情同意书。

第二十五条 受试者有权在临床试验的任何阶段退出并不承担任何经济责任。

第二十六条 开展医疗器械临床试验，申办者应当按照试验用医疗器械的类别、风险、预期用途等组织制定科学、合理的临床试验方案。

第二十七条 未在境内外批准上市的新产品，安全性以及性能尚未经医学证实的，临床试验方案设计时应当先进行小样本可行性试验，待初步确认其安全性后，再根据统计学要求确定样本量开展后续临床试验。

第二十八条 医疗器械临床试验方案应当包括下列内容：

（一）一般信息；

（二）临床试验的背景资料；

（三）试验目的；

（四）试验设计；

（五）安全性评价方法；

（六）有效性评价方法；

（七）统计学考虑；

（八）对临床试验方案修正的规定；

（九）对不良事件和器械缺陷报告的规定；

（十）直接访问源数据、文件；

（十一）临床试验涉及的伦理问题和说明以及知情同意书文本；

（十二）数据处理与记录保存；

（十三）财务和保险；

（十四）试验结果发表约定。

上述部分内容可以包括在方案的其他相关文件如研究者手册中。临床试验机构的具体信息、试验结果发表约定、财务和保险可以在试验方案中表述，也可以另行制定协议加以规定。

第二十九条　多中心临床试验由多位研究者按照同一试验方案在不同的临床试验机构中同期进行。其试验方案的设计和实施应当至少包括以下内容：

（一）试验方案由申办者组织制定并经各临床试验机构以及研究者共同讨论认定，且明确牵头单位临床试验机构的研究者为协调研究者；

（二）协调研究者负责临床试验过程中各临床试验机构间的工作协调，在临床试验前期、中期和后期组织研究者会议，并与申办者共同对整个试验的实施负责；

（三）各临床试验机构原则上应当同期开展和结束临床试验；

（四）各临床试验机构试验样本量以及分配、符合统计分析要求的理由；

（五）申办者和临床试验机构对试验培训的计划与培训记录要求；

（六）建立试验数据传递、管理、核查与查询程序，尤其明确要求各临床试验机构试验数据有关资料应当由牵头单位集中管理与分析；

（七）多中心临床试验结束后，各临床试验机构研究者应当分别出具临床试验小结，连同病历报告表按规定经审核后交由协调研究者汇总完成总结报告。

第三十条　医疗器械临床试验机构伦理委员会应当至少由 5 名委员组成，包括医学专业人员、非医学专业人员，其中应当有不同性别的委员。非医学专业委员中至少有一名为法律工作者，一名为该临床试验机构以外的人员。伦理委员会委员应当具有评估和评价该项临床试验的科学、医学和伦理学等方面的资格或者经验。所有委员应当熟悉医疗器械临床试验的伦理准则和相关规定，并遵守伦理委员会的章程。

第三十一条　医疗器械伦理委员会应当遵守《世界医学大会赫尔辛基宣言》伦理准则和食品药品监督管理部门的规定，建立相应的工作程序并形成文件，按照工作程序履行职责。

伦理委员会中独立于研究者和申办者的委员有权发表意见并参与有关试验的表决。

第三十二条　伦理委员会召开会议应当事先通知，参加评审和表决人数不能少于 5 人，作出任何决定应当由伦理委员会组成成员半数以上通过。

研究者可以提供有关试验的任何方面的信息，但不应当参与评审、投票或者发表意见。

伦理委员会在审查某些特殊试验时，可以邀请相关领域的专家参加。

第三十三条 伦理委员会应当从保障受试者权益的角度严格审议试验方案以及相关文件，并应当重点关注下列内容：

（一）研究者的资格、经验以及是否有充分的时间参加该临床试验。

（二）临床试验机构的人员配备以及设备条件等是否符合试验要求。

（三）受试者可能遭受的风险程度与试验预期的受益相比是否合适。

（四）试验方案是否充分考虑了伦理原则，是否符合科学性，包括研究目的是否适当、受试者的权益是否得到保障、其他人员可能遭受风险的保护以及受试者入选的方法是否科学。

（五）受试者入选方法，向受试者或者其监护人提供的有关本试验的信息资料是否完整、受试者是否可以理解，获取知情同意书的方法是否适当；必要时，伦理委员会应当组织受试人群代表对资料的可理解程度进行测试，评估知情同意是否适当，评估结果应当书面记录并保存至临床试验结束后10年。

（六）受试者若发生与临床试验相关的伤害或者死亡，给予的治疗和保险措施是否充分。

（七）对试验方案提出的修改意见是否可以接受。

（八）是否能够在临床试验进行中定期分析评估对受试者的可能危害。

（九）对试验方案的偏离可能影响受试者权益、安全和健康，或者影响试验的科学性、完整性，是否可以接受。

第三十四条 多中心临床试验的伦理审查应当由牵头单位伦理委员会负责建立协作审查工作程序，保证审查工作的一致性和及时性。

各临床试验机构试验开始前应当由牵头单位伦理委员会负责审查试验方案的伦理合理性和科学性，参加试验的其他临床试验机构伦理委员会在接受牵头单位伦理委员会审查意见的前提下，可以采用会议审查或者文件审查的方式，审查该项试验在本临床试验机构的可行性，包括研究者的资格与经验、设备与条件等，一般情况下不再对试验方案设计提出修改意见，但是有权不批准在其临床试验机构进行试验。

第三十五条　伦理委员会接到医疗器械临床试验的申请后应当召开会议，审阅讨论，签发书面意见、盖章，并附出席会议的人员名单、专业以及本人签名。伦理委员会的意见可以是：

（一）同意；

（二）作必要的修改后同意；

（三）不同意；

（四）暂停或者终止已批准的试验。

第三十六条　伦理委员会应当对本临床试验机构的临床试验进行跟踪监督，发现受试者权益不能得到保障等情形，可以在任何时间书面要求暂停或者终止该项临床试验。

被暂停的临床试验，未经伦理委员会同意，不得恢复。

第三十七条　伦理委员会应当保留全部有关记录至临床试验完成后至少10年。

第三十八条　申办者负责发起、申请、组织、监查临床试验，并对临床试验的真实性、可靠性负责。申办者通常为医疗器械生产企业。申办者为境外机构的，应当按规定在我国境内指定代理人。

第三十九条　申办者负责组织制定和修改研究者手册、临床试验方案、知情同意书、病例报告表、有关标准操作规程以及其他相关文件，并负责组织开展临床试验所必需的培训。

第四十条　申办者应当根据试验用医疗器械的特性，在经资质认定的医疗器械临床试验机构中选择试验机构及其研究者。申办者在与临床试验机构签署临床试验协议前，应当向临床试验机构和研究者提供最新的研究者手册以及其他相关文件，以供其决定是否可以承担该项临床试验。

第四十一条　研究者手册应当包括下列主要内容：

（一）申办者、研究者基本信息；

（二）试验用医疗器械的概要说明；

（三）支持试验用医疗器械预期用途和临床试验设计理由的概要和评价；

（四）试验用医疗器械的制造符合适用的医疗器械质量管理体系要求的声明。

第四十二条　申办者在组织临床试验方案的制定中不得夸大宣传试验用医疗器械的机理和疗效。

第四十三条　在临床试验过程中，申办者得到影响临床试验的重要信息时，应当及时对研究者手册以及相关文件进行修改，并通过临床试验机构的医疗器械临床试验管理部门提交伦理委员会审查同意。

第四十四条　申办者应当与临床试验机构和研究者就下列事项达成书面协议：

（一）按照相关法律法规和临床试验方案实施临床试验，并接受监查、核查和检查；

（二）遵循数据记录和报告程序；

（三）保留与试验有关的基本文件不少于法定时间，直至申办者通知临床试验机构和研究者不再需要该文件为止；

（四）申办者得到伦理委员会批准后，负责向临床试验机构和研究者提供试验用医疗器械，并确定其运输条件、储存条件、储存时间、有效期等；

（五）试验用医疗器械应当质量合格，具有易于识别、正确编码以及贴有“试验用”的特殊标识，并按照临床试验方案要求进行适当包装和保存；

（六）申办者应当制定临床试验质量控制相关的标准操作规程，如试验用医疗器械的运输、接收、储存、分发、处理、回收等，供临床试验机构和研究者遵循。

第四十五条　申办者对试验用医疗器械在临床试验中的安全性负责。当发现可能影响受试者安全或者试验实施可能改变伦理委员会对继续试验的批准情况时，申办者应当立即通知所有临床试验机构和研究者，并作出相应处理。

第四十六条　申办者决定暂停或者终止临床试验的，应当在5日内通知所有临床试验机构医疗器械临床试验管理部门，并书面说明理由。临床试验机构医疗器械临床试验管理部门应当及时通知相应的研究者、伦理委员会。对暂停的临床试验，未经伦理委员会同意，不得恢复。临床试验结束后，申办者应当书面告知其所在地省、自治区、直辖市食品药品监督管理部门。

第四十七条　申办者应当保证实施临床试验的所有研究者严格遵循临床试验方案，发现临床试验机构和研究者不遵从有关法律法规、本规范和临床试验方案的，应当及时指出并予以纠正；如情况严重或者持续不改，应当终止试验，并向临床试验机构所在地省、自治区、直辖市食品药品监督管理部门和国家食品药品监督管理总局报告。

第四十八条 申办者应当为发生与临床试验相关的伤害或者死亡的受试者承担治疗的费用以及相应的经济补偿，但在诊疗活动中由医疗机构及其医务人员过错造成的损害除外。

第四十九条 申办者应当对临床试验承担监查责任，并选择符合要求的监查员履行监查职责。

监查员人数以及监查的次数取决于临床试验的复杂程度和参与试验的临床试验机构数目。

第五十条 监查员应当有相应的临床医学、药学、生物医学工程、统计学等相关专业背景，并经过必要的培训，熟悉有关法规和本规范，熟悉有关试验用医疗器械的非临床和同类产品临床方面的信息、临床试验方案及其相关的文件。

第五十一条 监查员应当遵循由申办者制定的试验用医疗器械临床试验监查标准操作规程，督促临床试验按照方案实施。具体职责包括：

（一）在试验前确认临床试验机构已具有适当的条件，包括人员配备与培训符合要求，实验室设备齐全、工作情况良好，预期有足够数量的受试者，参与研究人员熟悉试验要求。

（二）在试验前、中、后期监查临床试验机构和研究者是否遵循有关法规、本规范和临床试验方案。

（三）确认每位受试者在参与临床试验前签署知情同意书，了解受试者的入选情况以及试验的进展状况；对研究者未能做到的随访、未进行的试验、未做的检查，以及是否对错误、遗漏做出纠正等，应当清楚、如实记录；对修订的知情同意书，确认未结束临床试验流程并受影响的受试者重新签署。

（四）确认所有病例报告表填写正确，并与原始资料一致；所有错误或者遗漏均已改正或者注明，经研究者签名并注明日期；每一试验的病种、病例总数和病例的性别、年龄、治疗效果等均应当确认并记录。

（五）确认受试者退出临床试验或者不依从知情同意书规定要求的情况记录在案，并与研究者讨论此种情况。

（六）确认所有不良事件、并发症和其他器械缺陷均记录在案，严重不良事件和可能导致严重不良事件的器械缺陷在规定时间内作出报告并记录在案。

(七)监查试验用医疗器械样品的供给、使用、维护以及运输、接收、储存、分发、处理与回收。

(八)监督临床试验过程中相关设备的定期维护和校准。

(九)确保研究者收到的所有临床试验相关文件为最新版本。

(十)每次监查后应当书面报告申办者,报告应当包括监查员姓名、监查日期、监查时间、监查地点、监查内容、研究者姓名、项目完成情况、存在的问题、结论以及对错误、遗漏做出的纠正等。

第五十二条 申办者为保证临床试验的质量,可以组织独立于临床试验、并具有相应培训和经验的核查员对临床试验开展情况进行核查,评估临床试验是否符合试验方案的要求。

核查可以作为申办者临床试验质量管理常规工作的一部分,也可以用于评估监查活动的有效性,或者针对严重的或者反复的临床试验方案偏离、涉嫌造假等情况开展核查。

第五十三条 核查员应当根据临床试验的重要性、受试者数量、临床试验的类型以及复杂性、受试者风险水平等制定核查方案和核查程序。

第五十四条 对于严重不良事件和可能导致严重不良事件的器械缺陷,申办者应当在获知后5个工作日内向所备案的食品药品监督管理部门和同级卫生计生主管部门报告,同时应当向参与试验的其他临床试验机构和研究者通报,并经其医疗器械临床试验管理部门及时通知该临床试验机构的伦理委员会。

第五十五条 申办者若采用电子临床数据库或者远程电子临床数据系统,应当确保临床数据的受控、真实,并形成完整的验证文件。

第五十六条 对于多中心临床试验,申办者应当保证在临床试验前已制定文件,明确协调研究者和其他研究者的职责分工。

第五十七条 对于多中心临床试验,申办者应当按照临床试验方案组织制定标准操作规程,并组织对参与试验的所有研究者进行临床试验方案和试验用医疗器械使用和维护的培训,确保在临床试验方案执行、试验用医疗器械使用方面的一致性。

第五十八条 在多中心临床试验中,申办者应当保证病例报告表的设计严谨合理,能够使协调研究者获得各分中心临床试验机构的所有数据。

第五十九条 临床试验机构在接受临床试验前，应当根据试验用医疗器械的特性，对相关资源进行评估，以决定是否接受该临床试验。

第六十条 临床试验机构应当按照与申办者的约定妥善保存临床试验记录和基本文件。

第六十一条 负责临床试验的研究者应当具备下列条件：

（一）在该临床试验机构中具有副主任医师、副教授、副研究员等副高级以上相关专业技术职称和资质；

（二）具有试验用医疗器械所要求的专业知识和经验，必要时应当经过有关培训；

（三）熟悉申办者要求和其所提供的与临床试验有关的资料、文献；

（四）有能力协调、支配和使用进行该项试验的人员和设备，且有能力处理试验用医疗器械发生的不良事件和其他关联事件；

（五）熟悉国家有关法律、法规以及本规范。

第六十二条 临床试验前，临床试验机构的医疗器械临床试验管理部门应当配合申办者向伦理委员会提出申请，并按照规定递交相关文件。

第六十三条 研究者应当确保参与试验的有关工作人员熟悉试验用医疗器械的原理、适用范围、产品性能、操作方法、安装要求以及技术指标，了解该试验用医疗器械的临床前研究资料和安全性资料，掌握临床试验可能产生风险的防范以及紧急处理方法。

第六十四条 研究者应当保证所有临床试验参与人员充分了解临床试验方案、相关规定、试验用医疗器械特性以及与临床试验相关的职责，并确保有足够数量并符合临床试验方案入选标准的受试者进入临床试验、确保有足够的时间在协议约定的试验期内，按照相关规定安全地实施和完成临床试验。

第六十五条 研究者应当保证将试验用医疗器械只用于该临床试验的受试者，并不得收取任何费用。

第六十六条 研究者应当严格遵循临床试验方案，未经申办者和伦理委员会的同意，或者未按照规定经国家食品药品监督管理总局批准，不得偏离方案或者实质性改变方案。但在受试者面临直接危险等需要立即消除的紧急情况下，也可以事后以书面形式报告。

第六十七条 研究者负责招募受试者、与受试者或者其监护人谈话。研究者有责任向受试者说明试验用医疗器械以及临床试验有关的详细情况,告知受试者可能的受益和已知的、可以预见的风险,并取得受试者或者其监护人签字和注明日期的知情同意书。

第六十八条 研究者或者参与试验的其他人员,不应当强迫或者以其他不正当方式诱使受试者参加试验。

第六十九条 研究者在临床试验中发现试验用医疗器械预期以外的不良事件时,应当和申办者共同对知情同意书相关内容进行修改,按照相关工作程序报伦理委员会审查同意后,由受影响的受试者或者其监护人对修改后的知情同意书进行重新签名确认。

第七十条 研究者负责作出与临床试验相关的医疗决定,在发生与临床试验相关的不良事件时,临床试验机构和研究者应当保证为受试者提供足够、及时的治疗和处理。当受试者出现并发疾病需要治疗和处理时,研究者应当及时告知受试者。

第七十一条 在临床试验中出现严重不良事件的,研究者应当立即对受试者采取适当的治疗措施,同时书面报告所属的临床试验机构医疗器械临床试验管理部门,并经其书面通知申办者。医疗器械临床试验管理部门应当在24小时内书面报告相应的伦理委员会以及临床试验机构所在地省、自治区、直辖市食品药品监督管理部门和卫生计生主管部门。对于死亡事件,临床试验机构和研究者应当向伦理委员会和申办者提供所需要的全部资料。

第七十二条 研究者应当记录临床试验过程中发生的所有不良事件和发现的器械缺陷,并与申办者共同分析事件原因,形成书面分析报告,提出继续、暂停或者终止试验的意见,经临床试验机构医疗器械临床试验管理部门报伦理委员会审查。

第七十三条 研究者应当保证将临床试验数据准确、完整、清晰、及时地载入病例报告表。病例报告表由研究者签署姓名,任何数据的更改均应当由研究者签名并标注日期,同时保留原始记录,原始记录应当清晰可辨识。

第七十四条 临床试验机构和研究者应当确保临床试验所形成数据、文件和记录的真实、准确、清晰、安全。

第七十五条 临床试验机构和研究者应当接受申办者的监查、核查以及伦理委员会的监督,并提供所需的与试验有关的全部记录。食品药品监督管理部门、卫生计生主管部门派检查员开展检查的,临床试验机构和研究者应当予以配合。

第七十六条　临床试验机构和研究者发现风险超过可能的受益，或者已经得出足以判断试验用医疗器械安全性和有效性的结果等，需要暂停或者终止临床试验时，应当通知受试者，并保证受试者得到适当治疗和随访，同时按照规定报告，提供详细书面解释。必要时，报告所在地省、自治区、直辖市食品药品监督管理部门。

研究者接到申办者或者伦理委员会需要暂停或者终止临床试验的通知时，应当及时通知受试者，并保证受试者得到适当治疗和随访。

第七十七条　临床试验机构和研究者对申办者违反有关规定或者要求改变试验数据、结论的，应当向申办者所在地省、自治区、直辖市食品药品监督管理部门或者国家食品药品监督管理总局报告。

第七十八条　临床试验结束时，研究者应当确保完成各项记录、报告。同时，研究者还应当确保收到的试验用医疗器械与所使用的、废弃的或者返还的数量相符合，确保剩余的试验用医疗器械妥善处理并记录存档。

第七十九条　研究者可以根据临床试验的需要，授权相应人员进行受试者招募、与受试者持续沟通、临床试验数据记录、试验用医疗器械管理等。研究者应当对其授权的人员进行相关的培训并形成相应的文件。

第八十条　在临床试验中，研究者应当确保将任何观察与发现均正确完整地予以记录，并认真填写病例报告表。记录至少应当包括：

（一）所使用的试验用医疗器械的信息，包括名称、型号、规格、接收日期、批号或者系列号等；

（二）每个受试者相关的病史以及病情进展等医疗记录、护理记录等；

（三）每个受试者使用试验用医疗器械的记录，包括每次使用的日期、时间、试验用医疗器械的状态等；

（四）记录者的签名以及日期。

第八十一条　临床试验记录作为原始资料，不得随意更改；确需作更改时应当说明理由，签名并注明日期。

对显著偏离临床试验方案或者在临床可接受范围以外的数据应当加以核实，由研究者作必要的说明。

第八十二条　申办者应当准确、完整地记录与临床试验相关的信息，内容包括：

（一）试验用医疗器械运送和处理记录，包括名称、型号、规格、批号或者序列号，接收人的姓名、地址，运送日期，退回维修或者临床试验后医疗器械样品回收与处置日期、原因和处理方法等；

（二）与临床试验机构签订的协议；

（三）监查报告、核查报告；

（四）严重不良事件和可能导致严重不良事件的器械缺陷的记录与报告。

第八十三条 研究者应当按照临床试验方案的设计要求，验证或者确认试验用医疗器械的安全性和有效性，并完成临床试验报告。多中心临床试验的临床试验报告应当包含各分中心的临床试验小结。

第八十四条 对于多中心临床试验，各分中心临床试验小结应当至少包括临床试验概况、临床一般资料、试验用医疗器械以及对照用医疗器械的信息描述、安全性和有效性数据集、不良事件的发生率以及处理情况、方案偏离情况说明等，并附病例报告表。

第八十五条 临床试验报告应当与临床试验方案一致，主要包括：

（一）一般信息；

（二）摘要；

（三）简介；

（四）临床试验目的；

（五）临床试验方法；

（六）临床试验内容；

（七）临床一般资料；

（八）试验用医疗器械和对照用医疗器械或者对照诊疗方法；

（九）所采用的统计分析方法以及评价方法；

（十）临床评价标准；

（十一）临床试验的组织结构；

（十二）伦理情况说明；

（十三）临床试验结果；

（十四）临床试验中发现的不良事件以及其处理情况；

（十五）临床试验结果分析、讨论，尤其是适应症、适用范围、禁忌症和注意事项；

（十六）临床试验结论；

（十七）存在问题以及改进建议；

(十八)试验人员名单;

(十九)其他需要说明的情况。

第八十六条 临床试验报告应当由研究者签名、注明日期,经临床试验机构医疗器械临床试验管理部门审核出具意见、注明日期并加盖临床试验机构印章后交申办者。

多中心临床试验中,各分中心临床试验小结应当由该中心的研究者签名并注明日期,经该中心的医疗器械临床试验管理部门审核、注明日期并加盖临床试验机构印章后交牵头单位。

第八十七条 申办者应当参照国家食品药品监督管理总局有关医疗器械说明书和标签管理的规定,对试验用医疗器械作适当的标识,并标注“试验用”。

第八十八条 试验用医疗器械的记录包括生产日期、产品批号、序列号等与生产有关的记录,与产品质量和稳定性有关的检验记录,运输、维护、交付各临床试验机构使用的记录,以及试验后回收与处置日期等方面的信息。

第八十九条 试验用医疗器械的使用由临床试验机构和研究者负责,研究者应当保证所有试验用医疗器械仅用于该临床试验的受试者,在试验期间按照要求储存和保管试验用医疗器械,在临床试验后按照国家有关规定和与申办者的协议对试验用医疗器械进行处理。上述过程需由专人负责并记录。研究者不得把试验用医疗器械转交任何非临床试验参加者。

第九十条 临床试验机构、研究者、申办者应当建立基本文件保存制度。临床试验基本文件按临床试验阶段分为三部分:准备阶段文件、进行阶段文件和终止或者完成后文件。

第九十一条 临床试验机构应当保存临床试验资料至临床试验结束后10年。申办者应当保存临床试验资料至无该医疗器械使用时。

第九十二条 临床试验基本文件可以用于评价申办者、临床试验机构和研究者对本规范和食品药品监督管理部门有关要求的执行情况。食品药品监督管理部门可以对临床试验基本文件进行检查。

第九十三条 本规范下列用语的含义:

医疗器械临床试验机构,是指经国家食品药品监督管理总局会同国家卫生和计划生育委员会认定的承担医疗器械临床试验的医疗机构。如无特别说明,本规范中“临床试验机构”即指“医疗器械临床试验机构”。

试验用医疗器械，是指临床试验中对其安全性、有效性进行确认或者验证的拟申请注册的医疗器械。

申办者，是指临床试验的发起、管理和提供财务支持的机构或者组织。

研究者，是指在临床试验机构中负责实施临床试验的人。如果在临床试验机构中是由一组人员实施试验的，则研究者是指该组的负责人，也称主要研究者。

伦理委员会，是指临床试验机构设置的对医疗器械临床试验项目的科学性和伦理性进行审查的独立的机构。

医疗器械临床试验管理部门，是指临床试验机构内设置的负责医疗器械临床试验组织管理和质量控制的处室或者部门。

多中心临床试验，是指按照同一临床试验方案，在三个以上（含三个）临床试验机构实施的临床试验。

受试者，是指被招募接受医疗器械临床试验的个人。

知情同意，是指向受试者告知临床试验的各方面情况后，受试者确认自愿参加该项临床试验的过程，应当以签名和注明日期的知情同意书作为证明文件。

知情同意书，是指受试者表示自愿参加临床试验的证明性文件。

监查，是指申办者为保证开展的临床试验能够遵循临床试验方案、标准操作规程、本规范和有关适用的管理要求，选派专门人员对临床试验机构、研究者进行评价调查，对临床试验过程中的数据进行验证并记录和报告的活动。

监查员，是指申办者选派的对医疗器械临床试验项目进行监查的专门人员。

核查，是指由申办者组织的对临床试验相关活动和文件进行系统性的独立检查，以确定此类活动的执行、数据的记录、分析和报告是否符合临床试验方案、标准操作规程、本规范和有关适用的管理要求。

核查员，是指受申办者委托对医疗器械临床试验项目进行核查的人员。

检查，是指监管部门对临床试验的有关文件、设施、记录和其他方面进行的监督管理活动。

检查员，是指监管部门选派的对医疗器械临床试验项目进行检查的人员。

偏离，是指有意或者无意地未遵循临床试验方案要求的情形。

病例报告表，是指按照临床试验方案所规定设计的文件，用以记录试验过程中获得的每个受试者的全部信息和数据。

终点，是指用于评估临床试验假设的指标。

源数据，是指临床试验中的临床发现、观察和其他活动的原始记录以及其经核准的副本中的所有信息，可以用于临床试验重建和评价。

源文件，是指包含源数据的印刷文件、可视文件或者电子文件等。

不良事件，是指在临床试验过程中出现的不利的医学事件，无论是否与试验用医疗器械相关。

严重不良事件，是指临床试验过程中发生的导致死亡或者健康状况严重恶化，包括致命的疾病或者伤害、身体结构或者身体功能的永久性缺陷、需住院治疗或者延长住院时间、需要进行医疗或者手术介入以避免对身体结构或者身体功能造成永久性缺陷；导致胎儿窘迫、胎儿死亡或者先天性异常、先天缺损等事件。

器械缺陷，是指临床试验过程中医疗器械在正常使用情况下存在可能危及人体健康和生命安全的不合理风险，如标签错误、质量问题、故障等。

标准操作规程，是指为有效地实施和完成临床试验中每项工作所拟定的标准和详细的书面规程。

临床数据，是指在有关文献或者医疗器械的临床使用中获得的安全性、性能的信息。

第九十四条　医疗器械临床试验伦理审查申请审批表等文书的格式范本由国家食品药品监督管理总局另行制定。

第九十五条　本规范不适用于按照医疗器械管理的体外诊断试剂。

2.《药物临床试验质量管理规范》(2020年7月1日起施行)

第一章　总　　则

第一条　为保证药物临床试验过程规范，数据和结果的科学、真实、可靠，保护受试者的权益和安全，根据《中华人民共和国药品管理法》《中华人民共和国疫苗管理法》《中华人民共和国药品管理法实施条例》，制定本规范。本规范适用于为申请药品注册而进行的药物临床试验。药物临床试验的相关活动应当遵守本规范。

第二条 药物临床试验质量管理规范是药物临床试验全过程的质量标准,包括方案设计、组织实施、监查、稽查、记录、分析、总结和报告。

第三条 药物临床试验应当符合《世界医学大会赫尔辛基宣言》原则及相关伦理要求,受试者的权益和安全是考虑的首要因素,优先于对科学和社会的获益。伦理审查与知情同意是保障受试者权益的重要措施。

第四条 药物临床试验应当有充分的科学依据。临床试验应当权衡受试者和社会的预期风险和获益,只有当预期的获益大于风险时,方可实施或者继续临床试验。

第五条 试验方案应当清晰、详细、可操作。试验方案在获得伦理委员会同意后方可执行。

第六条 研究者在临床试验过程中应当遵守试验方案,凡涉及医学判断或临床决策应当由临床医生做出。参加临床试验实施的研究人员,应当具有能够承担临床试验工作相应的教育、培训和经验。

第七条 所有临床试验的纸质或电子资料应当被妥善地记录、处理和保存,能够准确地报告、解释和确认。应当保护受试者的隐私和其相关信息的保密性。

第八条 试验药物的制备应当符合临床试验用药品生产质量管理相关要求。试验药物的使用应当符合试验方案。

第九条 临床试验的质量管理体系应当覆盖临床试验的全过程,重点是受试者保护、试验结果可靠,以及遵守相关法律法规。

第十条 临床试验的实施应当遵守利益冲突回避原则。

第二章 术语及其定义

第十一条 本规范下列用语的含义是:

(一)临床试验,指以人体(患者或健康受试者)为对象的试验,意在发现或验证某种试验药物的临床医学、药理学以及其他药效学作用、不良反应,或者试验药物的吸收、分布、代谢和排泄,以确定药物的疗效与安全性的系统性试验。

(二)临床试验的依从性,指临床试验参与各方遵守与临床试验有关要求、本规范和相关法律法规。

(三)非临床研究,指不在人体上进行的生物医学研究。

(四)独立的数据监查委员会(数据和安全监查委员会,监查委员会,数据监查委员会)，指由申办者设立的独立的数据监查委员会，定期对临床试验的进展、安全性数据和重要的有效性终点进行评估，并向申办者建议是否继续、调整或者停止试验。

(五)伦理委员会，指由医学、药学及其他背景人员组成的委员会，其职责是通过独立地审查、同意、跟踪审查试验方案及相关文件、获得和记录受试者知情同意所用的方法和材料等，确保受试者的权益、安全受到保护。

(六)研究者，指实施临床试验并对临床试验质量及受试者权益和安全负责的试验现场的负责人。

(七)申办者，指负责临床试验的发起、管理和提供临床试验经费的个人、组织或者机构。

(八)合同研究组织，指通过签订合同授权，执行申办者或者研究者在临床试验中的某些职责和任务的单位。

(九)受试者，指参加一项临床试验，并作为试验用药品的接受者，包括患者、健康受试者。

(十)弱势受试者，指维护自身意愿和权利的能力不足或者丧失的受试者，其自愿参加临床试验的意愿，有可能被试验的预期获益或者拒绝参加可能被报复而受到不正当影响。包括：研究者的学生和下级、申办者的员工、军人、犯人、无药可救疾病的患者、处于危急状况的患者，入住福利院的人、流浪者、未成年人和无能力知情同意的人等。

(十一)知情同意，指受试者被告知可影响其做出参加临床试验决定的各方面情况后，确认同意自愿参加临床试验的过程。该过程应当以书面的、签署姓名和日期的知情同意书作为文件证明。

(十二)公正见证人，指与临床试验无关，不受临床试验相关人员不公正影响的个人，在受试者或者其监护人无阅读能力时，作为公正的见证人，阅读知情同意书和其他书面资料，并见证知情同意。

(十三)监查，指监督临床试验的进展，并保证临床试验按照试验方案、标准操作规程和相关法律法规要求实施、记录和报告的行动。

(十四)监查计划，指描述监查策略、方法、职责和要求的文件。

(十五)监查报告，指监查员根据申办者的标准操作规程规定，在每次进行现场访视或者其他临床试验相关的沟通后，向申办者提交的书面报告。

（十六）稽查，指对临床试验相关活动和文件进行系统的、独立的检查，以评估确定临床试验相关活动的实施、试验数据的记录、分析和报告是否符合试验方案、标准操作规程和相关法律法规的要求。

（十七）稽查报告，指由申办者委派的稽查员撰写的，关于稽查结果的书面评估报告。

（十八）检查，指药品监督管理部门对临床试验的有关文件、设施、记录和其他方面进行审核检查的行为，检查可以在试验现场、申办者或者合同研究组织所在地，以及药品监督管理部门认为必要的其他场所进行。

（十九）直接查阅，指对评估药物临床试验重要的记录和报告直接进行检查、分析、核实或者复制等。直接查阅的任何一方应当按照相关法律法规，采取合理的措施保护受试者隐私以及避免泄露申办者的权属信息和其他需要保密的信息。

（二十）试验方案，指说明临床试验目的、设计、方法学、统计学考虑和组织实施的文件。试验方案通常还应当包括临床试验的背景和理论基础，该内容也可以在其他参考文件中给出。试验方案包括方案及其修订版。

（二十一）研究者手册，指与开展临床试验相关的试验用药品的临床和非临床研究资料汇编。

（二十二）病例报告表，指按照试验方案要求设计，向申办者报告的记录受试者相关信息的纸质或者电子文件。

（二十三）标准操作规程，指为保证某项特定操作的一致性而制定的详细的书面要求。

（二十四）试验用药品，指用于临床试验的试验药物、对照药品。

（二十五）对照药品，指临床试验中用于与试验药物参比对照的其他研究药物、已上市药品或者安慰剂。

（二十六）不良事件，指受试者接受试验用药品后出现的所有不良医学事件，可以表现为症状体征、疾病或者实验室检查异常，但不一定与试验用药品有因果关系。

（二十七）严重不良事件，指受试者接受试验用药品后出现死亡、危及生命、永久或者严重的残疾或者功能丧失、受试者需要住院治疗或者延长住院时间，以及先天性异常或者出生缺陷等不良医学事件。

（二十八）药物不良反应，指临床试验中发生的任何与试验用药品可能有关的对人体有害或者非期望的反应。试验用药品与不良事件之间的因果关系至少有一个合理的可能性，即不能排除相关性。

（二十九）可疑且非预期严重不良反应，指临床表现的性质和严重程度超出了试验药物研究者手册、已上市药品的说明书或者产品特性摘要等已有资料信息的可疑并且非预期的严重不良反应。

（三十）受试者鉴认代码，指临床试验中分配给受试者以辨识其身份的唯一代码。研究者在报告受试者出现的不良事件和其他与试验有关的数据时，用该代码代替受试者姓名以保护其隐私。

（三十一）源文件，指临床试验中产生的原始记录、文件和数据，如医院病历、医学图像、实验室记录、备忘录、受试者日记或者评估表、发药记录、仪器自动记录的数据、缩微胶片、照相底片、磁介质、X光片、受试者文件，药房、实验室和医技部门保存的临床试验相关的文件和记录，包括核证副本等。源文件包括了源数据，可以以纸质或者电子等形式的载体存在。

（三十二）源数据，指临床试验中的原始记录或者核证副本上记载的所有信息，包括临床发现、观测结果以及用于重建和评价临床试验所需要的其他相关活动记录。

（三十三）必备文件，指能够单独或者汇集后用于评价临床试验的实施过程和试验数据质量的文件。

（三十四）核证副本，指经过审核验证，确认与原件的内容和结构等均相同的复制件，该复制件是经审核人签署姓名和日期，或者是由已验证过的系统直接生成，可以以纸质或者电子等形式的载体存在。

（三十五）质量保证，指在临床试验中建立的有计划的系统性措施，以保证临床试验的实施和数据的生成、记录和报告均遵守试验方案和相关法律法规。

（三十六）质量控制，指在临床试验质量保证系统中，为确证临床试验所有相关活动是否符合质量要求而实施的技术和活动。

（三十七）试验现场，指实施临床试验相关活动的场所。

（三十八）设盲，指临床试验中使一方或者多方不知道受试者治疗分配的程序。单盲一般指受试者不知道，双盲一般指受试者、研究者、监查员以及数据分析人员均不知道治疗分配。

（三十九）计算机化系统验证，指为建立和记录计算机化系统从设计到停止使用，或者转换至其他系统的全生命周期均能够符合特定要求的过程。验证方案应当基于考虑系统的预计用途、系统对受试者保护和临床试验结果可靠性的潜在影响等因素的风险评估而制定。

（四十）稽查轨迹，指能够追溯还原事件发生过程的记录。

第三章 伦理委员会

第十二条 伦理委员会的职责是保护受试者的权益和安全，应当特别关注弱势受试者。

（一）伦理委员会应当审查的文件包括：试验方案和试验方案修订版；知情同意书及其更新件；招募受试者的方式和信息；提供给受试者的其他书面资料；研究者手册；现有的安全性资料；包含受试者补偿信息的文件；研究者资格的证明文件；伦理委员会履行其职责所需要的其他文件。

（二）伦理委员会应当对临床试验的科学性和伦理性进行审查。

（三）伦理委员会应当对研究者的资格进行审查。

（四）为了更好地判断在临床试验中能否确保受试者的权益和安全以及基本医疗，伦理委员会可以要求提供知情同意书内容以外的资料和信息。

（五）实施非治疗性临床试验（即对受试者没有预期的直接临床获益的试验）时，若受试者的知情同意是由其监护人替代实施，伦理委员会应当特别关注试验方案中是否充分考虑了相应的伦理学问题以及法律法规。

（六）若试验方案中明确说明紧急情况下受试者或者其监护人无法在试验前签署知情同意书，伦理委员会应当审查试验方案中是否充分考虑了相应的伦理学问题以及法律法规。

（七）伦理委员会应当审查是否存在受试者被强迫、利诱等不正当的影响而参加临床试验。伦理委员会应当审查知情同意书中不能采用使受试者或者其监护人放弃其合法权益的内容，也不能含有为研究者和临床试验机构、申办者及其代理机构免除其应当负责任的内容。

（八）伦理委员会应当确保知情同意书、提供给受试者的其他书面资料说明了给受试者补偿的信息，包括补偿方式、数额和计划。

（九）伦理委员会应当在合理的时限内完成临床试验相关资料的审查或者备案流程，并给出明确的书面审查意见。审查意见应当包括审查的临床试验名称、文件（含版本号）和日期。

（十）伦理委员会的审查意见有：同意；必要的修改后同意；不同意；终止或者暂停已同意的研究。审查意见应当说明要求修改的内容，或者否定的理由。

（十一）伦理委员会应当关注并明确要求研究者及时报告：临床试验实施中为消除对受试者紧急危害的试验方案的偏离或者修改；增加受试者风险或者显著影响临床试验实施的改变；所有可疑且非预期严重不良反应；可能对受试者的安全或者临床试验的实施产生不利影响的新信息。

（十二）伦理委员会有权暂停、终止未按照相关要求实施，或者受试者出现非预期严重损害的临床试验。

（十三）伦理委员会应当对正在实施的临床试验定期跟踪审查，审查的频率应当根据受试者的风险程度而定，但至少一年审查一次。

（十四）伦理委员会应当受理并妥善处理受试者的相关诉求。

第十三条 伦理委员会的组成和运行应当符合以下要求：

（一）伦理委员会的委员组成、备案管理应当符合卫生健康主管部门的要求。

（二）伦理委员会的委员均应当接受伦理审查的培训，能够审查临床试验相关的伦理学和科学等方面的问题。

（三）伦理委员会应当按照其制度和标准操作规程履行工作职责，审查应当有书面记录，并注明会议时间及讨论内容。

（四）伦理委员会会议审查意见的投票委员应当参与会议的审查和讨论，包括了各类别委员，具有不同性别组成，并满足其规定的人数。会议审查意见应当形成书面文件。

（五）投票或者提出审查意见的委员应当独立于被审查临床试验项目。

（六）伦理委员会应当有其委员的详细信息，并保证其委员具备伦理审查的资格。

（七）伦理委员会应当要求研究者提供伦理审查所需的各类资料，并回答伦理委员会提出的问题。

（八）伦理委员会可以根据需要邀请委员以外的相关专家参与审查，但不能参与投票。

第十四条 伦理委员会应当建立以下书面文件并执行：

（一）伦理委员会的组成、组建和备案的规定。

（二）伦理委员会会议日程安排、会议通知和会议审查的程序。

（三）伦理委员会初始审查和跟踪审查的程序。

（四）对伦理委员会同意的试验方案的较小修正，采用快速审查并同意的程序。

（五）向研究者及时通知审查意见的程序。

（六）对伦理审查意见有不同意见的复审程序。

第十五条 伦理委员会应当保留伦理审查的全部记录，包括伦理审查的书面记录、委员信息、递交的文件、会议记录和相关往来记录等。所有记录应当至少保存至临床试验结束后5年。研究者、申办者或者药品监督管理部门可以要求伦理委员会提供其标准操作规程和伦理审查委员名单。

第四章 研　究　者

第十六条 研究者和临床试验机构应当具备的资格和要求包括：

（一）具有在临床试验机构的执业资格；具备临床试验所需的专业知识、培训经历和能力；能够根据申办者、伦理委员会和药品监督管理部门的要求提供最新的工作履历和相关资格文件。

（二）熟悉申办者提供的试验方案、研究者手册、试验药物相关资料信息。

（三）熟悉并遵守本规范和临床试验相关的法律法规。

（四）保存一份由研究者签署的职责分工授权表。

（五）研究者和临床试验机构应当接受申办者组织的监查和稽查，以及药品监督管理部门的检查。

（六）研究者和临床试验机构授权个人或者单位承担临床试验相关的职责和功能，应当确保其具备相应资质，应当建立完整的程序以确保其执行临床试验相关职责和功能，产生可靠的数据。研究者和临床试验机构授权临床试验机构以外的单位承担试验相关的职责和功能应当获得申办者同意。

第十七条 研究者和临床试验机构应当具有完成临床试验所需的必要条件：

（一）研究者在临床试验约定的期限内有按照试验方案入组足够数量受试者的能力。

（二）研究者在临床试验约定的期限内有足够的时间实施和完成临床试验。

（三）研究者在临床试验期间有权支配参与临床试验的人员，具有使用临床试验所需医疗设施的权限，正确、安全地实施临床试验。

（四）研究者在临床试验期间确保所有参加临床试验的人员充分了解试验方案及试验用药品，明确各自在试验中的分工和职责，确保临床试验数据的真实、完整和准确。

（五）研究者监管所有研究人员执行试验方案，并采取措施实施临床试验的质量管理。

（六）临床试验机构应当设立相应的内部管理部门，承担临床试验的管理工作。

第十八条 研究者应当给予受试者适合的医疗处理：

（一）研究者为临床医生或者授权临床医生需要承担所有与临床试验有关的医学决策责任。

（二）在临床试验和随访期间，对于受试者出现与试验相关的不良事件，包括有临床意义的实验室异常时，研究者和临床试验机构应当保证受试者得到妥善的医疗处理，并将相关情况如实告知受试者。研究者意识到受试者存在合并疾病需要治疗时，应当告知受试者，并关注可能干扰临床试验结果或者受试者安全的合并用药。

（三）在受试者同意的情况下，研究者可以将受试者参加试验的情况告知相关的临床医生。

（四）受试者可以无理由退出临床试验。研究者在尊重受试者个人权利的同时，应当尽量了解其退出理由。

第十九条 研究者与伦理委员会的沟通包括：

（一）临床试验实施前，研究者应当获得伦理委员会的书面同意；未获得伦理委员会书面同意前，不能筛选受试者。

（二）临床试验实施前和临床试验过程中，研究者应当向伦理委员会提供伦理审查需要的所有文件。

第二十条 研究者应当遵守试验方案。

（一）研究者应当按照伦理委员会同意的试验方案实施临床试验。

（二）未经申办者和伦理委员会的同意，研究者不得修改或者偏离试验方案，但不包括为了及时消除对受试者的紧急危害或者更换监查员、电话号码等仅涉及临床试验管理方面的改动。

（三）研究者或者其指定的研究人员应当对偏离试验方案予以记录和解释。

（四）为了消除对受试者的紧急危害，在未获得伦理委员会同意的情况下，研究者修改或者偏离试验方案，应当及时向伦理委员会、申办者报告，并说明理由，必要时报告药品监督管理部门。

（五）研究者应当采取措施，避免使用试验方案禁用的合并用药。

第二十一条 研究者和临床试验机构对申办者提供的试验用药品有管理责任。

（一）研究者和临床试验机构应当指派有资格的药师或者其他人员管理试验用药品。

（二）试验用药品在临床试验机构的接收、贮存、分发、回收、退还及未使用的处置等管理应当遵守相应的规定并保存记录。

试验用药品管理的记录应当包括日期、数量、批号/序列号、有效期、分配编码、签名等。研究者应当保存每位受试者使用试验用药品数量和剂量的记录。试验用药品的使用数量和剩余数量应当与申办者提供的数量一致。

（三）试验用药品的贮存应当符合相应的贮存条件。

（四）研究者应当确保试验用药品按照试验方案使用，应当向受试者说明试验用药品的正确使用方法。

（五）研究者应当对生物等效性试验的临床试验用药品进行随机抽取留样。临床试验机构至少保存留样至药品上市后2年。临床试验机构可将留存样品委托具备条件的独立的第三方保存，但不得返还申办者或者与其利益相关的第三方。

第二十二条 研究者应当遵守临床试验的随机化程序。

盲法试验应当按照试验方案的要求实施揭盲。若意外破盲或者因严重不良事件等情况紧急揭盲时，研究者应当向申办者书面说明原因。

第二十三条 研究者实施知情同意，应当遵守赫尔辛基宣言的伦理原则，并符合以下要求：

（一）研究者应当使用经伦理委员会同意的最新版的知情同意书和其他提供给受试者的信息。如有必要，临床试验过程中的受试者应当再次签署知情同意书。

（二）研究者获得可能影响受试者继续参加试验的新信息时，应当及时告知受试者或者其监护人，并作相应记录。

（三）研究人员不得采用强迫、利诱等不正当的方式影响受试者参加或者继续临床试验。

（四）研究者或者指定研究人员应当充分告知受试者有关临床试验的所有相关事宜，包括书面信息和伦理委员会的同意意见。

（五）知情同意书等提供给受试者的口头和书面资料均应当采用通俗易懂的语言和表达方式，使受试者或者其监护人、见证人易于理解。

（六）签署知情同意书之前，研究者或者指定研究人员应当给予受试者或者其监护人充分的时间和机会了解临床试验的详细情况，并详尽回答受试者或者其监护人提出的与临床试验相关的问题。

（七）受试者或者其监护人，以及执行知情同意的研究者应当在知情同意书上分别签名并注明日期，如非受试者本人签署，应当注明关系。

（八）若受试者或者其监护人缺乏阅读能力，应当有一位公正的见证人见证整个知情同意过程。研究者应当向受试者或者其监护人、见证人详细说明知情同意书和其他文字资料的内容。如受试者或者其监护人口头同意参加试验，在有能力情况下应当尽量签署知情同意书，见证人还应当在知情同意书上签字并注明日期，以证明受试者或者其监护人就知情同意书和其他文字资料得到了研究者准确地解释，并理解了相关内容，同意参加临床试验。

（九）受试者或者其监护人应当得到已签署姓名和日期的知情同意书原件或者副本和其他提供给受试者的书面资料，包括更新版知情同意书原件或者副本，和其他提供给受试者的书面资料的修订文本。

（十）受试者为无民事行为能力的，应当取得其监护人的书面知情同意；受试者为限制民事行为能力的人的，应当取得本人及其监护人的书面知情同意。当监护人代表受试者知情同意时，应当在受试者可理解的范围内告知受试者临床试验的相关信息，并尽量让受试者亲自签署知情同意书和注明日期。

（十一）紧急情况下，参加临床试验前不能获得受试者的知情同意时，其监护人可以代表受试者知情同意，若其监护人也不在场时，受试者的入选方式应当在试验方案以及其他文件中清楚表述，并获得伦理委员会的书面同意；同时应当尽快得到受试者或者其监护人可以继续参加临床试验的知情同意。

（十二）当受试者参加非治疗性临床试验，应当由受试者本人在知情同意书上签字同意和注明日期。

只有符合下列条件，非治疗临床试验可由监护人代表受试者知情同意：临床试验只能在无知情同意能力的受试者中实施；受试者的预期风险低；受试者健康的负面影响已减至最低，且法律法规不禁止该类临床试验的实施；该类受试者的入选已经得到伦理委员会审查同意。该类临床试验原则上只能在患有试验药物适用的疾病或者状况的患者中实施。在临床试验中应当严密观察受试者，若受试者出现过度痛苦或者不适的表现，应当让其退出试验，还应当给以必要的处置以保证受试者的安全。

（十三）病史记录中应当记录受试者知情同意的具体时间和人员。

（十四）儿童作为受试者，应当征得其监护人的知情同意并签署知情同意书。当儿童有能力做出同意参加临床试验的决定时，还应当征得其本人同意，如果儿童受试者本人不同意参加临床试验或者中途决定退出临床试验时，即使监护人已经同意参加或者愿意继续参加，也应当以儿童受试者本人的决定为准，除非在严重或者危及生命疾病的治疗性临床试验中，研究者、其监护人认为儿童受试者若不参加研究其生命会受到危害，这时其监护人的同意即可使患者继续参与研究。在临床试验过程中，儿童受试者达到了签署知情同意的条件，则需要由本人签署知情同意之后方可继续实施。

第二十四条 知情同意书和提供给受试者的其他资料应当包括：

（一）临床试验概况。

（二）试验目的。

（三）试验治疗和随机分配至各组的可能性。

（四）受试者需要遵守的试验步骤，包括创伤性医疗操作。

（五）受试者的义务。

（六）临床试验所涉及试验性的内容。

（七）试验可能致受试者的风险或者不便，尤其是存在影响胚胎、胎儿或者哺乳婴儿的风险时。

（八）试验预期的获益，以及不能获益的可能性。

（九）其他可选的药物和治疗方法，及其重要的潜在获益和风险。

（十）受试者发生与试验相关的损害时，可获得补偿以及治疗。

（十一）受试者参加临床试验可能获得的补偿。

（十二）受试者参加临床试验预期的花费。

（十三）受试者参加试验是自愿的，可以拒绝参加或者有权在试验任何阶段随时退出试验而不会遭到歧视或者报复，其医疗待遇与权益不会受到影响。

（十四）在不违反保密原则和相关法规的情况下，监查员、稽查员、伦理委员会和药品监督管理部门检查人员可以查阅受试者的原始医学记录，以核实临床试验的过程和数据。

（十五）受试者相关身份鉴别记录的保密事宜，不公开使用。如果发布临床试验结果，受试者的身份信息仍保密。

（十六）有新的可能影响受试者继续参加试验的信息时，将及时告知受试者或者其监护人。

（十七）当存在有关试验信息和受试者权益的问题，以及发生试验相关损害时，受试者可联系的研究者和伦理委员会及其联系方式。

（十八）受试者可能被终止试验的情况以及理由。

（十九）受试者参加试验的预期持续时间。

（二十）参加该试验的预计受试者人数。

第二十五条 试验的记录和报告应当符合以下要求：

（一）研究者应当监督试验现场的数据采集、各研究人员履行其工作职责的情况。

（二）研究者应当确保所有临床试验数据是从临床试验的源文件和试验记录中获得的，是准确、完整、可读和及时的。源数据应当具有可归因性、易读性、同时性、原始性、准确性、完整性、一致性和持久性。源数据的修改应当留痕，不能掩盖初始数据，并记录修改的理由。以患者为受试者的临床试验，相关的医疗记录应当载入门诊或者住院病历系统。临床试验机构的信息化系统具备建立临床试验电子病历条件时，研究者应当首选使用，相应的计算机化系统应当具有完善的权限管理和稽查轨迹，可以追溯至记录的创建者或者修改者，保障所采集的源数据可以溯源。

（三）研究者应当按照申办者提供的指导说明填写和修改病例报告表，确保各类病例报告表及其他报告中的数据准确、完整、清晰和及时。病例报告表中数据应当与源文件一致，若存在不一致应当做出合理的解释。病例报告表中数据的修改，应当使初始记录清晰可辨，保留修改轨迹，必要时解释理由，修改者签名并注明日期。

申办者应当有书面程序确保其对病例报告表的改动是必要的、被记录的，并得到研究者的同意。研究者应当保留修改和更正的相关记录。

(四)研究者和临床试验机构应当按"临床试验必备文件"和药品监督管理部门的相关要求,妥善保存试验文档。

(五)在临床试验的信息和受试者信息处理过程中应当注意避免信息的非法或者未授权的查阅、公开、散播、修改、损毁、丢失。临床试验数据的记录、处理和保存应当确保记录和受试者信息的保密性。

(六)申办者应当与研究者和临床试验机构就必备文件保存时间、费用和到期后的处理在合同中予以明确。

(七)根据监查员、稽查员、伦理委员会或者药品监督管理部门的要求,研究者和临床试验机构应当配合并提供所需的与试验有关的记录。

第二十六条 研究者的安全性报告应当符合以下要求:

除试验方案或者其他文件(如研究者手册)中规定不需立即报告的严重不良事件外,研究者应当立即向申办者书面报告所有严重不良事件,随后应当及时提供详尽、书面的随访报告。严重不良事件报告和随访报告应当注明受试者在临床试验中的鉴认代码,而不是受试者的真实姓名、公民身份号码和住址等身份信息。试验方案中规定的、对安全性评价重要的不良事件和实验室异常值,应当按照试验方案的要求和时限向申办者报告。

涉及死亡事件的报告,研究者应当向申办者和伦理委员会提供其他所需要的资料,如尸检报告和最终医学报告。

研究者收到申办者提供的临床试验的相关安全性信息后应当及时签收阅读,并考虑受试者的治疗,是否进行相应调整,必要时尽早与受试者沟通,并应当向伦理委员会报告由申办方提供的可疑且非预期严重不良反应。

第二十七条 提前终止或者暂停临床试验时,研究者应当及时通知受试者,并给予受试者适当的治疗和随访。此外:

(一)研究者未与申办者商议而终止或者暂停临床试验,研究者应当立即向临床试验机构、申办者和伦理委员会报告,并提供详细的书面说明。

(二)申办者终止或者暂停临床试验,研究者应当立即向临床试验机构、伦理委员会报告,并提供详细书面说明。

(三)伦理委员会终止或者暂停已经同意的临床试验,研究者应当立即向临床试验机构、申办者报告,并提供详细书面说明。

第二十八条 研究者应当提供试验进展报告。

(一)研究者应当向伦理委员会提交临床试验的年度报告,或者应当按照伦理委员会的要求提供进展报告。

（二）出现可能显著影响临床试验的实施或者增加受试者风险的情况，研究者应当尽快向申办者、伦理委员会和临床试验机构书面报告。

（三）临床试验完成后，研究者应当向临床试验机构报告；研究者应当向伦理委员会提供临床试验结果的摘要，向申办者提供药品监督管理部门所需要的临床试验相关报告。

第五章　申　办　者

第二十九条　申办者应当把保护受试者的权益和安全以及临床试验结果的真实、可靠作为临床试验的基本考虑。

第三十条　申办者应当建立临床试验的质量管理体系。

申办者的临床试验的质量管理体系应当涵盖临床试验的全过程，包括临床试验的设计、实施、记录、评估、结果报告和文件归档。质量管理包括有效的试验方案设计、收集数据的方法及流程、对于临床试验中做出决策所必须的信息采集。

临床试验质量保证和质量控制的方法应当与临床试验内在的风险和所采集信息的重要性相符。申办者应当保证临床试验各个环节的可操作性，试验流程和数据采集避免过于复杂。试验方案、病例报告表及其他相关文件应当清晰、简洁和前后一致。

申办者应当履行管理职责。根据临床试验需要可建立临床试验的研究和管理团队，以指导、监督临床试验实施。研究和管理团队内部的工作应当及时沟通。在药品监督管理部门检查时，研究和管理团队均应当派员参加。

第三十一条　申办者基于风险进行质量管理。

（一）试验方案制定时应当明确保护受试者权益和安全以及保证临床试验结果可靠的关键环节和数据。

（二）应当识别影响到临床试验关键环节和数据的风险。该风险应当从两个层面考虑：系统层面，如设施设备、标准操作规程、计算机化系统、人员、供应商；临床试验层面，如试验药物、试验设计、数据收集和记录、知情同意过程。

（三）风险评估应当考虑在现有风险控制下发生差错的可能性；该差错对保护受试者权益和安全，以及数据可靠性的影响；该差错被监测到的程度。

（四）应当识别可减少或者可被接受的风险。减少风险的控制措施应当体现在试验方案的设计和实施、监查计划、各方职责明确的合同、标准操作规程的依从性，以及各类培训。

预先设定质量风险的容忍度时，应当考虑变量的医学和统计学特点及统计设计，以鉴别影响受试者安全和数据可靠的系统性问题。出现超出质量风险的容忍度的情况时，应当评估是否需要采取进一步的措施。

（五）临床试验期间，质量管理应当有记录，并及时与相关各方沟通，促使风险评估和质量持续改进。

（六）申办者应当结合临床试验期间的新知识和经验，定期评估风险控制措施，以确保现行的质量管理的有效性和适用性。

（七）申办者应当在临床试验报告中说明所采用的质量管理方法，并概述严重偏离质量风险的容忍度的事件和补救措施。

第三十二条 申办者的质量保证和质量控制应当符合以下要求：

（一）申办者负责制定、实施和及时更新有关临床试验质量保证和质量控制系统的标准操作规程，确保临床试验的实施、数据的产生、记录和报告均遵守试验方案、本规范和相关法律法规的要求。

（二）临床试验和实验室检测的全过程均需严格按照质量管理标准操作规程进行。数据处理的每个阶段均有质量控制，以保证所有数据是可靠的，数据处理过程是正确的。

（三）申办者应当与研究者和临床试验机构等所有参加临床试验的相关单位签订合同，明确各方职责。

（四）申办者与各相关单位签订的合同中应当注明申办者的监查和稽查、药品监督管理部门的检查可直接去到试验现场，查阅源数据、源文件和报告。

第三十三条 申办者委托合同研究组织应当符合以下要求：

（一）申办者可以将其临床试验的部分或者全部工作和任务委托给合同研究组织，但申办者仍然是临床试验数据质量和可靠性的最终责任人，应当监督合同研究组织承担的各项工作。合同研究组织应当实施质量保证和质量控制。

（二）申办者委托给合同研究组织的工作应当签订合同。合同中应当明确以下内容：委托的具体工作以及相应的标准操作规程；申办者有权确认被委托工作执行标准操作规程的情况；对被委托方的书面要求；被委托方需要提交给申办者的报告要求；与受试者的损害赔偿措施相关的事项；其他与委托工作有关的事项。合同研究组织如存在任务转包，应当获得申办者的书面批准。

（三）未明确委托给合同研究组织的工作和任务，其职责仍由申办者负责。

（四）本规范中对申办者的要求，适用于承担申办者相关工作和任务的合同研究组织。

第三十四条 申办者应当指定有能力的医学专家及时对临床试验的相关医学问题进行咨询。

第三十五条 申办者应当选用有资质的生物统计学家、临床药理学家和临床医生等参与试验，包括设计试验方案和病例报告表、制定统计分析计划、分析数据、撰写中期和最终的试验总结报告。

第三十六条 申办者在试验管理、数据处理与记录保存中应当符合以下要求：

（一）申办者应当选用有资质的人员监督临床试验的实施、数据处理、数据核对、统计分析和试验总结报告的撰写。

（二）申办者可以建立独立的数据监查委员会，以定期评价临床试验的进展情况，包括安全性数据和重要的有效性终点数据。独立的数据监查委员会可以建议申办者是否可以继续实施、修改或者停止正在实施的临床试验。独立的数据监查委员会应当有书面的工作流程，应当保存所有相关会议记录。

（三）申办者使用的电子数据管理系统，应当通过可靠的系统验证，符合预先设置的技术性能，以保证试验数据的完整、准确、可靠，并保证在整个试验过程中系统始终处于验证有效的状态。

（四）电子数据管理系统应当具有完整的使用标准操作规程，覆盖电子数据管理的设置、安装和使用；标准操作规程应当说明该系统的验证、功能测试、数据采集和处理、系统维护、系统安全性测试、变更控制、数据备份、恢复、系统的应急预案和软件报废；标准操作规程应当明确使用计算机化系统时，申办者、研究者和临床试验机构的职责。所有使用计算机化系统的人员应当经过培训。

（五）计算机化系统数据修改的方式应当预先规定，其修改过程应当完整记录，原数据（如保留电子数据稽查轨迹、数据轨迹和编辑轨迹）应当保留；电子数据的整合、内容和结构应当有明确规定，以确保电子数据的完整性；当计算机化系统出现变更时，如软件升级或者数据转移等，确保电子数据的完整性更为重要。

若数据处理过程中发生数据转换，确保转换后的数据与原数据一致，和该数据转化过程的可见性。

（六）保证电子数据管理系统的安全性，未经授权的人员不能访问；保存被授权修改数据人员的名单；电子数据应当及时备份；盲法设计的临床试验，应当始终保持盲法状态，包括数据录入和处理。

（七）申办者应当使用受试者鉴认代码，鉴别每一位受试者所有临床试验数据。盲法试验揭盲以后，申办者应当及时把受试者的试验用药品情况书面告知研究者。

（八）申办者应当保存与申办者相关的临床试验数据，有些参加临床试验的相关单位获得的其他数据，也应当作为申办者的特定数据保留在临床试验必备文件内。

（九）申办者暂停或者提前终止实施中的临床试验，应当通知所有相关的研究者和临床试验机构和药品监督管理部门。

（十）试验数据所有权的转移，需符合相关法律法规的要求。

（十一）申办者应当书面告知研究者和临床试验机构对试验记录保存的要求；当试验相关记录不再需要时，申办者也应当书面告知研究者和临床试验机构。

第三十七条 申办者选择研究者应当符合以下要求：

（一）申办者负责选择研究者和临床试验机构。研究者均应当经过临床试验的培训、有临床试验的经验，有足够的医疗资源完成临床试验。多个临床试验机构参加的临床试验，如需选择组长单位由申办者负责。

（二）涉及医学判断的样本检测实验室，应当符合相关规定并具备相应资质。临床试验中采集标本的管理、检测、运输和储存应当保证质量。禁止实施与伦理委员会同意的试验方案无关的生物样本检测（如基因等）。临床试验结束后，剩余标本的继续保存或者将来可能被使用等情况，应当由受试者签署知情同意书，并说明保存的时间和数据的保密性问题，以及在何种情况下数据和样本可以和其他研究者共享等。

（三）申办者应当向研究者和临床试验机构提供试验方案和最新的研究者手册，并应当提供足够的时间让研究者和临床试验机构审议试验方案和相关资料。

第三十八条 临床试验各方参与临床试验前，申办者应当明确其职责，并在签订的合同中注明。

第三十九条 申办者应当采取适当方式保证可以给予受试者和研究者补偿或者赔偿。

(一)申办者应当向研究者和临床试验机构提供与临床试验相关的法律上、经济上的保险或者保证,并与临床试验的风险性质和风险程度相适应。但不包括研究者和临床试验机构自身的过失所致的损害。

(二)申办者应当承担受试者与临床试验相关的损害或者死亡的诊疗费用,以及相应的补偿。申办者和研究者应当及时兑付给予受试者的补偿或者赔偿。

(三)申办者提供给受试者补偿的方式方法,应当符合相关的法律法规。

(四)申办者应当免费向受试者提供试验用药品,支付与临床试验相关的医学检测费用。

第四十条 申办者与研究者和临床试验机构签订的合同,应当明确试验各方的责任、权利和利益,以及各方应当避免的、可能的利益冲突。合同的试验经费应当合理,符合市场规律。申办者、研究者和临床试验机构应当在合同上签字确认。

合同内容中应当包括:临床试验的实施过程中遵守本规范及相关的临床试验的法律法规;执行经过申办者和研究者协商确定的、伦理委员会同意的试验方案;遵守数据记录和报告程序;同意监查、稽查和检查;临床试验相关必备文件的保存及其期限;发表文章、知识产权等的约定。

第四十一条 临床试验开始前,申办者应当向药品监督管理部门提交相关的临床试验资料,并获得临床试验的许可或者完成备案。递交的文件资料应当注明版本号及版本日期。

第四十二条 申办者应当从研究者和临床试验机构获取伦理委员会的名称和地址、参与项目审查的伦理委员会委员名单、符合本规范及相关法律法规的审查声明,以及伦理委员会审查同意的文件和其他相关资料。

第四十三条 申办者在拟定临床试验方案时,应当有足够的安全性和有效性数据支持其给药途径、给药剂量和持续用药时间。当获得重要的新信息时,申办者应当及时更新研究者手册。

第四十四条 试验用药品的制备、包装、标签和编码应当符合以下要求:

(一)试验药物制备应当符合临床试验用药品生产质量管理相关要求;试验用药品的包装标签上应当标明仅用于临床试验、临床试验信息和临床试验用药品信息;在盲法试验中能够保持盲态。

（二）申办者应当明确规定试验用药品的贮存温度、运输条件（是否需要避光）、贮存时限、药物溶液的配制方法和过程，及药物输注的装置要求等。试验用药品的使用方法应当告知试验的所有相关人员，包括监查员、研究者、药剂师、药物保管人员等。

（三）试验用药品的包装，应当能确保药物在运输和贮存期间不被污染或者变质。

（四）在盲法试验中，试验用药品的编码系统应当包括紧急揭盲程序，以便在紧急医学状态时能够迅速识别何种试验用药品，而不破坏临床试验的盲态。

第四十五条 试验用药品的供给和管理应当符合以下要求：

（一）申办者负责向研究者和临床试验机构提供试验用药品。

（二）申办者在临床试验获得伦理委员会同意和药品监督管理部门许可或者备案之前，不得向研究者和临床试验机构提供试验用药品。

（三）申办者应当向研究者和临床试验机构提供试验用药品的书面说明，说明应当明确试验用药品的使用、贮存和相关记录。申办者制定试验用药品的供给和管理规程，包括试验用药品的接收、贮存、分发、使用及回收等。从受试者处回收以及研究人员未使用试验用药品应当返还申办者，或者经申办者授权后由临床试验机构进行销毁。

（四）申办者应当确保试验用药品及时送达研究者和临床试验机构，保证受试者及时使用；保存试验用药品的运输、接收、分发、回收和销毁记录；建立试验用药品回收管理制度，保证缺陷产品的召回、试验结束后的回收、过期后回收；建立未使用试验用药品的销毁制度。所有试验用药品的管理过程应当有书面记录，全过程计数准确。

（五）申办者应当采取措施确保试验期间试验用药品的稳定性。试验用药品的留存样品保存期限，在试验用药品贮存时限内，应当保存至临床试验数据分析结束或者相关法规要求的时限，两者不一致时取其中较长的时限。

第四十六条 申办者应当明确试验记录的查阅权限。

（一）申办者应当在试验方案或者合同中明确研究者和临床试验机构允许监查员、稽查员、伦理委员会的审查者及药品监督管理部门的检查人员，能够直接查阅临床试验相关的源数据和源文件。

（二）申办者应当确认每位受试者均以书面形式同意监查员、稽查员、伦理委员会的审查者及药品监督管理部门的检查人员直接查阅其与临床试验有关的原始医学记录。

第四十七条 申办者负责药物试验期间试验用药品的安全性评估。申办者应当将临床试验中发现的可能影响受试者安全、可能影响临床试验实施、可能改变伦理委员会同意意见的问题,及时通知研究者和临床试验机构、药品监督管理部门。

第四十八条 申办者应当按照要求和时限报告药物不良反应。

(一)申办者收到任何来源的安全性相关信息后,均应当立即分析评估,包括严重性、与试验药物的相关性以及是否为预期事件等。申办者应当将可疑且非预期严重不良反应快速报告给所有参加临床试验的研究者及临床试验机构、伦理委员会;申办者应当向药品监督管理部门和卫生健康主管部门报告可疑且非预期严重不良反应。

(二)申办者提供的药物研发期间安全性更新报告应当包括临床试验风险与获益的评估,有关信息通报给所有参加临床试验的研究者及临床试验机构、伦理委员会。

第四十九条 临床试验的监查应当符合以下要求:

(一)监查的目的是为了保证临床试验中受试者的权益,保证试验记录与报告的数据准确、完整,保证试验遵守已同意的方案、本规范和相关法规。

(二)申办者委派的监查员应当受过相应的培训,具备医学、药学等临床试验监查所需的知识,能够有效履行监查职责。

(三)申办者应当建立系统的、有优先顺序的、基于风险评估的方法,对临床试验实施监查。监查的范围和性质可具有灵活性,允许采用不同的监查方法以提高监查的效率和有效性。申办者应当将选择监查策略的理由写在监查计划中。

(四)申办者制定监查计划。监查计划应当特别强调保护受试者的权益,保证数据的真实性,保证应对临床试验中的各类风险。监查计划应当描述监查的策略、对试验各方的监查职责、监查的方法,以及应用不同监查方法的原因。监查计划应当强调对关键数据和流程的监查。监查计划应当遵守相关法律法规。

(五)申办者应当制定监查标准操作规程,监查员在监查工作中应当执行标准操作规程。

(六)申办者应当实施临床试验监查,监查的范围和性质取决于临床试验的目的、设计、复杂性、盲法、样本大小和临床试验终点等。

(七)现场监查和中心化监查应当基于临床试验的风险结合进行。现场监查是在临床试验现场进行监查,通常应当在临床试验开始前、实施中和结束后进行。中心化监查是及时的对正在实施的临床试验进行远程评估,以及汇总不同的临床试验机构采集的数据进行远程评估。中心化监查的过程有助于提高临床试验的监查效果,是对现场监查的补充。

中心化监查中应用统计分析可确定数据的趋势,包括不同的临床试验机构内部和临床试验机构间的数据范围及一致性,并能分析数据的特点和质量,有助于选择监查现场和监查程序。

(八)特殊情况下,申办者可以将监查与其他的试验工作结合进行,如研究人员培训和会议。监查时,可采用统计学抽样调查的方法核对数据。

第五十条 监查员的职责包括:

(一)监查员应当熟悉试验用药品的相关知识,熟悉试验方案、知情同意书及其他提供给受试者的书面资料的内容,熟悉临床试验标准操作规程和本规范等相关法规。

(二)监查员应当按照申办者的要求认真履行监查职责,确保临床试验按照试验方案正确地实施和记录。

(三)监查员是申办者和研究者之间的主要联系人。在临床试验前确认研究者具备足够的资质和资源来完成试验,临床试验机构具备完成试验的适当条件,包括人员配备与培训情况,实验室设备齐全、运转良好,具备各种与试验有关的检查条件。

(四)监查员应当核实临床试验过程中试验用药品在有效期内、保存条件可接受、供应充足;试验用药品是按照试验方案规定的剂量只提供给合适的受试者;受试者收到正确使用、处理、贮存和归还试验用药品的说明;临床试验机构接收、使用和返还试验用药品有适当的管控和记录;临床试验机构对未使用的试验用药品的处置符合相关法律法规和申办者的要求。

(五)监查员核实研究者在临床试验实施中对试验方案的执行情况;确认在试验前所有受试者或者其监护人均签署了知情同意书;确保研究者收到最新版的研究者手册、所有试验相关文件、试验必须用品,并按照相关法律法规的要求实施;保证研究人员对临床试验有充分的了解。

(六)监查员核实研究人员履行试验方案和合同中规定的职责,以及这些职责是否委派给未经授权的人员;确认入选的受试者合格并汇报入组率及临床试验的进展情况;确认数据的记录与报告正确完整,试验记录和文件实时更新、保存完好;核实研究者提供的所有医学报告、记录和文件都是可溯源的、清晰的、同步记录的、原始的、准确的和完整的、注明日期和试验编号的。

（七）监查员核对病例报告表录入的准确性和完整性，并与源文件比对。监查员应当注意核对试验方案规定的数据在病例报告表中有准确记录，并与源文件一致；确认受试者的剂量改变、治疗变更、不良事件、合并用药、并发症、失访、检查遗漏等在病例报告表中均有记录；确认研究者未能做到的随访、未实施的试验、未做的检查，以及是否对错误、遗漏做出纠正等在病例报告表中均有记录；核实入选受试者的退出与失访已在病例报告表中均有记录并说明。

（八）监查员对病例报告表的填写错误、遗漏或者字迹不清楚应当通知研究者；监查员应当确保所作的更正、添加或者删除是由研究者或者被授权人操作，并且有修改人签名、注明日期，必要时说明修改理由。

（九）监查员确认不良事件按照相关法律法规、试验方案、伦理委员会、申办者的要求，在规定的期限内进行了报告。

（十）监查员确认研究者是否按照本规范保存了必备文件。

（十一）监查员对偏离试验方案、标准操作规程、相关法律法规要求的情况，应当及时与研究者沟通，并采取适当措施防止再次发生。

第五十一条　监查员在每次监查后，应当及时书面报告申办者；报告应当包括监查日期、地点、监查员姓名、监查员接触的研究者和其他人员的姓名等；报告应当包括监查工作的摘要、发现临床试验中问题和事实陈述、与试验方案的偏离和缺陷，以及监查结论；报告应当说明对监查中发现的问题已采取的或者拟采用的纠正措施，为确保试验遵守试验方案实施的建议；报告应该提供足够的细节，以便审核是否符合监查计划。中心化监查报告可以与现场监查报告分别提交。申办者应当对监查报告中的问题审核和跟进，并形成文件保存。

第五十二条　临床试验的稽查应当符合以下要求：

（一）申办者为评估临床试验的实施和对法律法规的依从性，可以在常规监查之外开展稽查。

（二）申办者选定独立于临床试验的人员担任稽查员，不能是监查人员兼任。稽查员应当经过相应的培训和具有稽查经验，能够有效履行稽查职责。

（三）申办者应当制定临床试验和试验质量管理体系的稽查规程，确保临床试验中稽查规程的实施。该规程应当拟定稽查目的、稽查方法、稽查次数和稽查报告的格式内容。稽查员在稽查过程中观察和发现的问题均应当有书面记录。

（四）申办者制定稽查计划和规程，应当依据向药品监督管理部门提交的资料内容、临床试验中受试者的例数、临床试验的类型和复杂程度、影响受试者的风险水平和其他已知的相关问题。

（五）药品监督管理部门根据工作需要，可以要求申办者提供稽查报告。

（六）必要时申办者应当提供稽查证明。

第五十三条 申办者应当保证临床试验的依从性。

（一）发现研究者、临床试验机构、申办者的人员在临床试验中不遵守试验方案、标准操作规程、本规范、相关法律法规时，申办者应当立即采取措施予以纠正，保证临床试验的良好依从性。

（二）发现重要的依从性问题时，可能对受试者安全和权益，或者对临床试验数据可靠性产生重大影响的，申办者应当及时进行根本原因分析，采取适当的纠正和预防措施。若违反试验方案或者本规范的问题严重时，申办者可追究相关人员的责任，并报告药品监督管理部门。

（三）发现研究者、临床试验机构有严重的或者劝阻不改的不依从问题时，申办者应当终止该研究者、临床试验机构继续参加临床试验，并及时书面报告药品监督管理部门。同时，申办者和研究者应当采取相应的紧急安全性措施，以保护受试者的安全和权益。

第五十四条 申办者提前终止或者暂停临床试验，应当立即告知研究者和临床试验机构、药品监督管理部门，并说明理由。

第五十五条 临床试验完成或者提前终止，申办者应当按照相关法律法规要求向药品监督管理部门提交临床试验报告。临床试验总结报告应当全面、完整、准确反映临床试验结果，临床试验总结报告安全性、有效性数据应当与临床试验源数据一致。

第五十六条 申办者开展多中心试验应当符合以下要求：

（一）申办者应当确保参加临床试验的各中心均能遵守试验方案。

（二）申办者应当向各中心提供相同的试验方案。各中心按照方案遵守相同的临床和实验室数据的统一评价标准和病例报告表的填写指导说明。

（三）各中心应当使用相同的病例报告表，以记录在临床试验中获得的试验数据。申办者若需要研究者增加收集试验数据，在试验方案中应当表明此内容，申办者向研究者提供附加的病例报告表。

（四）在临床试验开始前，应当有书面文件明确参加临床试验的各中心研究者的职责。

（五）申办者应当确保各中心研究者之间的沟通。

第六章　试验方案

第五十七条　试验方案通常包括基本信息、研究背景资料、试验目的、试验设计、实施方式（方法、内容、步骤）等内容。

第五十八条　试验方案中基本信息一般包含：

（一）试验方案标题、编号、版本号和日期。

（二）申办者的名称和地址。

（三）申办者授权签署、修改试验方案的人员姓名、职务和单位。

（四）申办者的医学专家姓名、职务、所在单位地址和电话。

（五）研究者姓名、职称、职务，临床试验机构的地址和电话。

（六）参与临床试验的单位及相关部门名称、地址。

第五十九条　试验方案中研究背景资料通常包含：

（一）试验用药品名称与介绍。

（二）试验药物在非临床研究和临床研究中与临床试验相关、具有潜在临床意义的发现。

（三）对受试人群的已知和潜在的风险和获益。

（四）试验用药品的给药途径、给药剂量、给药方法及治疗时程的描述，并说明理由。

（五）强调临床试验需要按照试验方案、本规范及相关法律法规实施。

（六）临床试验的目标人群。

（七）临床试验相关的研究背景资料、参考文献和数据来源。

第六十条　试验方案中应当详细描述临床试验的目的。

第六十一条　临床试验的科学性和试验数据的可靠性，主要取决于试验设计，试验设计通常包括：

（一）明确临床试验的主要终点和次要终点。

（二）对照组选择的理由和试验设计的描述（如双盲、安慰剂对照、平行组设计），并对研究设计、流程和不同阶段以流程图形式表示。

（三）减少或者控制偏倚所采取的措施，包括随机化和盲法的方法和过程。采用单盲或者开放性试验需要说明理由和控制偏倚的措施。

（四）治疗方法、试验用药品的剂量、给药方案；试验用药品的剂型、包装、标签。

（五）受试者参与临床试验的预期时长和具体安排，包括随访等。

（六）受试者、部分临床试验及全部临床试验的“暂停试验标准”、“终止试验标准”。

（七）试验用药品管理流程。

（八）盲底保存和揭盲的程序。

（九）明确何种试验数据可作为源数据直接记录在病例报告表中。

第六十二条　试验方案中通常包括临床和实验室检查的项目内容。

第六十三条　受试者的选择和退出通常包括：

（一）受试者的入选标准。

（二）受试者的排除标准。

（三）受试者退出临床试验的标准和程序。

第六十四条　受试者的治疗通常包括：

（一）受试者在临床试验各组应用的所有试验用药品名称、给药剂量、给药方案、给药途径和治疗时间以及随访期限。

（二）临床试验前和临床试验中允许的合并用药（包括急救治疗用药）或者治疗，和禁止使用的药物或者治疗。

（三）评价受试者依从性的方法。

第六十五条　制定明确的访视和随访计划，包括临床试验期间、临床试验终点、不良事件评估及试验结束后的随访和医疗处理。

第六十六条　有效性评价通常包括：

（一）详细描述临床试验的有效性指标。

（二）详细描述有效性指标的评价、记录、分析方法和时间点。

第六十七条　安全性评价通常包括：

（一）详细描述临床试验的安全性指标。

（二）详细描述安全性指标的评价、记录、分析方法和时间点。

（三）不良事件和伴随疾病的记录和报告程序。

（四）不良事件的随访方式与期限。

第六十八条　统计通常包括：

（一）确定受试者样本量，并根据前期试验或者文献数据说明理由。

（二）显著性水平，如有调整说明考虑。

（三）说明主要评价指标的统计假设，包括原假设和备择假设，简要描述拟采用的具体统计方法和统计分析软件。若需要进行期中分析，应当说明理由、分析时点及操作规程。

（四）缺失数据、未用数据和不合逻辑数据的处理方法。

（五）明确偏离原定统计分析计划的修改程序。

（六）明确定义用于统计分析的受试者数据集，包括所有参加随机化的受试者、所有服用过试验用药品的受试者、所有符合入选的受试者和可用于临床试验结果评价的受试者。

第六十九条 试验方案中应当包括实施临床试验质量控制和质量保证。

第七十条 试验方案中通常包括该试验相关的伦理学问题的考虑。

第七十一条 试验方案中通常说明试验数据的采集与管理流程、数据管理与采集所使用的系统、数据管理各步骤及任务，以及数据管理的质量保障措施。

第七十二条 如果合同或者协议没有规定，试验方案中通常包括临床试验相关的直接查阅源文件、数据处理和记录保存、财务和保险。

第七章 研究者手册

第七十三条 申办者提供的《研究者手册》是关于试验药物的药学、非临床和临床资料的汇编，其内容包括试验药物的化学、药学、毒理学、药理学和临床的资料和数据。研究者手册目的是帮助研究者和参与试验的其他人员更好地理解和遵守试验方案，帮助研究者理解试验方案中诸多关键的基本要素，包括临床试验的给药剂量、给药次数、给药间隔时间、给药方式等，主要和次要疗效指标和安全性的观察和监测。

第七十四条 已上市药品实施临床试验，研究者已充分了解其药理学等相关知识时，可以简化研究者手册。可应用药品说明书等形式替代研究者手册的部分内容，只需要向研究者提供临床试验相关的、重要的、以及试验药物最近的、综合性的、详细的信息。

第七十五条 申办者应当制定研究者手册修订的书面程序。在临床试验期间至少一年审阅研究者手册一次。申办者根据临床试验的研发步骤和临床试验过程中获得的相关药物安全性和有效性的新信息，在研究者手册更新之前，应当先告知研究者，必要时与伦理委员会、药品监督管理部门沟通。申办者负责更新研究者手册并及时送达研究者，研究者负责将更新的手册递交伦理委员会。

第七十六条 研究者手册的扉页写明申办者的名称、试验药物的编号或者名称、版本号、发布日期、替换版本号、替换日期。

第七十七条 研究者手册应当包括：

（一）目录条目：保密性说明、签字页、目录、摘要、前言、试验药物的物理学、化学、药学特性和结构式、非临床研究（非临床药理学、动物体内药代动力学、毒理学）、人体内作用（人体内的药代动力学、安全性和有效性、上市使用情况）、数据概要和研究者指南、注意事项、参考资料（已发表文献、报告，在每一章节末列出）。

（二）摘要：重点说明试验药物研发过程中具重要意义的物理学、化学、药学、药理学、毒理学、药代动力学和临床等信息内容。

（三）前言：简要说明试验药物的化学名称或者已批准的通用名称、批准的商品名；试验药物的所有活性成分、药理学分类、及其在同类药品中的预期地位（如优势）；试验药物实施临床试验的立题依据；拟定的试验药物用于疾病的预防、诊断和治疗。前言中应当说明评价试验药物的常规方法。

（四）在研究者手册中应当清楚说明试验用药品的化学式、结构式，简要描述其理化和药学特性。说明试验药物的贮存方法和使用方法。试验药物的制剂信息可能影响临床试验时，应当说明辅料成分及配方理由，以便确保临床试验采取必要的安全性措施。

（五）若试验药物与其他已知药物的结构相似，应当予以说明。

（六）非临床研究介绍：简要描述试验药物非临床研究的药理学、毒理学、药代动力学研究发现的相关结果。说明这些非临床研究的方法学、研究结果，讨论这些发现对人体临床治疗意义的提示、对人体可能的不利作用和对人体非预期效应的相关性。

（七）研究者手册应当提供非临床研究中的信息：试验动物的种属、每组动物的数目和性别、给药剂量单位、给药剂量间隔、给药途径、给药持续时间、系统分布资料、暴露后随访期限。研究结果应当包括试验药物药理效应、毒性效应的特性和频度；药理效应、毒性效应的严重性或者强度；起效时间；药效的可逆性；药物作用持续时间和剂量反应。应当讨论非临床研究中最重要的发现，如量效反应、与人体可能的相关性及可能实施人体研究的多方面问题。若同一种属动物的有效剂量、非毒性剂量的结果可以进行比较研究，则该结果可用于治疗指数的讨论，并说明研究结果与拟定的人用剂量的相关性。比较研究尽可能基于血液或者器官组织水平。

（八）非临床的药理学研究介绍：应当包括试验药物的药理学方面的摘要，如可能，还应当包括试验药物在动物体内的重要代谢研究。摘要中应当包括评价试验药物潜在治疗活性（如有效性模型，受体结合和特异性）的研究，以及评价试验药物安全性的研究（如不同于评价治疗作用的评价药理学作用的专门研究）。

（九）动物的药代动力学介绍：应当包括试验药物在所研究种属动物中的药代动力学、生物转化以及分布的摘要。对发现的讨论应当说明试验药物的吸收、局部以及系统的生物利用度及其代谢，以及它们与动物种属药理学和毒理学发现的关系。

（十）毒理学介绍：在不同动物种属中相关研究所发现的毒理学作用摘要应当包括单剂量给药、重复给药、致癌性、特殊毒理研究（如刺激性和致敏性）、生殖毒性、遗传毒性（致突变性）等方面。

（十一）人体内作用：应当充分讨论试验药物在人体的已知作用，包括药代动力学、药效学、剂量反应、安全性、有效性和其他药理学领域的信息。应当尽可能提供已完成的所有试验药物临床试验的摘要。还应当提供临床试验以外的试验药物的使用情况，如上市期间的经验。

（十二）试验药物在人体的药代动力学信息摘要，包括药代动力学（吸收和代谢，血浆蛋白结合，分布和消除）；试验药物的一个参考剂型的生物利用度（绝对、相对生物利用度）；人群亚组（如性别、年龄和脏器功能受损）；相互作用（如药物－药物相互作用和食物的作用）；其他药代动力学数据（如在临床试验期间完成的群体研究结果）。

（十三）试验药物安全性和有效性：应当提供从前期人体试验中得到的关于试验药物（包括代谢物）的安全性、药效学、有效性和剂量反应信息的摘要并讨论。如果已经完成多项临床试验，应当将多个研究和亚组人群的安全性和有效性数据汇总。可考虑将所有临床试验的药物不良反应（包括所有被研究的适应症）以表格等形式清晰概述。应当讨论适应症或者亚组之间药物不良反应类型及发生率的重要差异。

（十四）上市使用情况：应当说明试验药物已经上市或者已获批准的主要国家和地区。从上市使用中得到的重要信息（如处方、剂量、给药途径和药物不良反应）应当予以概述。应当说明试验用药品没有获得批准上市或者退出上市的主要国家和地区。

(十五)数据概要和研究者指南:应当对非临床和临床数据进行全面分析讨论,就各种来源的有关试验药物不同方面的信息进行概述,帮助研究者预见到药物不良反应或者临床试验中的其他问题。

(十六)研究者手册应当让研究者清楚的理解临床试验可能的风险和不良反应,以及可能需要的特殊检查、观察项目和防范措施;这种理解是基于从研究者手册获得的关于试验药物的物理、化学、药学、药理、毒理和临床资料。根据前期人体应用的经验和试验药物的药理学,也应当向研究者提供可能的过量服药和药物不良反应的识别和处理措施的指导。

(十七)中药民族药研究者手册的内容参考以上要求制定。还应当注明组方理论依据、筛选信息、配伍、功能、主治、已有的人用药经验、药材基原和产地等;来源于古代经典名方的中药复方制剂,注明其出处;相关药材及处方等资料。

第八章　必备文件管理

第七十八条　临床试验必备文件是指评估临床试验实施和数据质量的文件,用于证明研究者、申办者和监查员在临床试验过程中遵守了本规范和相关药物临床试验的法律法规要求。

必备文件是申办者稽查、药品监督管理部门检查临床试验的重要内容,并作为确认临床试验实施的真实性和所收集数据完整性的依据。

第七十九条　申办者、研究者和临床试验机构应当确认均有保存临床试验必备文件的场所和条件。保存文件的设备条件应当具备防止光线直接照射、防水、防火等条件,有利于文件的长期保存。应当制定文件管理的标准操作规程。被保存的文件需要易于识别、查找、调阅和归位。用于保存临床试验资料的介质应当确保源数据或者其核证副本在留存期内保存完整和可读取,并定期测试或者检查恢复读取的能力,免于被故意或者无意地更改或者丢失。

临床试验实施中产生的一些文件,如果未列在临床试验必备文件管理目录中,申办者、研究者及临床试验机构也可以根据必要性和关联性将其列入各自的必备文件档案中保存。

第八十条　用于申请药品注册的临床试验,必备文件应当至少保存至试验药物被批准上市后5年;未用于申请药品注册的临床试验,必备文件应当至少保存至临床试验终止后5年。

第八十一条　申办者应当确保研究者始终可以查阅和在试验过程中可以录入、更正报告给申办者的病例报告表中的数据，该数据不应该只由申办者控制。

申办者应当确保研究者能保留已递交给申办者的病例报告表数据。用作源文件的复印件应当满足核证副本的要求。

第八十二条　临床试验开始时，研究者及临床试验机构、申办者双方均应当建立必备文件的档案管理。临床试验结束时，监查员应当审核确认研究者及临床试验机构、申办者的必备文件，这些文件应当被妥善地保存在各自的临床试验档案卷宗内。

3.《涉及人的生物医学研究伦理审查办法》(2016 年 12 月 1 日起施行)

第一条　为保护人的生命和健康，维护人的尊严，尊重和保护受试者的合法权益，规范涉及人的生物医学研究伦理审查工作，制定本办法。

第二条　本办法适用于各级各类医疗卫生机构开展涉及人的生物医学研究伦理审查工作。

第三条　本办法所称涉及人的生物医学研究包括以下活动：

(一)采用现代物理学、化学、生物学、中医药学和心理学等方法对人的生理、心理行为、病理现象、疾病病因和发病机制，以及疾病的预防、诊断、治疗和康复进行研究的活动；

(二)医学新技术或者医疗新产品在人体上进行试验研究的活动；

(三)采用流行病学、社会学、心理学等方法收集、记录、使用、报告或者储存有关人的样本、医疗记录、行为等科学研究资料的活动。

第四条　伦理审查应当遵守国家法律法规规定，在研究中尊重受试者的自主意愿，同时遵守有益、不伤害以及公正的原则。

第五条　国家卫生计生委负责全国涉及人的生物医学研究伦理审查工作的监督管理，成立国家医学伦理专家委员会。国家中医药管理局负责中医药研究伦理审查工作的监督管理，成立国家中医药伦理专家委员会。

省级卫生计生行政部门成立省级医学伦理专家委员会。

县级以上地方卫生计生行政部门负责本行政区域涉及人的生物医学研究伦理审查工作的监督管理。

第六条 国家医学伦理专家委员会、国家中医药伦理专家委员会(以下称国家医学伦理专家委员会)负责对涉及人的生物医学研究中的重大伦理问题进行研究,提供政策咨询意见,指导省级医学伦理专家委员会的伦理审查相关工作。

省级医学伦理专家委员会协助推动本行政区域涉及人的生物医学研究伦理审查工作的制度化、规范化,指导、检查、评估本行政区域从事涉及人的生物医学研究的医疗卫生机构伦理委员会的工作,开展相关培训、咨询等工作。

第七条 从事涉及人的生物医学研究的医疗卫生机构是涉及人的生物医学研究伦理审查工作的管理责任主体,应当设立伦理委员会,并采取有效措施保障伦理委员会独立开展伦理审查工作。

医疗卫生机构未设立伦理委员会的,不得开展涉及人的生物医学研究工作。

第八条 伦理委员会的职责是保护受试者合法权益,维护受试者尊严,促进生物医学研究规范开展;对本机构开展涉及人的生物医学研究项目进行伦理审查,包括初始审查、跟踪审查和复审等;在本机构组织开展相关伦理审查培训。

第九条 伦理委员会的委员应当从生物医学领域和伦理学、法学、社会学等领域的专家和非本机构的社会人士中遴选产生,人数不得少于7人,并且应当有不同性别的委员,少数民族地区应当考虑少数民族委员。

必要时,伦理委员会可以聘请独立顾问。独立顾问对所审查项目的特定问题提供咨询意见,不参与表决。

第十条 伦理委员会委员任期5年,可以连任。伦理委员会设主任委员一人,副主任委员若干人,由伦理委员会委员协商推举产生。

伦理委员会委员应当具备相应的伦理审查能力,并定期接受生物医学研究伦理知识及相关法律法规知识培训。

第十一条 伦理委员会对受理的申报项目应当及时开展伦理审查,提供审查意见;对已批准的研究项目进行定期跟踪审查,受理受试者的投诉并协调处理,确保项目研究不会将受试者置于不合理的风险之中。

第十二条 伦理委员会在开展伦理审查时,可以要求研究者提供审查所需材料、知情同意书等文件以及修改研究项目方案,并根据职责对研究项目方案、知情同意书等文件提出伦理审查意见。

第十三条 伦理委员会委员应当签署保密协议，承诺对所承担的伦理审查工作履行保密义务，对所受理的研究项目方案、受试者信息以及委员审查意见等保密。

第十四条 医疗卫生机构应当在伦理委员会设立之日起3个月内向本机构的执业登记机关备案，并在医学研究登记备案信息系统登记。医疗卫生机构还应当于每年3月31日前向备案的执业登记机关提交上一年度伦理委员会工作报告。

伦理委员会备案材料包括：

（一）人员组成名单和每位委员工作简历；

（二）伦理委员会章程；

（三）工作制度或者相关工作程序；

（四）备案的执业登记机关要求提供的其他相关材料。

以上信息发生变化时，医疗卫生机构应当及时向备案的执业登记机关更新信息。

第十五条 伦理委员会应当配备专（兼）职工作人员、设备、场所等，保障伦理审查工作顺利开展。

第十六条 伦理委员会应当接受所在医疗卫生机构的管理和受试者的监督。

第十七条 伦理委员会应当建立伦理审查工作制度或者操作规程，保证伦理审查过程独立、客观、公正。

第十八条 涉及人的生物医学研究应当符合以下伦理原则：

（一）知情同意原则。尊重和保障受试者是否参加研究的自主决定权，严格履行知情同意程序，防止使用欺骗、利诱、胁迫等手段使受试者同意参加研究，允许受试者在任何阶段无条件退出研究；

（二）控制风险原则。首先将受试者人身安全、健康权益放在优先地位，其次才是科学和社会利益，研究风险与受益比例应当合理，力求使受试者尽可能避免伤害；

（三）免费和补偿原则。应当公平、合理地选择受试者，对受试者参加研究不得收取任何费用，对于受试者在受试过程中支出的合理费用还应当给予适当补偿；

（四）保护隐私原则。切实保护受试者的隐私，如实将受试者个人信息的储存、使用及保密措施情况告知受试者，未经授权不得将受试者个人信息向第三方透露；

（五）依法赔偿原则。受试者参加研究受到损害时，应当得到及时、免费治疗，并依据法律法规及双方约定得到赔偿；

（六）特殊保护原则。对儿童、孕妇、智力低下者、精神障碍患者等特殊人群的受试者，应当予以特别保护。

第十九条 涉及人的生物医学研究项目的负责人作为伦理审查申请人，在申请伦理审查时应当向负责项目研究的医疗卫生机构的伦理委员会提交下列材料：

（一）伦理审查申请表；

（二）研究项目负责人信息、研究项目所涉及的相关机构的合法资质证明以及研究项目经费来源说明；

（三）研究项目方案、相关资料，包括文献综述、临床前研究和动物实验数据等资料；

（四）受试者知情同意书；

（五）伦理委员会认为需要提交的其他相关材料。

第二十条 伦理委员会收到申请材料后，应当及时组织伦理审查，并重点审查以下内容：

（一）研究者的资格、经验、技术能力等是否符合试验要求；

（二）研究方案是否科学，并符合伦理原则的要求。中医药项目研究方案的审查，还应当考虑其传统实践经验；

（三）受试者可能遭受的风险程度与研究预期的受益相比是否在合理范围之内；

（四）知情同意书提供的有关信息是否完整易懂，获得知情同意的过程是否合规恰当；

（五）是否有对受试者个人信息及相关资料的保密措施；

（六）受试者的纳入和排除标准是否恰当、公平；

（七）是否向受试者明确告知其应当享有的权益，包括在研究过程中可以随时无理由退出且不受歧视的权利等；

（八）受试者参加研究的合理支出是否得到了合理补偿；受试者参加研究受到损害时，给予的治疗和赔偿是否合理、合法；

（九）是否有具备资格或者经培训后的研究者负责获取知情同意，并随时接受有关安全问题的咨询；

（十）对受试者在研究中可能承受的风险是否有预防和应对措施；

（十一）研究是否涉及利益冲突；

（十二）研究是否存在社会舆论风险；

（十三）需要审查的其他重点内容。

第二十一条　伦理委员会委员与研究项目存在利害关系的，应当回避；伦理委员会对与研究项目有利害关系的委员应当要求其回避。

第二十二条　伦理委员会批准研究项目的基本标准是：

（一）坚持生命伦理的社会价值；

（二）研究方案科学；

（三）公平选择受试者；

（四）合理的风险与受益比例；

（五）知情同意书规范；

（六）尊重受试者权利；

（七）遵守科研诚信规范。

第二十三条　伦理委员会应当对审查的研究项目作出批准、不批准、修改后批准、修改后再审、暂停或者终止研究的决定，并说明理由。

伦理委员会作出决定应当得到伦理委员会全体委员的二分之一以上同意。伦理审查时应当通过会议审查方式，充分讨论达成一致意见。

第二十四条　经伦理委员会批准的研究项目需要修改研究方案时，研究项目负责人应当将修改后的研究方案再报伦理委员会审查；研究项目未获得伦理委员会审查批准的，不得开展项目研究工作。

对已批准研究项目的研究方案作较小修改且不影响研究的风险受益比的研究项目和研究风险不大于最小风险的研究项目可以申请简易审查程序。

简易审查程序可以由伦理委员会主任委员或者由其指定的一个或者几个委员进行审查。审查结果和理由应当及时报告伦理委员会。

第二十五条　经伦理委员会批准的研究项目在实施前，研究项目负责人应当将该研究项目的主要内容、伦理审查决定在医学研究登记备案信息系统进行登记。

第二十六条　在项目研究过程中，项目研究者应当将发生的严重不良反应或者严重不良事件及时向伦理委员会报告；伦理委员会应当及时审查并采取相应措施，以保护受试者的人身安全与健康权益。

第二十七条　对已批准实施的研究项目，伦理委员会应当指定委员进行跟踪审查。跟踪审查包括以下内容：

(一)是否按照已通过伦理审查的研究方案进行试验;

(二)研究过程中是否擅自变更项目研究内容;

(三)是否发生严重不良反应或者不良事件;

(四)是否需要暂停或者提前终止研究项目;

(五)其他需要审查的内容。

跟踪审查的委员不得少于2人,在跟踪审查时应当及时将审查情况报告伦理委员会。

第二十八条 对风险较大或者比较特殊的涉及人的生物医学研究伦理审查项目,伦理委员会可以根据需要申请省级医学伦理专家委员会协助提供咨询意见。

第二十九条 多中心研究可以建立协作审查机制,确保各项目研究机构遵循一致性和及时性原则。

牵头机构的伦理委员会负责项目审查,并对参与机构的伦理审查结果进行确认。

参与机构的伦理委员会应当及时对本机构参与的研究进行伦理审查,并对牵头机构反馈审查意见。

为了保护受试者的人身安全,各机构均有权暂停或者终止本机构的项目研究。

第三十条 境外机构或者个人与国内医疗卫生机构合作开展涉及人的生物医学研究的,应当向国内合作机构的伦理委员会申请研究项目伦理审查。

第三十一条 在学术期刊发表涉及人的生物医学研究成果的项目研究者,应当出具该研究项目经过伦理审查批准的证明文件。

第三十二条 伦理审查工作具有独立性,任何单位和个人不得干预伦理委员会的伦理审查过程及审查决定。

第三十三条 项目研究者开展研究,应当获得受试者自愿签署的知情同意书;受试者不能以书面方式表示同意时,项目研究者应当获得其口头知情同意,并提交过程记录和证明材料。

第三十四条 对无行为能力、限制行为能力的受试者,项目研究者应当获得其监护人或者法定代理人的书面知情同意。

第三十五条 知情同意书应当含有必要、完整的信息,并以受试者能够理解的语言文字表达。

第三十六条 知情同意书应当包括以下内容:

（一）研究目的、基本研究内容、流程、方法及研究时限；

（二）研究者基本信息及研究机构资质；

（三）研究结果可能给受试者、相关人员和社会带来的益处，以及给受试者可能带来的不适和风险；

（四）对受试者的保护措施；

（五）研究数据和受试者个人资料的保密范围和措施；

（六）受试者的权利，包括自愿参加和随时退出、知情、同意或不同意、保密、补偿、受损害时获得免费治疗和赔偿、新信息的获取、新版本知情同意书的再次签署、获得知情同意书等；

（七）受试者在参与研究前、研究后和研究过程中的注意事项。

第三十七条　在知情同意获取过程中，项目研究者应当按照知情同意书内容向受试者逐项说明，其中包括：受试者所参加的研究项目的目的、意义和预期效果，可能遇到的风险和不适，以及可能带来的益处或者影响；有无对受试者有益的其他措施或者治疗方案；保密范围和措施；补偿情况，以及发生损害的赔偿和免费治疗；自愿参加并可以随时退出的权利，以及发生问题时的联系人和联系方式等。

项目研究者应当给予受试者充分的时间理解知情同意书的内容，由受试者作出是否同意参加研究的决定并签署知情同意书。

在心理学研究中，因知情同意可能影响受试者对问题的回答，从而影响研究结果的准确性的，研究者可以在项目研究完成后充分告知受试者并获得知情同意书。

第三十八条　当发生下列情形时，研究者应当再次获取受试者签署的知情同意书：

（一）研究方案、范围、内容发生变化的；

（二）利用过去用于诊断、治疗的有身份标识的样本进行研究的；

（三）生物样本数据库中有身份标识的人体生物学样本或者相关临床病史资料，再次使用进行研究的；

（四）研究过程中发生其他变化的。

第三十九条　以下情形经伦理委员会审查批准后，可以免除签署知情同意书：

（一）利用可识别身份信息的人体材料或者数据进行研究，已无法找到该受试者，且研究项目不涉及个人隐私和商业利益的；

（二）生物样本捐献者已经签署了知情同意书，同意所捐献样本及相关信息可用于所有医学研究的。

第四十条 国家卫生计生委负责组织全国涉及人的生物医学研究伦理审查工作的检查、督导；国家中医药管理局负责组织全国中医药研究伦理审查工作的检查、督导。

县级以上地方卫生计生行政部门应当加强对本行政区域涉及人的生物医学研究伦理审查工作的日常监督管理。主要监督检查以下内容：

（一）医疗卫生机构是否按照要求设立伦理委员会，并进行备案；

（二）伦理委员会是否建立伦理审查制度；

（三）伦理审查内容和程序是否符合要求；

（四）审查的研究项目是否如实在我国医学研究登记备案信息系统进行登记；

（五）伦理审查结果执行情况；

（六）伦理审查文档管理情况；

（七）伦理委员会委员的伦理培训、学习情况；

（八）对国家和省级医学伦理专家委员会提出的改进意见或者建议是否落实；

（九）其他需要监督检查的相关内容。

第四十一条 国家医学伦理专家委员会应当对省级医学伦理专家委员会的工作进行指导、检查和评估。

省级医学伦理专家委员会应当对本行政区域内医疗卫生机构的伦理委员会进行检查和评估，重点对伦理委员会的组成、规章制度及审查程序的规范性、审查过程的独立性、审查结果的可靠性、项目管理的有效性等内容进行评估，并对发现的问题提出改进意见或者建议。

第四十二条 医疗卫生机构应当加强对本机构设立的伦理委员会开展的涉及人的生物医学研究伦理审查工作的日常管理，定期评估伦理委员会工作质量，对发现的问题及时提出改进意见或者建议，根据需要调整伦理委员会委员等。

第四十三条 医疗卫生机构应当督促本机构的伦理委员会落实县级以上卫生计生行政部门提出的整改意见；伦理委员会未在规定期限内完成整改或者拒绝整改，违规情节严重或者造成严重后果的，其所在医疗卫生机构应当撤销伦理委员会主任委员资格，追究相关人员责任。

第四十四条 任何单位或者个人均有权举报涉及人的生物医学研究中存在的违规或者不端行为。

第四十五条 医疗卫生机构未按照规定设立伦理委员会擅自开展涉及人的生物医学研究的，由县级以上地方卫生计生行政部门责令限期整改；逾期不改的，由县级以上地方卫生计生行政部门予以警告，并可处以3万元以下罚款；对机构主要负责人和其他责任人员，依法给予处分。

第四十六条 医疗卫生机构及其伦理委员会违反本办法规定，有下列情形之一的，由县级以上地方卫生计生行政部门责令限期整改，并可根据情节轻重给予通报批评、警告；对机构主要负责人和其他责任人员，依法给予处分：

（一）伦理委员会组成、委员资质不符合要求的；

（二）未建立伦理审查工作制度或者操作规程的；

（三）未按照伦理审查原则和相关规章制度进行审查的；

（四）泄露研究项目方案、受试者个人信息以及委员审查意见的；

（五）未按照规定进行备案的；

（六）其他违反本办法规定的情形。

第四十七条 项目研究者违反本办法规定，有下列情形之一的，由县级以上地方卫生计生行政部门责令限期整改，并可根据情节轻重给予通报批评、警告；对主要负责人和其他责任人员，依法给予处分：

（一）研究项目或者研究方案未获得伦理委员会审查批准擅自开展项目研究工作的；

（二）研究过程中发生严重不良反应或者严重不良事件未及时报告伦理委员会的；

（三）违反知情同意相关规定开展项目研究的；

（四）其他违反本办法规定的情形。

第四十八条 医疗卫生机构、项目研究者在开展涉及人的生物医学研究工作中，违反《执业医师法》、《医疗机构管理条例》等法律法规相关规定的，由县级以上地方卫生计生行政部门依法进行处理。

第四十九条 违反本办法规定的机构和个人，给他人人身、财产造成损害的，应当依法承担民事责任；构成犯罪的，依法追究刑事责任。

第五十条 本办法自2016年12月1日起施行。本办法发布前，从事涉及人的生物医学研究的医疗卫生机构已设立伦理委员会的，应当自本办法发布之日起3个月内向本机构的执业登记机关备案，并在医学研究登记备案信息系统登记。

四、相关文件规定

《干细胞临床研究管理办法(试行)》(国卫科教发〔2015〕48号)

第二条　本办法适用于在医疗机构开展的干细胞临床研究。

干细胞临床研究指应用人自体或异体来源的干细胞经体外操作后输入(或植入)人体,用于疾病预防或治疗的临床研究。体外操作包括干细胞在体外的分离、纯化、培养、扩增、诱导分化、冻存及复苏等。

第三条　干细胞临床研究必须遵循科学、规范、公开、符合伦理、充分保护受试者权益的原则。

第六条　机构不得向受试者收取干细胞临床研究相关费用,不得发布或变相发布干细胞临床研究广告。

第九条　机构应当建立干细胞临床研究项目立项前学术、伦理审查制度,接受国家和省级干细胞临床研究专家委员会和伦理专家委员会的监督,促进学术、伦理审查的公开、公平、公正。

第十三条　机构应当建立健全受试者权益保障机制,有效管控风险。研究方案中应当包含有关风险预判和管控措施,机构学术、伦理委员会对研究风险程度进行评估。对风险较高的项目,应当采取有效措施进行重点监管,并通过购买第三方保险,对于发生与研究相关的损害或死亡的受试者承担治疗费用及相应的经济补偿。

第二十条　机构伦理委员会应当按照涉及人的生物医学研究伦理审查办法相关要求,对干细胞临床研究项目进行独立伦理审查。

第二十一条　审查时,机构学术委员会和伦理委员会成员应当签署保密协议及无利益冲突声明,须有三分之二以上法定出席成员同意方为有效。根据评审结果,机构学术委员会出具学术审查意见,机构伦理委员会出具伦理审查批件。

第二十二条　机构学术委员会和伦理委员会审查通过的干细胞临床研究项目,由机构主要负责人审核立项。

第二十六条　干细胞临床研究人员必须用通俗、清晰、准确的语言告知供者和受试者所参与的干细胞临床研究的目的、意义和内容,预期受益和潜在的风险,并在自愿原则下签署知情同意书,以确保干细胞临床研究符合伦理原则和法律规定。

第二十七条　在临床研究过程中,所有关于干细胞提供者和受试者的入选和检查,以及临床研究各个环节须由操作者及时记录。所有资料的原始记录须做到准确、清晰并有电子备份，保存至临床研究结束后30年。

第二十八条　干细胞的来源和获取过程应当符合伦理。对于制备过程中不合格及临床试验剩余的干细胞制剂或捐赠物如供者的胚胎、生殖细胞、骨髓、血液等，必须进行合法、妥善并符合伦理的处理。

第三十条　干细胞临床研究结束后，应当对受试者进行长期随访监测，评价干细胞临床研究的长期安全性和有效性。对随访中发现的问题，应当报告机构学术、伦理委员会，及时组织进行评估鉴定，给予受试者相应的医学处理，并将评估鉴定及处理情况及时报告省级卫生计生行政部门和食品药品监管部门。

第三十一条　在项目执行过程中任何人如发现受试者发生严重不良反应或不良事件、权益受到损害或其他违背伦理的情况，应当及时向机构学术、伦理委员会报告。机构应当根据学术、伦理委员会意见制订项目整改措施并认真解决存在的问题。

第三十三条　机构应当及时将临床研究中出现的严重不良反应、差错或事故及处理措施、整改情况等报告国家和省级卫生计生行政部门和食品药品监管部门。

第三十四条　严重不良事件报告：

（一）如果受试者在干细胞临床研究过程中出现了严重不良事件，如传染性疾病、造成人体功能或器官永久性损伤、威胁生命、死亡，或必须接受医疗抢救的情况，研究人员应当立刻停止临床研究，于24小时之内报告机构学术、伦理委员会，并由机构报告国家和省级卫生计生行政部门和食品药品监管部门。

（二）发生严重不良事件后，研究人员应当及时、妥善对受试者进行相应处理，在处理结束后15日内将后续工作报告机构学术、伦理委员会，由机构报告国家和省级卫生计生行政部门和食品药品监管部门，以说明事件发生的原因和采取的措施。

（三）在调查事故原因时，应当重点从以下几方面进行考察：干细胞制剂的制备和质量控制，干细胞提供者的筛查记录、测试结果，以及任何违背操作规范的事件等。

第三十五条　差错报告：

（一）如果在操作过程中出现了违背操作规程的事件，事件可能与疾病传播或潜在性的传播有关，或可能导致干细胞制剂的污染时，研究人员必须在事件发生后立即报告机构学术、伦理委员会，并由机构报告国家和省级卫生计生行政部门和食品药品监管部门。

（二）报告内容必须包括：对本事件的描述，与本事件相关的信息和干细胞制剂的制备流程，已经采取和将要采取的针对本事件的处理措施。

第三十六条 研究进度报告：

（一）凡经备案的干细胞临床研究项目，应当按年度向机构学术、伦理委员会提交进展报告，经机构审核后报国家和省级卫生计生行政部门和食品药品监管部门。

（二）报告内容应当包括阶段工作小结、已经完成的病例数、正在进行的病例数和不良反应或不良事件发生情况等。

第三十七条 研究结果报告：

（一）各阶段干细胞临床研究结束后，研究人员须将研究结果进行统计分析、归纳总结、书写研究报告，经机构学术、伦理委员会审查，机构主要负责人审核后报告国家和省级卫生计生行政部门和食品药品监管部门。

（二）研究结果报告应当包括以下内容：

1. 研究题目；
2. 研究人员名单；
3. 研究报告摘要；
4. 研究方法与步骤；
5. 研究结果；
6. 病例统计报告；
7. 失败病例的讨论；
8. 研究结论；
9. 下一步工作计划。

第三十八条 国家干细胞临床研究专家委员会职责：按照我国卫生事业发展要求，对国内外干细胞研究及成果转化情况进行调查研究，提出干细胞临床研究的重点领域及监管的政策建议；根据我国医疗机构干细胞临床研究基础，制订相关技术指南、标准、以及干细胞临床研究质量控制规范等；在摸底调研基础上有针对性地进行机构评估、现场核查，对已备案的干细胞临床研究机构和项目进行检查。

国家干细胞临床研究伦理专家委员会职责：主要针对干细胞临床

研究中伦理问题进行研究，提出政策法规和制度建设的意见；根据监管工作需要对已备案的干细胞临床研究项目进行审评和检查，对机构伦理委员会审查工作进行检查，提出改进意见；接受省级伦理专家委员会和机构伦理委员会的咨询并进行工作指导；组织伦理培训等。

第三十九条 省级干细胞临床研究专家委员会职责：按照省级卫生计生行政部门和食品药品监管部门对干细胞临床研究日常监管需要，及时了解本地区干细胞临床研究发展状况和存在问题，提出政策建议，提供技术支撑；根据监管工作需要对机构已备案的干细胞临床研究项目进行审查和检查。

省级干细胞临床研究伦理专家委员会职责：主要针对行政区域内干细胞临床研究中的伦理问题进行研究；推动行政区域内干细胞临床研究伦理审查规范化；并根据监管工作需要对行政区域内机构伦理委员会工作进行检查，提出改进意见；接受行政区域内机构伦理委员会的咨询并提供工作指导；对从事干细胞临床研究伦理审查工作的人员进行培训。

第四十条 国家和省级干细胞临床研究专家委员会和伦理专家委员会应当对机构学术、伦理审查情况进行监督检查。

学术方面的检查主要包括以下内容：

（一）机构的执业许可、概况、相应专业科室的药物临床试验机构资格及卫生技术人员和相关技术能力与设施情况。

（二）机构学术委员会组成、标准操作规范。

（三）承担国家级干细胞相关研究情况。

（四）对以下内容的审查情况：

1. 干细胞临床研究负责人、主要临床研究人员的情况，参加干细胞临床试验技术和相关法规培训的情况等；

2. 研究方案的科学性、可行性；

3. 防范干细胞临床研究风险的管理机制和处理不良反应事件的措施；

4. 干细胞临床研究管理制度和标准操作规程的制定；

5. 按照《干细胞制剂质量控制及临床前研究指导原则（试行）》的要求对干细胞制剂的质量管理、评价标准和相应的设备设施管理情况。

（五）学术审查程序是否合理。

（六）有无利益冲突。

（七）其他有关事宜。

伦理方面的检查主要包括以下内容：

（一）机构伦理委员会组成、标准操作规范；

（二）研究项目伦理审查过程和记录，包括风险/受益评估及对策等；

（三）对知情同意书的讨论和批准的样本；

（四）伦理审查程序的合理性；

（五）有无利益冲突；

（六）其他有关事宜。

第四十一条 省级干细胞临床研究专家委员会和伦理专家委员会应当对行政区域内机构开展的干细胞临床研究项目建立从立项审查、备案到过程管理、报告审议等全过程督导、检查制度。

第四十二条 省级干细胞临床研究专家委员会和伦理专家委员会应当对机构提交的严重不良事件报告、差错或事故报告和处理措施等及时分析，提供咨询意见，对机构整改情况进行审评；重大问题的整改情况可提请国家干细胞临床研究专家委员会和伦理专家委员会进行审评。

第四十三条 国家和省级干细胞临床研究专家委员会和伦理专家委员会应当对已备案的干细胞临床研究项目进行定期评估、专项评估等，并对国家和省级卫生计生行政部门和食品药品监管部门所开展的专项检查、随机抽查、有因检查等提供技术支撑。

第一千零九条 【与人体基因等有关的医学科研活动应当遵循的原则】 从事与人体基因、人体胚胎等有关的医学和科研活动，应当遵守法律、行政法规和国家有关规定，不得危害人体健康，不得违背伦理道德，不得损害公共利益。

法条评释： 民事活动不得违反法律规定，不得违反公序良俗，这是我国《民法典》明确规定的，但是，鉴于2018年我国南方科技大学副教授贺建奎违反科学伦理而导致的“基因编辑婴儿”事件，在民法典编纂时增加了本条，专门对从事与人体基因、人体胚胎等有关的医学和科研活动应当遵守法律规定，不得危害人体健康、不得违背公序良俗原则作出了规定。

一、相关法律条文

1.《中华人民共和国民法典》(2021年1月1日起施行)

第八条　民事主体从事民事活动,不得违反法律,不得违背公序良俗。

2.《中华人民共和国科学技术进步法》(2007年12月29日修订)

第二十九条　国家禁止危害国家安全、损害社会公共利益、危害人体健康、违反伦理道德的科学技术研究开发活动。

3.《中华人民共和国生物安全法》(2021年4月15日起施行)

第五十八条　采集、保藏、利用、运输出境我国珍贵、濒危、特有物种及其可用于再生或者繁殖传代的个体、器官、组织、细胞、基因等遗传资源,应当遵守有关法律法规。

境外组织、个人及其设立或者实际控制的机构获取和利用我国生物资源,应当依法取得批准。

4.《中华人民共和国刑法》(1997年10月1日起施行)

第三百三十六条之一　将基因编辑、克隆的人类胚胎植入人体或者动物体内,或者将基因编辑、克隆的动物胚胎植入人体内,情节严重的,处三年以下有期徒刑或者拘役,并处罚金;情节特别严重的,处三年以上七年以下有期徒刑,并处罚金。

二、相关行政法规

《中华人民共和国人类遗传资源管理条例》(2019年7月1日起施行)

第一条　为了有效保护和合理利用我国人类遗传资源,维护公众健康、国家安全和社会公共利益,制定本条例。

第二条　本条例所称人类遗传资源包括人类遗传资源材料和人类遗传资源信息。

人类遗传资源材料是指含有人体基因组、基因等遗传物质的器官、组织、细胞等遗传材料。

人类遗传资源信息是指利用人类遗传资源材料产生的数据等信息资料。

第三条　采集、保藏、利用、对外提供我国人类遗传资源,应当遵守本条例。

为临床诊疗、采供血服务、查处违法犯罪、兴奋剂检测和殡葬等活动需要,采集、保藏器官、组织、细胞等人体物质及开展相关活动,依照相关法律、行政法规规定执行。

第四条 国务院科学技术行政部门负责全国人类遗传资源管理工作；国务院其他有关部门在各自的职责范围内，负责有关人类遗传资源管理工作。

省、自治区、直辖市人民政府科学技术行政部门负责本行政区域人类遗传资源管理工作；省、自治区、直辖市人民政府其他有关部门在各自的职责范围内，负责本行政区域有关人类遗传资源管理工作。

第五条 国家加强对我国人类遗传资源的保护，开展人类遗传资源调查，对重要遗传家系和特定地区人类遗传资源实行申报登记制度。

国务院科学技术行政部门负责组织我国人类遗传资源调查，制定重要遗传家系和特定地区人类遗传资源申报登记具体办法。

第六条 国家支持合理利用人类遗传资源开展科学研究、发展生物医药产业、提高诊疗技术，提高我国生物安全保障能力，提升人民健康保障水平。

第七条 外国组织、个人及其设立或者实际控制的机构不得在我国境内采集、保藏我国人类遗传资源，不得向境外提供我国人类遗传资源。

第八条 采集、保藏、利用、对外提供我国人类遗传资源，不得危害我国公众健康、国家安全和社会公共利益。

第九条 采集、保藏、利用、对外提供我国人类遗传资源，应当符合伦理原则，并按照国家有关规定进行伦理审查。

采集、保藏、利用、对外提供我国人类遗传资源，应当尊重人类遗传资源提供者的隐私权，取得其事先知情同意，并保护其合法权益。

采集、保藏、利用、对外提供我国人类遗传资源，应当遵守国务院科学技术行政部门制定的技术规范。

第十条 禁止买卖人类遗传资源。

为科学研究依法提供或者使用人类遗传资源并支付或者收取合理成本费用，不视为买卖。

第十一条 采集我国重要遗传家系、特定地区人类遗传资源或者采集国务院科学技术行政部门规定种类、数量的人类遗传资源的，应当符合下列条件，并经国务院科学技术行政部门批准：

（一）具有法人资格；

（二）采集目的明确、合法；

（三）采集方案合理；

（四）通过伦理审查；

（五）具有负责人类遗传资源管理的部门和管理制度；

（六）具有与采集活动相适应的场所、设施、设备和人员。

第十二条　采集我国人类遗传资源，应当事先告知人类遗传资源提供者采集目的、采集用途、对健康可能产生的影响、个人隐私保护措施及其享有的自愿参与和随时无条件退出的权利，征得人类遗传资源提供者书面同意。

在告知人类遗传资源提供者前款规定的信息时，必须全面、完整、真实、准确，不得隐瞒、误导、欺骗。

第十三条　国家加强人类遗传资源保藏工作，加快标准化、规范化的人类遗传资源保藏基础平台和人类遗传资源大数据建设，为开展相关研究开发活动提供支撑。

国家鼓励科研机构、高等学校、医疗机构、企业根据自身条件和相关研究开发活动需要开展人类遗传资源保藏工作，并为其他单位开展相关研究开发活动提供便利。

第十四条　保藏我国人类遗传资源、为科学研究提供基础平台的，应当符合下列条件，并经国务院科学技术行政部门批准：

（一）具有法人资格；

（二）保藏目的明确、合法；

（三）保藏方案合理；

（四）拟保藏的人类遗传资源来源合法；

（五）通过伦理审查；

（六）具有负责人类遗传资源管理的部门和保藏管理制度；

（七）具有符合国家人类遗传资源保藏技术规范和要求的场所、设施、设备和人员。

第十五条　保藏单位应当对所保藏的人类遗传资源加强管理和监测，采取安全措施，制定应急预案，确保保藏、使用安全。

保藏单位应当完整记录人类遗传资源保藏情况，妥善保存人类遗传资源的来源信息和使用信息，确保人类遗传资源的合法使用。

保藏单位应当就本单位保藏人类遗传资源情况向国务院科学技术行政部门提交年度报告。

第十六条　国家人类遗传资源保藏基础平台和数据库应当依照国家有关规定向有关科研机构、高等学校、医疗机构、企业开放。

为公众健康、国家安全和社会公共利益需要，国家可以依法使用保藏单位保藏的人类遗传资源。

第十七条 国务院科学技术行政部门和省、自治区、直辖市人民政府科学技术行政部门应当会同本级人民政府有关部门对利用人类遗传资源开展科学研究、发展生物医药产业统筹规划，合理布局，加强创新体系建设，促进生物科技和产业创新、协调发展。

第十八条 科研机构、高等学校、医疗机构、企业利用人类遗传资源开展研究开发活动，对其研究开发活动以及成果的产业化依照法律、行政法规和国家有关规定予以支持。

第十九条 国家鼓励科研机构、高等学校、医疗机构、企业根据自身条件和相关研究开发活动需要，利用我国人类遗传资源开展国际合作科学研究，提升相关研究开发能力和水平。

第二十条 利用我国人类遗传资源开展生物技术研究开发活动或者开展临床试验的，应当遵守有关生物技术研究、临床应用管理法律、行政法规和国家有关规定。

第二十一条 外国组织及外国组织、个人设立或者实际控制的机构（以下称外方单位）需要利用我国人类遗传资源开展科学研究活动的，应当遵守我国法律、行政法规和国家有关规定，并采取与我国科研机构、高等学校、医疗机构、企业（以下称中方单位）合作的方式进行。

第二十二条 利用我国人类遗传资源开展国际合作科学研究的，应当符合下列条件，并由合作双方共同提出申请，经国务院科学技术行政部门批准：

（一）对我国公众健康、国家安全和社会公共利益没有危害；

（二）合作双方为具有法人资格的中方单位、外方单位，并具有开展相关工作的基础和能力；

（三）合作研究目的和内容明确、合法，期限合理；

（四）合作研究方案合理；

（五）拟使用的人类遗传资源来源合法，种类、数量与研究内容相符；

（六）通过合作双方各自所在国（地区）的伦理审查；

（七）研究成果归属明确，有合理明确的利益分配方案。

为获得相关药品和医疗器械在我国上市许可，在临床机构利用我国人类遗传资源开展国际合作临床试验、不涉及人类遗传资源材料出境的，不需要审批。但是，合作双方在开展临床试验前应当将拟使用的人类遗传资源种类、数量及其用途向国务院科学技术行政部门备案。国务院科学技术行政部门和省、自治区、直辖市人民政府科学技术行政部门加强对备案事项的监管。

第二十三条　在利用我国人类遗传资源开展国际合作科学研究过程中，合作方、研究目的、研究内容、合作期限等重大事项发生变更的，应当办理变更审批手续。

第二十四条　利用我国人类遗传资源开展国际合作科学研究，应当保证中方单位及其研究人员在合作期间全过程、实质性地参与研究，研究过程中的所有记录以及数据信息等完全向中方单位开放并向中方单位提供备份。

利用我国人类遗传资源开展国际合作科学研究，产生的成果申请专利的，应当由合作双方共同提出申请，专利权归合作双方共有。研究产生的其他科技成果，其使用权、转让权和利益分享办法由合作双方通过合作协议约定；协议没有约定的，合作双方都有使用的权利，但向第三方转让须经合作双方同意，所获利益按合作双方贡献大小分享。

第二十五条　利用我国人类遗传资源开展国际合作科学研究，合作双方应当按照平等互利、诚实信用、共同参与、共享成果的原则，依法签订合作协议，并依照本条例第二十四条的规定对相关事项作出明确、具体的约定。

第二十六条　利用我国人类遗传资源开展国际合作科学研究，合作双方应当在国际合作活动结束后6个月内共同向国务院科学技术行政部门提交合作研究情况报告。

第二十七条　利用我国人类遗传资源开展国际合作科学研究，或者因其他特殊情况确需将我国人类遗传资源材料运送、邮寄、携带出境的，应当符合下列条件，并取得国务院科学技术行政部门出具的人类遗传资源材料出境证明：

（一）对我国公众健康、国家安全和社会公共利益没有危害；

（二）具有法人资格；

（三）有明确的境外合作方和合理的出境用途；

（四）人类遗传资源材料采集合法或者来自合法的保藏单位；

（五）通过伦理审查。

利用我国人类遗传资源开展国际合作科学研究，需要将我国人类遗传资源材料运送、邮寄、携带出境的，可以单独提出申请，也可以在开展国际合作科学研究申请中列明出境计划一并提出申请，由国务院科学技术行政部门合并审批。

将我国人类遗传资源材料运送、邮寄、携带出境的，凭人类遗传资源材料出境证明办理海关手续。

第二十八条 将人类遗传资源信息向外国组织、个人及其设立或者实际控制的机构提供或者开放使用，不得危害我国公众健康、国家安全和社会公共利益；可能影响我国公众健康、国家安全和社会公共利益的，应当通过国务院科学技术行政部门组织的安全审查。

将人类遗传资源信息向外国组织、个人及其设立或者实际控制的机构提供或者开放使用的，应当向国务院科学技术行政部门备案并提交信息备份。

利用我国人类遗传资源开展国际合作科学研究产生的人类遗传资源信息，合作双方可以使用。

第四十四条 违反本条例规定，侵害他人合法权益的，依法承担民事责任；构成犯罪的，依法追究刑事责任。

第四十六条 人类遗传资源相关信息属于国家秘密的，应当依照《中华人民共和国保守国家秘密法》和国家其他有关保密规定实施保密管理。

第一千零一十条 【性骚扰的民事责任与预防处置措施】 违背他人意愿，以言语、文字、图像、肢体行为等方式对他人实施性骚扰的，受害人有权依法请求行为人承担民事责任。

机关、企业、学校等单位应当采取合理的预防、受理投诉、调查处置等措施，防止和制止利用职权、从属关系等实施性骚扰。

法条评释：本条是对性骚扰的民事责任与预防处置措施的规定。依据本条第1款，所谓性骚扰，是指违背他人意愿，以言语、文字、图像、肢体行为等方式对他人实施的与性和性别有关的侵害他人身体权或健康权的行为。一旦构成性骚扰，则被骚扰者有权要求骚扰者停止侵害、排除妨碍、消除危险、赔礼道歉。如果被骚扰者因此而遭受了损害，如出现抑郁症等精神疾病或者造成严重精神损害，则受害人有权要求骚扰者承担财产损害赔偿责任和精神损害赔偿责任。由于性骚扰往往发生于利用职权、从属关系等具有控制与被控制关系的上下级或者师生之间，也正是这种关系，在很大程度上使性骚扰者能肆无忌惮地实施此类行为，而被害人只能忍辱偷生、保持沉默。故此，本条第2款明确规定，机关、企业、学校等单位应当采取合理的预防、受理投诉、调查处置等措施，防止和制止利用职权、从属关系等实施性骚扰。这也是各国预防和制止性骚扰的最主要的一个方法。如果机关、企业、学校等单位没有依法采取合理的预防、受理投诉、调查处置等措施，则应当依法承担相应的民事责任，如承担用人单位责任或者违反安全保障义务的责任。

一、相关法律条文

《中华人民共和国妇女权益保障法》(2018年10月26日修正)

第四十条 禁止对妇女实施性骚扰。受害妇女有权向单位和有关机关投诉。

二、相关行政法规

《女职工劳动保护特别规定》(2012年4月28日起施行)

第十一条 在劳动场所，用人单位应当预防和制止对女职工的性骚扰。

三、相关文件规定

1.《中小学教师违反职业道德行为处理办法》(教师〔2018〕18号)(2018年修订)

第二条 本办法所称中小学教师是指普通中小学、中等职业学校(含技工学校)、特殊教育机构、少年宫以及地方教研室、电化教育等机构的教师。

前款所称中小学教师包括民办学校教师。

第三条 本办法所称处理包括处分和其他处理。处分包括警告、记过、降低岗位等级或撤职、开除。警告期限为6个月，记过期限为12个月，降低岗位等级或撤职期限为24个月。是中共党员的，同时给予党纪处分。

其他处理包括给予批评教育、诫勉谈话、责令检查、通报批评，以及取消在评奖评优、职务晋升、职称评定、岗位聘用、工资晋级、申报人才计划等方面的资格。取消相关资格的处理执行期限不得少于24个月。

教师涉嫌违法犯罪的，及时移送司法机关依法处理。

第四条 应予处理的教师违反职业道德行为如下：

（一）在教育教学活动中及其他场合有损害党中央权威、违背党的路线方针政策的言行。

（二）损害国家利益、社会公共利益，或违背社会公序良俗。

（三）通过课堂、论坛、讲座、信息网络及其他渠道发表、转发错误观点，或编造散布虚假信息、不良信息。

（四）违反教学纪律，敷衍教学，或擅自从事影响教育教学本职工作的兼职兼薪行为。

（五）歧视、侮辱学生，虐待、伤害学生。

（六）在教育教学活动中遇突发事件、面临危险时，不顾学生安危，擅离职守，自行逃离。

（七）与学生发生不正当关系，有任何形式的猥亵、性骚扰行为。

（八）在招生、考试、推优、保送及绩效考核、岗位聘用、职称评聘、评优评奖等工作中徇私舞弊、弄虚作假。

（九）索要、收受学生及家长财物或参加由学生及家长付费的宴请、旅游、娱乐休闲等活动，向学生推销图书报刊、教辅材料、社会保险或利用家长资源谋取私利。

（十）组织、参与有偿补课，或为校外培训机构和他人介绍生源、提供相关信息。

（十一）其他违反职业道德的行为。

2.《新时代高校教师职业行为十项准则》（教师〔2018〕16号）

六、坚持言行雅正。为人师表，以身作则，举止文明，作风正派，自重自爱；不得与学生发生任何不正当关系，严禁任何形式的猥亵、性骚扰行为。

3.《新时代中小学教师职业行为十项准则》（教师〔2018〕16号）

七、坚持言行雅正。为人师表，以身作则，举止文明，作风正派，自重自爱；不得与学生发生任何不正当关系，严禁任何形式的猥亵、性骚扰行为。

第一千零一十一条 【非法剥夺限制他人自由与非法搜身的民事责任】 以非法拘禁等方式剥夺、限制他人的行动自由，或者非法搜查他人身体的，受害人有权依法请求行为人承担民事责任。

法条评释： 本条是对非法剥夺、限制他人的行动自由以及非法搜查他人身体的民事责任的规定。这些行为性质上属于侵害自由权的行为。所谓自由权，也称人身自由权，是指自然人非依法律规定以及法定程序，不受非法逮捕、拘禁等对身体自由的非法限制或剥夺。我国《民法典》没有单独规定自由权，而是将之纳入身体权中。之所以如此，主要是为了防止与作为公民政治权利的自由相混淆。因为人格权编主要是从民事法律规范的角度规定自然人和其他民事主体人格权的内容、边界和保护方式，不涉及公民政治、社会等方面权利。

相关法律条文

1.《中华人民共和国宪法》(2018年3月11日修正)

第三十七条　中华人民共和国公民的人身自由不受侵犯。

任何公民，非经人民检察院批准或者决定或者人民法院决定，并由公安机关执行，不受逮捕。

禁止非法拘禁和以其他方法非法剥夺或者限制公民的人身自由，禁止非法搜查公民的身体。

2.《中华人民共和国消费者权益保护法》(2013年10月25日修正)

第五十条　经营者侵害消费者的人格尊严、侵犯消费者人身自由或者侵害消费者个人信息依法得到保护的权利的，应当停止侵害、恢复名誉、消除影响、赔礼道歉，并赔偿损失。

3.《中华人民共和国妇女权益保障法》(2018年10月26日修正)

第三十七条　妇女的人身自由不受侵犯。禁止非法拘禁和以其他非法手段剥夺或者限制妇女的人身自由；禁止非法搜查妇女的身体。

4.《中华人民共和国残疾人保障法》(2018年10月26日修正)

第四十条　任何单位和个人不得以暴力、威胁或者非法限制人身自由的手段强迫残疾人劳动。

5.《中华人民共和国立法法》(2015年3月15日修正)

第八条　下列事项只能制定法律：

(一)国家主权的事项；

(二)各级人民代表大会、人民政府、人民法院和人民检察院的产生、组织和职权；

（三）民族区域自治制度、特别行政区制度、基层群众自治制度；

（四）犯罪和刑罚；

（五）对公民政治权利的剥夺、限制人身自由的强制措施和处罚；

（六）税种的设立、税率的确定和税收征收管理等税收基本制度；

（七）对非国有财产的征收、征用；

（八）民事基本制度；

（九）基本经济制度以及财政、海关、金融和外贸的基本制度；

（十）诉讼和仲裁制度；

（十一）必须由全国人民代表大会及其常务委员会制定法律的其他事项。

6.《中华人民共和国行政处罚法》（2021年1月22日修订）

第十条 法律可以设定各种行政处罚。

限制人身自由的行政处罚，只能由法律设定。

第十一条 行政法规可以设定除限制人身自由以外的行政处罚。

法律对违法行为已经作出行政处罚规定，行政法规需要作出具体规定的，必须在法律规定的给予行政处罚的行为、种类和幅度的范围内规定。

法律对违法行为未作出行政处罚规定，行政法规为实施法律，可以补充设定行政处罚。拟补充设定行政处罚的，应当通过听证会、论证会等形式广泛听取意见，并向制定机关作出书面说明。行政法规报送备案时，应当说明补充设定行政处罚的情况。

7.《中华人民共和国刑事诉讼法》（2018年10月26日修正）

第十九条 刑事案件的侦查由公安机关进行，法律另有规定的除外。

人民检察院在对诉讼活动实行法律监督中发现的司法工作人员利用职权实施的非法拘禁、刑讯逼供、非法搜查等侵犯公民权利、损害司法公正的犯罪，可以由人民检察院立案侦查。对于公安机关管辖的国家机关工作人员利用职权实施的重大犯罪案件，需要由人民检察院直接受理的时候，经省级以上人民检察院决定，可以由人民检察院立案侦查。

自诉案件，由人民法院直接受理。

第一百三十二条 为了确定被害人、犯罪嫌疑人的某些特征、伤害情况或者生理状态，可以对人身进行检查，可以提取指纹信息，采集血液、尿液等生物样本。

犯罪嫌疑人如果拒绝检查，侦查人员认为必要的时候，可以强制检查。

检查妇女的身体，应当由女工作人员或者医师进行。

第一百三十六条 为了收集犯罪证据、查获犯罪人，侦查人员可以对犯罪嫌疑人以及可能隐藏罪犯或者犯罪证据的人的身体、物品、住处和其他有关的地方进行搜查。

第一百三十七条 任何单位和个人，有义务按照人民检察院和公安机关的要求，交出可以证明犯罪嫌疑人有罪或者无罪的物证、书证、视听资料等证据。

第一百三十八条 进行搜查，必须向被搜查人出示搜查证。

在执行逮捕、拘留的时候，遇有紧急情况，不另用搜查证也可以进行搜查。

第一百三十九条 在搜查的时候，应当有被搜查人或者他的家属，邻居或者其他见证人在场。

搜查妇女的身体，应当由女工作人员进行。

第一百四十条 搜查的情况应当写成笔录，由侦查人员和被搜查人或者他的家属，邻居或者其他见证人签名或者盖章。如果被搜查人或者他的家属在逃或者拒绝签名、盖章，应当在笔录上注明。

8.《中华人民共和国行政诉讼法》(2017年6月27日修正)

第十九条 对限制人身自由的行政强制措施不服提起的诉讼，由被告所在地或者原告所在地人民法院管辖。

9.《中华人民共和国人民武装警察法》(2020年6月20日修订)

第二十九条 人民武装警察不得有下列行为：

(一)违抗上级决定和命令、行动消极或者临阵脱逃；

(二)违反规定使用警械、武器；

(三)非法剥夺、限制他人人身自由，非法检查、搜查人身、物品、交通工具、住所、场所；

(四)体罚、虐待、殴打监管羁押、控制的对象；

(五)滥用职权、徇私舞弊，擅离职守或者玩忽职守；

（六）包庇、纵容违法犯罪活动；

（七）泄露国家秘密、军事秘密；

（八）其他违法违纪行为。

10.《中华人民共和国社区矫正法》（2020年7月1日起施行）

第三十四条 开展社区矫正工作，应当保障社区矫正对象的合法权益。社区矫正的措施和方法应当避免对社区矫正对象的正常工作和生活造成不必要的影响；非依法律规定，不得限制或者变相限制社区矫正对象的人身自由。

社区矫正对象认为其合法权益受到侵害的，有权向人民检察院或者有关机关申诉、控告和检举。受理机关应当及时办理，并将办理结果告知申诉人、控告人和检举人。

11.《中华人民共和国精神卫生法》（2018年4月27日修正）

第二十七条 精神障碍的诊断应当以精神健康状况为依据。

除法律另有规定外，不得违背本人意志进行确定其是否患有精神障碍的医学检查。

第二十八条 除个人自行到医疗机构进行精神障碍诊断外，疑似精神障碍患者的近亲属可以将其送往医疗机构进行精神障碍诊断。对查找不到近亲属的流浪乞讨疑似精神障碍患者，由当地民政等有关部门按照职责分工，帮助送往医疗机构进行精神障碍诊断。

疑似精神障碍患者发生伤害自身、危害他人安全的行为，或者有伤害自身、危害他人安全的危险的，其近亲属、所在单位、当地公安机关应当立即采取措施予以制止，并将其送往医疗机构进行精神障碍诊断。

医疗机构接到送诊的疑似精神障碍患者，不得拒绝为其作出诊断。

第二十九条 精神障碍的诊断应当由精神科执业医师作出。

医疗机构接到依照本法第二十八条第二款规定送诊的疑似精神障碍患者，应当将其留院，立即指派精神科执业医师进行诊断，并及时出具诊断结论。

第三十条 精神障碍的住院治疗实行自愿原则。

诊断结论、病情评估表明，就诊者为严重精神障碍患者并有下列情形之一的，应当对其实施住院治疗：

（一）已经发生伤害自身的行为，或者有伤害自身的危险的；

（二）已经发生危害他人安全的行为，或者有危害他人安全的危险的。

第三十一条　精神障碍患者有本法第三十条第二款第一项情形的，经其监护人同意，医疗机构应当对患者实施住院治疗；监护人不同意的，医疗机构不得对患者实施住院治疗。监护人应当对在家居住的患者做好看护管理。

第三十五条　再次诊断结论或者鉴定报告表明，不能确定就诊者为严重精神障碍患者，或者患者不需要住院治疗的，医疗机构不得对其实施住院治疗。

再次诊断结论或者鉴定报告表明，精神障碍患者有本法第三十条第二款第二项情形的，其监护人应当同意对患者实施住院治疗。监护人阻碍实施住院治疗或者患者擅自脱离住院治疗的，可以由公安机关协助医疗机构采取措施对患者实施住院治疗。

在相关机构出具再次诊断结论、鉴定报告前，收治精神障碍患者的医疗机构应当按照诊疗规范的要求对患者实施住院治疗。

第四十条　精神障碍患者在医疗机构内发生或者将要发生伤害自身、危害他人安全、扰乱医疗秩序的行为，医疗机构及其医务人员在没有其他可替代措施的情况下，可以实施约束、隔离等保护性医疗措施。实施保护性医疗措施应当遵循诊断标准和治疗规范，并在实施后告知患者的监护人。

禁止利用约束、隔离等保护性医疗措施惩罚精神障碍患者。

第四十四条　自愿住院治疗的精神障碍患者可以随时要求出院，医疗机构应当同意。

对有本法第三十条第二款第一项情形的精神障碍患者实施住院治疗的，监护人可以随时要求患者出院，医疗机构应当同意。

医疗机构认为前两款规定的精神障碍患者不宜出院的，应当告知不宜出院的理由；患者或者其监护人仍要求出院的，执业医师应当在病历资料中详细记录告知的过程，同时提出出院后的医学建议，患者或者其监护人应当签字确认。

对有本法第三十条第二款第二项情形的精神障碍患者实施住院治疗，医疗机构认为患者可以出院的，应当立即告知患者及其监护人。

医疗机构应当根据精神障碍患者病情，及时组织精神科执业医师对依照本法第三十条第二款规定实施住院治疗的患者进行检查评估。评估结果表明患者不需要继续住院治疗的，医疗机构应当立即通知患者及其监护人。

12.《中华人民共和国国际刑事司法协助法》(2018年10月26日起施行)

第三十三条 来中华人民共和国作证或者协助调查的证人、鉴定人在离境前，其入境前实施的犯罪不受追诉；除因入境后实施违法犯罪而被采取强制措施的以外，其人身自由不受限制。

证人、鉴定人在条约规定的期限内或者被通知无需继续停留后十五日内没有离境的，前款规定不再适用，但是由于不可抗力或者其他特殊原因未能离境的除外。

13.《中华人民共和国刑法》(1997年10月1日起施行)

第二百三十八条 非法拘禁他人或者以其他方法非法剥夺他人人身自由的，处三年以下有期徒刑、拘役、管制或者剥夺政治权利。具有殴打、侮辱情节的，从重处罚。

犯前款罪，致人重伤的，处三年以上十年以下有期徒刑；致人死亡的，处十年以上有期徒刑。使用暴力致人伤残、死亡的，依照本法第二百三十四条、第二百三十二条的规定定罪处罚。

为索取债务非法扣押、拘禁他人的，依照前两款的规定处罚。

国家机关工作人员利用职权犯前三款罪的，依照前三款的规定从重处罚。

14.《中华人民共和国民事诉讼法》(2017年6月27日修正)

第一百一十七条 采取对妨害民事诉讼的强制措施必须由人民法院决定。任何单位和个人采取非法拘禁他人或者非法私自扣押他人财产追索债务的，应当依法追究刑事责任，或者予以拘留、罚款。

15.《中华人民共和国反间谍法》(2014年11月1日起施行)

第三十七条 国家安全机关工作人员滥用职权、玩忽职守、徇私舞弊，构成犯罪的，或者有非法拘禁、刑讯逼供、暴力取证、违反规定泄露国家秘密、商业秘密和个人隐私等行为，构成犯罪的，依法追究刑事责任。

第三章 姓名权和名称权

第一千零一十二条 【自然人的姓名权】自然人享有姓名权,有权依法决定、使用、变更或者许可他人使用自己的姓名,但是不得违背公序良俗。

法条评释:本条是对自然人姓名权的规定。姓名权是一种人格权,是自然人享有的人格权。所谓姓名权,是指自然人有权依法决定、使用、变更或者许可他人使用自己的姓名的权利。姓名是自然人的标识,是区别自然人和自然人的一种语言标识。只有在有语言文字的社会中,才会产生姓名。通过姓名,自然人得以在与其周围的人的关系中维护其人格,并将自己与他人在社会交往中加以区分,从而作为一个独特的个体存在,获得自我认同,实现人格尊严。自然人在决定、使用、变更或许可他人使用自己的姓名时,不得违背公序良俗。

相关法律条文

《中华人民共和国民法典》(2021年1月1日起施行)

第八条 民事主体从事民事活动,不得违反法律,不得违背公序良俗。

第一千零五十六条 夫妻双方都有各自使用自己姓名的权利。

第一千零一十三条 【法人、非法人组织的名称权】法人、非法人组织享有名称权,有权依法决定、使用、变更、转让或者许可他人使用自己的名称。

法条评释:本条是对名称权的规定。所谓名称权,是指法人、非法人组织依法使用、变更、转让和许可他人使用自己的名称的权利。名称,是标示特定组织(法人或非法人组织),使之区别于其他组织的文字符号。名称与组织的社会地位密切相联,对于维持其存在以及发展都具有至关重要的意义。故此,法律上赋予法人、非法人组织这些组织以名称权。法人、非法人组织的名称仅指法定名称,它们不存在如同自然人那样的笔名、网名、艺名。法人、非法人组织的名称只有经过依法登记注册后才能使用,并据此对该名称享有名称权。

第一千零一十四条 【禁止侵害姓名权和名称权】任何组织或者个人不得以干涉、盗用、假冒等方式侵害他人的姓名权或者名称权。

法条评释：本条是对侵害姓名权和名称权的禁止性规定。由于干涉、盗用和假冒是三种典型的侵害姓名权、名称权的行为，故而对之加以列举。所谓干涉，是指非法干涉自然人决定、使用、变更和许可他人使用自己的姓名，或者干涉法人、非法人组织依法使用、变更、转让或许可他人使用自己的名称。盗用，是指未经同意擅自使用他人的姓名或名称的行为。假冒，即将他人的姓名或名称作为自己的姓名或名称加以使用。

一、相关法律条文

1.《中华人民共和国反不正当竞争法》(2019 年 4 月 23 日修正)

第六条　经营者不得实施下列混淆行为，引人误认为是他人商品或者与他人存在特定联系：

(一)擅自使用与他人有一定影响的商品名称、包装、装潢等相同或者近似的标识；

(二)擅自使用他人有一定影响的企业名称(包括简称、字号等)、社会组织名称(包括简称等)、姓名(包括笔名、艺名、译名等)；

(三)擅自使用他人有一定影响的域名主体部分、网站名称、网页等；

(四)其他足以引人误认为是他人商品或者与他人存在特定联系的混淆行为。

2.《中华人民共和国商标法》(2019 年 4 月 23 日修正)

第九条　申请注册的商标，应当有显著特征，便于识别，并不得与他人在先取得的合法权利相冲突。

商标注册人有权标明“注册商标”或者注册标记。

二、相关司法解释规定

1.《最高人民法院关于审理利用信息网络侵害人身权益民事纠纷案件适用法律若干问题的规定》(法释〔2014〕11 号)(2020 年 12 月 23 日修正)

第一条　本规定所称的利用信息网络侵害人身权益民事纠纷案件，是指利用信息网络侵害他人姓名权、名称权、名誉权、荣誉权、肖像权、隐私权等人身权益引起的纠纷案件。

2.《最高人民法院关于审理商标授权确权行政案件若干问题的规定》(法释〔2017〕2 号)(2020 年 12 月 23 日修正)

第二十条　当事人主张诉争商标损害其姓名权，如果相关公众认为该商标标志指代了该自然人，容易认为标记有该商标的商品系经过该自然人许可或者与该自然人存在特定联系的，人民法院应当认定该商标损害了该自然人的姓名权。

当事人以其笔名、艺名、译名等特定名称主张姓名权，该特定名称具有一定的知名度，与该自然人建立了稳定的对应关系，相关公众以其指代该自然人的，人民法院予以支持。

3.《最高人民法院关于审理注册商标、企业名称与在先权利冲突的民事纠纷案件若干问题的规定》（法释〔2008〕3号）（2020年12月23日修正）

第一条 原告以他人注册商标使用的文字、图形等侵犯其著作权、外观设计专利权、企业名称权等在先权利为由提起诉讼，符合民事诉讼法第一百一十九条规定的，人民法院应当受理。

原告以他人使用在核定商品上的注册商标与其在先的注册商标相同或者近似为由提起诉讼的，人民法院应当根据民事诉讼法第一百二十四条第（三）项的规定，告知原告向有关行政主管机关申请解决。但原告以他人超出核定商品的范围或者以改变显著特征、拆分、组合等方式使用的注册商标，与其注册商标相同或者近似为由提起诉讼的，人民法院应当受理。

第二条 原告以他人企业名称与其在先的企业名称相同或者近似，足以使相关公众对其商品的来源产生混淆，违反反不正当竞争法第六条第（二）项的规定为由提起诉讼，符合民事诉讼法第一百一十九条规定的，人民法院应当受理。

第三条 人民法院应当根据原告的诉讼请求和争议民事法律关系的性质，按照民事案件案由规定，确定注册商标或者企业名称与在先权利冲突的民事纠纷案件的案由，并适用相应的法律。

第四条 被诉企业名称侵犯注册商标专用权或者构成不正当竞争的，人民法院可以根据原告的诉讼请求和案件具体情况，确定被告承担停止使用、规范使用等民事责任。

4.《最高人民法院关于审理专利纠纷案件适用法律问题的若干规定》（2020年12月23日修正）

第十二条 专利法第二十三条第三款所称的合法权利，包括就作品、商标、地理标志、姓名、企业名称、肖像，以及有一定影响的商品名称、包装、装潢等享有的合法权利或者权益。

三、相关文件规定

《最高人民法院关于范曾诉盛林虎姓名权纠纷案的复函》(〔1989〕民他字第55号)

江苏省高级人民法院:

你院〔1989〕民请字第6号关于范曾诉盛林虎姓名权纠纷一案的请示报告收悉。经研究,我们认为,盛林虎临摹范曾绘画作品是一种复制行为。未经作者范曾同意,以营利为目的的出售该复制品,侵害了范曾的著作权,盛林虎应承担侵权的民事责任。根据该案情况,其案由以定著作权纠纷为宜。

四、相关裁判摘要

• **2020年第2期《中华人民共和国最高人民法院公报》**刊登的"**周星驰诉中建荣真无锡建材科技有限公司肖像权、姓名权纠纷案**"判决就侵害姓名权的民事责任的适用进行了分析。相关裁判摘要如下:

本案争议焦点为:一、被告中建荣真建材公司的行为是否对原告周星驰肖像权、姓名权构成侵权;二、如果构成侵权,被告应当承担何种侵权责任。

关于争议焦点一,被告中建荣真建材公司的行为是否构成侵权的问题。法院认为,首先……其次,《中华人民共和国民法通则》第九十九条规定,公民享有姓名权,有权决定、使用和依照规定改变自己的姓名,禁止他人干涉、盗用、假冒。《最高人民法院关于贯彻执行〈中华人民共和国民法通则〉若干问题的意见(试行)》第一百四十一条规定,盗用、假冒他人姓名、名称造成损害的,应当认定为侵犯姓名权、名称权的行为。姓名权的客体包括全名,以及其他能够与特定自然人建立对应关系的主体识别符号,例如笔名、艺名、雅号等。被告在涉案广告上盗用原告姓名和艺名的行为构成了对原告姓名权的侵犯。最后,被告未能举证证明获得原告肖像权或姓名权的使用许可,其以营利为目的,在网站、杂志的宣传广告上使用原告的肖像和姓名(艺名),且突出显示,构成对原告肖像权和姓名权的侵犯。

关于争议焦点二,被告中建荣真建材公司应当承担何种侵权责任的问题。肖像权和姓名权所保护的客体是肖像和姓名上所体现的人格利益。《中华人民共和国侵权责任法》第二条规定,侵害民事权益,应当依照本法承担侵权责任。本法所称民事权益包括生命权、健康权、姓名权、名誉权、荣誉权、肖像权、隐私权、婚姻自主权、监护权、所有权、用益物权、担保物权、著作权、专利权、商标专用权、发现权、股权、继承权等人身、财产权益。第十五条规定,承担侵权责任的方式主要有:(一)停止侵害;(二)排除妨碍;(三)消除危险;(四)返还财产;(五)恢复原状;(六)赔偿损失;(七)赔礼道歉;(八)消除影响、恢复名誉。以上承担侵权责任的方式,可以单独适用,也可以合并适用。自然人的姓名权、肖像权、名誉权、荣誉权受到侵害的,有权要求停止侵害,恢复名誉,消除影响,赔礼道歉,并可以要求赔偿损失。侵害他人人身权益,造成他人严重精神损害的,被侵权人可以请求精神损害赔偿。本案被告系营利法人,其未经原告周星驰同意使用原告肖像和姓名的行为已经侵犯了原告的肖像权和姓名权,依法应承担相应的侵权责任。对此,法院具体阐述如下:

第一,关于立即停止侵害。鉴于被告中建荣真建材公司庭审中提出在收到原告周星驰的律师函之后,已经停止了侵权行为,原告亦认可在本案诉讼之时,未发现被告仍存在侵权行为。本案现没有证据证实被告仍继续在网站和杂志上实施侵犯原告周星驰肖像权和姓名权的行为,原告要求被告立即停止侵害的主张,依据不足,法院不予支持。

第二,关于赔偿损失。首先,肖像是自然人的外貌在物质载体上通过绘画、照相、电影、电视、录像、雕塑等形式再现的视觉形象。肖像作为自然人的一种图像标志,与该自然人的外部形象及人格密切相关。它直接关系到自然人的人格尊严及其形象的社会评价。一方面,肖像和姓名可以将该自然人与其他自然人区别开来,并体现出肖像权和姓名权人的人格尊严、名誉等,构成肖像权、姓名权人的精神利益;另一方面,自然人对肖像、姓名的利用可以带来一定的商业利益。原告周星驰作为知名艺人、演员,能够通过参演影视节目、广告代言等活动获取相应的经济利益,其肖像权、姓名权具有一定的商业化利用价值。被告中建荣真建材公司对原告肖像权、姓名权的侵害,导致原告人格权权能中包含经济性利益的部分受损,有损原告形象的商业价值,故应当对非法使用原告肖像、姓名造成的财产损失予以赔偿。其次,《中华人民共和国侵权责任法》第二十条规定,侵害他人人身权益造成财产损失的,按照被侵权人因此受到的损失赔偿;被侵权人的损失难以确定,侵权人因此获得利益的,按照其获得的利益赔偿;侵权人因此获得的利益难以确定的,被侵权人和侵权人就赔偿数额协商不一致,向人民法院提起诉讼的，由人民法院根据实际情况确定赔偿数额。《最高人民法院关于审理利用信息网络侵害人身权益民事纠纷案件适用法律若干问题的规定》第十八条第一款规定，被侵权人为制止侵权行为所支付的合理开支，可以认定为侵权责任法第二十条规定的财产损失。合理开支包括被侵权人或者委托代理人对侵权行为进行调查、取证的合理费用。人民法院根据当事人的请求和具体案情，可以将符合国家有关部门规定的律师费用计算在赔偿范围内。第二款规定，被侵权人因人身权益受侵害造成的财产损失或者侵权人因此获得的利益无法确定的，人民法院可以根据具体案情在50万元以下的范围内确定赔偿数额。法院认为，上述司法解释是适用于在信息网络上实施侵权行为案件的特别规定，而对于案件中同时存在其他类型侵权行为的损害赔偿仍应适用侵权责任法的一般规定。最后，在本案中，原告要求参照可口可乐的代言费用来计算赔偿金额，但其所提供的证据与本案不具有直接关联性，不足以证明所受损失，亦未举证证明被告的获利情况。现原告的财产损失或被告因侵权获得的利益难以确定，双方就赔偿数额亦未能协商一致，法院根据案件实际情况，酌情认定赔偿数额为58万元。其中包括：1. 财产性损害赔偿50万元。原告作为知名的演员、导演，享有广泛的知名度。被告作为营利法人，为了自身营销需要，于2017年1月和6月擅自在公司官网和创业邦网站使用原告的肖像和姓名，并在《旅伴》杂志（2017年第2期）刊登广告实施侵权行为。上述行为不仅侵犯了原告的人格尊严，也侵犯了权利人自己或许可他人使用肖像和姓名所生之利益，最终会损害诚信经营的公平竞争秩序和其他经营者、消费者的合法权益。法院注意到，被告在原告发送律师函后，截至2017年6月19日，仍未停止侵权行为。同年9月，《旅伴》杂志出现在虹桥火车站，该杂志的铁路站车发行范围涵盖全国大部分高铁动车组运行区段。由此可见，涉案侵权行为影响范围较广，持续时间较长。虽然被告辩称花费了9万元从案外人处购买了原告的照片，但其明知在未获得原告本人同意的情况下，仍使用原告的肖像和姓名制作并投放涉案广告，主观上存在过错。故法院根据原告的职业身份、知名度、肖像许可使用情况，被告的侵权行为持续时间、主观过错程度、涉案侵权广告范围、网站公开程度、杂志发行量及可能造成的影响等情节，确定财产性损害赔偿50万元。2. 合理费用支出8万元。律师费用收取系当事人与律师之间意思自治之结果，法院不予干涉。司法解释明确规定被侵权人为制止侵权行为所支付的合理开支属于被侵权人的财产损失。原告主张合理费用支出112.50万元,但事实上,该费用包括了一审、二审和执行等事项,法院认为,其要求被告在本案中承担的费用应当限制在合理范围内。因此,综合考量原告为制止涉案侵权行为的诉讼成本、案件标的额、判赔额、案件复杂程度、律师工作量、相关律师收费标准等因素,法院确定合理费用支出8万元。

第三,关于精神损害赔偿。《中华人民共和国侵权责任法》第二十二条规定,侵害他人人身权益,造成他人严重精神损害的,被侵权人可以请求精神损害赔偿。《最高人民法院关于确定民事侵权精神损害赔偿责任若干问题的解释》第八条第一款规定,因侵权致人精神损害,但未造成严重后果,受害人请求赔偿精神损害的,一般不予支持,人民法院可以根据情形判令侵权人停止侵害、恢复名誉、消除影响、赔礼道歉。如前所述,本案中,被告中建荣真建材公司侵害原告周星驰肖像权、姓名权的行为造成人格权权能中包含经济性利益的部分受损,但并未达到严重精神损害的程度,故法院对原告要求精神损害赔偿1元的诉讼请求不予支持。

• **2008年第10期《中华人民共和国最高人民法院公报》**刊登的**"王春生诉张开峰、江苏省南京工程高等职业学校、招商银行股份有限公司南京分行、招商银行股份有限公司信用卡中心侵权纠纷案"**判决认为,未经他人同意,盗用他人身份证、以他人的姓名申办信用卡的行为,即便造成不良信用记录,也仅为侵害他人姓名权而非名誉权的侵权行为。相关裁判摘要如下:

姓名权是指公民自由决定、使用和依照规定改变自己的姓名,并禁止他人干涉、盗用、假冒自己姓名的一项民事权利。姓名权与其他人格权相比,具有基础权利的特征。姓名权被侵犯,可能会随之导致其他权利,诸如名誉权等人格权受到损害。因此,在现代经济活动中,姓名权愈来愈受到人们的重视。

根据本案事实,被告张开峰在捡到原告王春生遗失的身份证后,既未将身份证归还原告,也未征得原告同意,而是擅自使用原告的身份证,以原告的姓名申请办理信用卡,其行为即属于盗用、假冒他人姓名、侵犯他人姓名权的民事侵权行为。尽管从结果看,张开峰的上述行为还导致王春生的姓名被列入中国人民银行征信系统(即中国人民银行负责组织商业银行建立的个人信用信息基础数据库)的不良信用记录,而该不良信用记录在王春生与其他商业银行发生信贷活动时，其他商业银行均可查阅，必然造成王春生的信用污点，增大王春生从事商业交易活动和社会活动的成本，影响社会对王春生作出公正的评价，实际导致王春生的名誉受到损害，但结合案情全面分析，这一结果仍是张开峰侵犯王春生姓名权的行为所导致的损害后果，张开峰的行为不属于以虚构事实或其他侮辱、诽谤、贬损他人人格的手段侵犯他人名誉权的行为。

• **2001 年第 5 期《中华人民共和国最高人民法院公报》**刊登的“**齐玉苓诉陈晓琪等以侵犯姓名权的手段侵犯宪法保护的公民受教育的基本权利纠纷案**”判决就侵害姓名权、受教育权的侵权责任进行了分析。相关裁判摘要如下：

上诉人齐玉苓通过初中中专预选后，填报了委培志愿，并被安排在统招兼委培考场，表明其有接受委培教育的愿望。被上诉人陈克政辩称是由于其提供了鲍沟镇镇政府的介绍信和委培合同，齐玉苓才被安排在统招兼委培考场，没有证据证实。即使此节属实，也因为陈克政实施的这一行为是违法的，不能对抗委培志愿是由齐玉苓亲自填报这一合法事实。陈克政称齐玉苓以自己的行为表示放弃接受委培教育的权利，理由不能成立。齐玉苓统考的分数超过了委培分数线，被上诉人济宁商校已将其录取并发出了录取通知书。由于被上诉人滕州八中未将统考成绩及委培分数线通知到齐玉苓本人，且又将录取通知书交给前来冒领的被上诉人陈晓琪，才使得陈晓琪能够在陈克政的策划下有了冒名上学的条件。又由于济宁商校对报到新生审查不严，在既无准考证又无有效证明的情况下接收陈晓琪，才让陈晓琪冒名上学成为事实，从而使齐玉苓失去了接受委培教育的机会。陈晓琪冒名上学后，被上诉人滕州教委帮助陈克政伪造体格检查表；滕州八中帮助陈克政伪造学期评语表；济宁商校违反档案管理办法让陈晓琪自带档案，给陈克政提供了撤换档案材料的机会，致使陈晓琪不仅冒名上学，而且冒名参加工作，使侵权行为得到延续。该侵权是由陈晓琪、陈克政、腾州八中、腾州教委的故意和济宁商校的过失造成的。这种行为从形式上表现为侵犯齐玉苓的姓名权，其实质是侵犯齐玉苓依照宪法所享有的公民受教育的基本权利。各被上诉人对该侵权行为所造成的后果，应当承担民事责任。

由于各被上诉人侵犯了上诉人齐玉苓的姓名权和受教育的权利，才使得齐玉苓为接受高等教育另外再进行复读，为将农业户口转为非农业户口交纳城市增容费，为诉讼支出律师费。这些费用都是其受教育的权利被侵犯而遭受的直接经济损失，应由被上诉人陈晓琪、陈克政赔偿，其他各被上诉人承担连带赔偿责任。齐玉苓后来就读于邹城市劳动技校所支付的学费，是其接受该校教育的正常支出，不得侵权造成的经济损失，不应由侵权人承担赔偿责任。

为了惩戒侵权违法行为，被上诉人陈晓琪在侵权期间的既得利益（以上诉人齐玉苓的名义领取的工资，扣除陈晓琪的必要生活费）应判归齐玉苓所有，由陈晓琪、陈克政赔偿，其他被上诉人承担连带责任。各被上诉人侵犯齐玉苓的姓名权和受教育的权利，使其精神遭受严重的伤害，应当按照山东省高级人民法院规定的精神损害赔偿最高标准，给齐玉苓赔偿精神损害费。齐玉苓要求将陈晓琪的住房福利、在济宁商校期间享有的助学金、奖学金作为其损失予以赔偿，该请求于法无据，不予支持。

按照《人民法院诉讼收费办法》的规定，本案诉讼费应根据上诉人齐玉苓诉争的标的额进行计算。原审判决计算有误，应予纠正。

综上，原审判决认定被上诉人陈晓琪等侵权了上诉人齐玉苓的姓名权，判决其承担相应的民事责任，是正确的。但原审判决认定齐玉苓放弃接受委培教育，缺乏事实根据。齐玉苓要求各被上诉人承担侵犯其受教育权的责任，理由正当，应当支持。

• **2001年第1期《中华人民共和国最高人民法院公报》**刊登的“**申花足球俱乐部诉特雷通贸易有限公司侵害名称权纠纷案**”判决认为，未经同意，在商业广告中使用法人的名称，侵犯了法人的名称权。相关裁判摘要如下：

“申花”是原告申花俱乐部的名称，申花俱乐部对此享有法人名称权，有权使用这一名称，其他人不得盗用、假冒。申花俱乐部下属的上海申花足球队在1995年度的全国足球甲A联赛中获得冠军，提高了“申花”的知名度，使这一名称不再仅仅是申花俱乐部享有独立法人人格的标志，还具有了象征荣誉，在一定条件下能够发挥号召公众作用的属性。在商品经济社会中，由于名称的这种属性能够带来商业上的利益，使名称成为名称权人的一项无形财产。任何人想通过使用他人名称获取商业利益，必须经过名称权人的同意，否则即构成对名称权的侵权。

被告特雷通公司在宣传自己经销的北欧风情家具的广告中，本无任何必要向公众传播申花足球队曾获甲A冠军和比赛场地搬家的事实。该公司将这一事实写进广告，把自己宣传的产品与原告申花俱乐部享有的荣誉结合起来，无非是想达到促销自己产品的目的。特雷通公司为了扩大商业广告效应以获取商业利益，在未经名称权人同意的情况下，将专属于申请俱乐部所有的“申花”名称使用在其商业广告中，造成了申花俱乐部无法控制自己这一项无形财产并从中受益的损害。特雷通公司的行为，对申花俱乐部的名称权已构成侵害，应当承担侵权的民事责任。

• **2000年第6期《中华人民共和国最高人民法院公报》**刊登的“**铁岭市取暖设备厂诉周成福、铁岭市电信局侵害名称权纠纷案**”判决认为，擅自将广告中法人名下的联系方式修改为自己的或者能为自己使用的联系方式，以便获取该法人名下的业务信息的行为，实质上是对法人名称权的侵害。相关裁判摘要如下：

“铁岭市取暖设备厂”是原告取暖设备厂经登记注册的企业名称，依法应当受到保护，任何单位和个人未经取暖设备厂的许可，不得使用该名称。

被告周成福虽然曾任原告取暖设备厂的法定代表人，但在其已经不是取暖设备厂法定代表人的情况下，未经取暖设备厂的许可，擅自将取暖设备厂名下的电话或传呼号码改为自己的或者能为自己使用的电话号码、传呼号码，以便获取取暖设备厂名下的业务信息，侵犯了取暖设备厂使用自己名称的权利。取暖设备厂要求周成福承担侵权的民事责任，是合法的，应当支持。

……被告市电信局和被告号簿公司是铁岭电话号簿中黄页广告的经营者、发布者。在1999版铁岭电话号簿发行前，市电信局和号簿公司对两年前的产品广告内容重新进行核实，是适当的和必要的。但是，市电信局、号簿公司在进行核实工作时，没有认真查验被告周成福的职务身份证明，也没有要求周成福出具原告取暖设备厂要求修改广告内容的证明材料，并仅以通电话的方式对周成福要求修改的内容进行核实，未尽到仔细审核的义务，以至使周成福的侵权行为形成事实。对此，市电信局和号簿公司应当承担相应的民事责任。

• **1994年第1期《中华人民共和国最高人民法院公报》**刊登的**"郭立文、哈尔滨磁化器厂诉高淳县灯饰公司、南京东方玻璃总厂、南京悦东实业公司、昆明文化用品公司侵犯专利权、注册商标专用权、法人名称权纠纷案"**判决认为，在假冒产品上使用生产厂家的名称，构成对其法人名称权的侵害。相关裁判摘要如下：

被告灯饰公司为获取非法利润，假冒原告郭立文的专利号，制造假冒"哈磁杯"，属于《中华人民共和国专利法》第六十三条规定的"假冒他人专利的"行为，应依照专利法第六十条的规定处理。《中华人民共和国商标法》第三条规定，商标注册人享有商标专用权，并受法律保护。灯饰公司在假冒"哈磁杯"上，使用了磁化厂的"哈磁"注册商标和厂名，其行为不仅违反了商标法第三十八条第(1)项关于未经商标注册所有人的许可，在同一种商品上使用相同的商标的规定，而且违反《中华人民共和国民法通则》第一百二十条第二款关于法人的名称权不容侵害的规定。被告玻璃总厂明知灯饰公司不是"哈磁杯"的生产厂家，而同意其用生产的假冒"哈磁杯"顶抵欠款，并让被告悦东公司进行销售，属商标法第三十八条第(2)项关于"销售明知是假冒注册商标的商品的"侵权行为。灯饰公司、玻璃总厂、悦东公司依法应分别承担赔偿损失的侵权责任。被告文化用品公司收到"哈磁杯"进货后，发现该产品是假冒产品，未进行销售，不构成侵权，故不能承担赔偿责任。

第一千零一十五条 【对自然人选择姓氏的限制】自然人应当随父姓或者母姓，但是有下列情形之一的，可以在父姓和母姓之外选取姓氏：

(一)选取其他直系长辈血亲的姓氏；

(二)因由法定扶养人以外的人扶养而选取扶养人姓氏；

(三)有不违背公序良俗的其他正当理由。

少数民族自然人的姓氏可以遵从本民族的文化传统和风俗习惯。

法条评释：依据本条规定，自然人要么随父姓，要么随母姓。除非满足本条所列的三种情形，否则不能在父姓和母姓之外选取姓氏。这是因为，公民原则上随父姓或者母姓符合中华传统文化和伦理观念，符合绝大多数公民的意愿和实际做法。同时，考虑社会实际情况，公民有正当理由的也可以选取其他姓氏。本条第2款对于少数民族的姓氏作出了特别的规定,即可以遵从本民族的文化传统和风俗习惯。

相关指导案例

• **第89号指导案例"'北雁云依'诉济南市公安局历下区分局燕山派出所公安行政登记案"(最高人民法院审判委员会讨论通过;2017年11月15日发布)**

2014年11月1日,第十二届全国人民代表大会常务委员会第十一次会议通过了《全国人民代表大会常务委员会关于〈中华人民共和国民法通则〉第九十九条第一款、〈中华人民共和国婚姻法〉第二十二条的解释》。该立法解释规定:"公民依法享有姓名权。公民行使姓名权,还应当尊重社会公德,不得损害社会公共利益。公民原则上应当随父姓或者母姓。有下列情形之一的,可以在父姓和母姓之外选取姓氏:(一)选取其他直系长辈血亲的姓氏;(二)因由法定扶养人以外的人抚养而选取抚养人姓氏;(三)有不违反公序良俗的其他正当理由。少数民族公民的姓氏可以从本民族的文化传统和风俗习惯。"

本案不存在选取其他直系长辈血亲姓氏或者选取法定扶养人以外的抚养人姓氏的情形,案件的焦点就在于原告法定代理人吕晓峰提出的理由是否符合上述立法解释第二款第三项规定的"有不违反公序良俗的其他正当理由"。首先,从社会管理和发展的角度,子女承袭父母姓氏有利于提高社会管理效率,便于管理机关和其他社会成员对姓氏使用人的主要社会关系进行初步判断。倘若允许随意选取姓氏甚至恣意创造姓氏,则会增加社会管理成本,不利于社会和他人,不利于维护社会秩序和实现社会的良性管控,而且极易使社会管理出现混乱,增加社会管理的风险性和不确定性。其次,公民选取姓氏涉及公序良俗。在中华传统文化中,"姓名"中的"姓",即姓氏,主要来源于客观上的承袭,系先祖所传,承载了对先祖的敬重、对家庭的热爱等,体现着血缘传承、伦理秩序和文化传统。而"名"则源于主观创造,为父母所授,承载了个人喜好、人格特征、长辈愿望等。公民对姓氏传承的重视和尊崇,不仅仅体现了血缘关系、亲属关系,更承载着丰富的文化传统、伦理观念、人文情怀,符合主流价值观念,是中华民族向心力、凝聚力的载体和镜像。公民原则上随父姓或者母姓,符合中华传统文化和伦理观念,符合绝大多数公民的意愿和实际做法。反之,如果任由公民仅凭个人意愿喜好,随意选取姓氏甚至自创姓氏,则会造成对文化传统和伦理观念的冲击,违背社会善良风俗和一般道德要求。再次,公民依法享有姓名权,公民行使姓名权属于民事活动,既应当依照《民法通则》第九十九条第一款和《婚姻法》第二十二条的规定,还应当遵守《民法通则》第七条的规定,即应当尊重社会公德,不得损害社会公共利益。通常情况下,在父姓和母姓之外选取姓氏的行为,主要存在于实际抚养关系发生变动、有利于未成年人身心健康、维护个人人格尊严等情形。本案中,原告"北雁云依"的父母自创"北雁"为姓氏、选取"北雁云依"为姓名给女儿办理户口登记的理由是"我女儿姓名'北雁云依'四字,取自四首著名的中国古典诗词,寓意父母对女儿的美好祝愿"。此理由仅凭个人喜好愿望并创设姓氏,具有明显的随意性,不符合立法解释第二款第三项的情形,不应给予支持。

第一千零一十六条 【姓名或名称的登记】自然人决定、变更姓名,或者法人、非法人组织决定、变更、转让名称的,应当依法向有关机关办理登记手续,但是法律另有规定的除外。

民事主体变更姓名、名称的,变更前实施的民事法律行为对其具有法律约束力。

法条评释:本条是对自然人决定、变更姓名以及法人、非法人组织决定、变更、转让名称时应当依法登记的规定。依据本条第1款,自然人决定、变更自己的姓名的,应当依法向有关机关办理登记手续,但是法律另有规定的除外。显然,该款中需要办理登记手续的姓名是指法定姓名,即记载在户口、身份证上的姓名。法人、非法人组织作为法律拟制的主体,并不像自然人那样,除了姓名还有其他的有效的识别方式(如相貌、性别、年龄)。故此,为了确保在特定区域的相同行业中不出现因法人、非法人组织的名称相同或相近似而导致主体同一性的混淆,从而损害其他民事主体的合法权益,同时为了维护公共利益,有必要对法人、非法人组织的名称进行审查并登记注册。故此,本条第1款规定,民事主体决定、变更自己的名称或者转让自己的名称的,应当依法向有关机关办理登记手续,但是法律另有规定的除外。

由于姓名、名称的变更并不影响民事主体的同一性,因此,对于变更姓名、名称前已经实施的民事法律行为如合同的效力不发生影响。依据本条第2款规定,变更前实施的民事法律行为对其具有法律约束力。

一、相关法律条文

1.《中华人民共和国民法典》(2021 年 1 月 1 日起施行)

第五十八条 法人应当依法成立。

法人应当有自己的名称、组织机构、住所、财产或者经费。法人成立的具体条件和程序,依照法律、行政法规的规定。

设立法人,法律、行政法规规定须经有关机关批准的,依照其规定。

第一百零八条 非法人组织除适用本章规定外,参照适用本编第三章第一节的有关规定。

第五百三十二条 合同生效后,当事人不得因姓名、名称的变更或者法定代表人、负责人、承办人的变动而不履行合同义务。

2.《中华人民共和国居民身份证法》(2011 年 10 月 29 日修正)

第三条 居民身份证登记的项目包括:姓名、性别、民族、出生日期、常住户口所在地住址、公民身份号码、本人相片、指纹信息、证件的有效期和签发机关。

公民身份号码是每个公民唯一的、终身不变的身份代码,由公安机关按照公民身份号码国家标准编制。

公民申请领取、换领、补领居民身份证,应当登记指纹信息。

3.《中华人民共和国户口登记条例》(1958 年 1 月 9 日起施行)

第二条 中华人民共和国公民,都应当依照本条例的规定履行户口登记。

现役军人的户口登记,由军事机关按照管理现役军人的有关规定办理。

居留在中华人民共和国境内的外国人和无国籍的人的户口登记,除法令另有规定外,适用本条例。

第十八条 公民变更姓名,依照下列规定办理:

(一)未满十八周岁的人需要变更姓名的时候,由本人或者父母、收养人向户口登记机关申请变更登记;

(二)十八周岁以上的人需要变更姓名的时候,由本人向户口登记机关申请变更登记。

4.《中华人民共和国公司法》(2018 年 10 月 26 日修正)

第七条 依法设立的公司,由公司登记机关发给公司营业执照。公司营业执照签发日期为公司成立日期。

公司营业执照应当载明公司的名称、住所、注册资本、经营范围、法定代表人姓名等事项。

公司营业执照记载的事项发生变更的，公司应当依法办理变更登记，由公司登记机关换发营业执照。

第八条　依照本法设立的有限责任公司，必须在公司名称中标明有限责任公司或者有限公司字样。

依照本法设立的股份有限公司，必须在公司名称中标明股份有限公司或者股份公司字样。

5.《中华人民共和国个人独资企业法》(2000年1月1日起施行)

第八条　设立个人独资企业应当具备下列条件：

(一)投资人为一个自然人；

(二)有合法的企业名称；

(三)有投资人申报的出资；

(四)有固定的生产经营场所和必要的生产经营条件；

(五)有必要的从业人员。

第十一条　个人独资企业的名称应当与其责任形式及从事的营业相符合。

6.《中华人民共和国合伙企业法》(2006年8月27日修订)

第十五条　合伙企业名称中应当标明"普通合伙"字样。

第五十六条　特殊的普通合伙企业名称中应当标明"特殊普通合伙"字样。

第六十二条　有限合伙企业名称中应当标明"有限合伙"字样。

7.《中华人民共和国律师法》(2017年9月1日修正)

第十四条　律师事务所是律师的执业机构。设立律师事务所应当具备下列条件：

(一)有自己的名称、住所和章程；

(二)有符合本法规定的律师；

(三)设立人应当是具有一定的执业经历，且三年内未受过停止执业处罚的律师；

(四)有符合国务院司法行政部门规定数额的资产。

第二十一条　律师事务所变更名称、负责人、章程、合伙协议的，应当报原审核部门批准。

律师事务所变更住所、合伙人的,应当自变更之日起十五日内报原审核部门备案。

二、相关行政法规

1.《中华人民共和国企业法人登记管理条例》(2019年3月2日修订)

第九条 企业法人登记注册的主要事项:企业法人名称、住所、经营场所、法定代表人、经济性质、经营范围、经营方式、注册资金、从业人数、经营期限、分支机构。

第十条 企业法人只准使用一个名称。企业法人申请登记注册的名称由登记主管机关核定,经核准登记注册后在规定的范围内享有专用权。

申请设立中外合资经营企业、中外合作经营企业和外资企业应当在合同、章程审批之前,向登记主管机关申请企业名称登记。

第十七条 企业法人改变名称、住所、经营场所、法定代表人、经济性质、经营范围、经营方式、注册资金、经营期限,以及增设或者撤销分支机构,应当申请办理变更登记。

2.《中华人民共和国公司登记管理条例》(2016年2月6日修订)

第二条 有限责任公司和股份有限公司(以下统称公司)设立、变更、终止,应当依照本条例办理公司登记。

申请办理公司登记,申请人应当对申请文件、材料的真实性负责。

第九条 公司的登记事项包括:

(一)名称;

(二)住所;

(三)法定代表人姓名;

(四)注册资本;

(五)公司类型;

(六)经营范围;

(七)营业期限;

(八)有限责任公司股东或者股份有限公司发起人的姓名或者名称。

第十一条 公司名称应当符合国家有关规定。公司只能使用一个名称。经公司登记机关核准登记的公司名称受法律保护。

第十七条　设立公司应当申请名称预先核准。

法律、行政法规或者国务院决定规定设立公司必须报经批准，或者公司经营范围中属于法律、行政法规或者国务院决定规定在登记前须经批准的项目的，应当在报送批准前办理公司名称预先核准，并以公司登记机关核准的公司名称报送批准。

第十八条　设立有限责任公司，应当由全体股东指定的代表或者共同委托的代理人向公司登记机关申请名称预先核准；设立股份有限公司，应当由全体发起人指定的代表或者共同委托的代理人向公司登记机关申请名称预先核准。

申请名称预先核准，应当提交下列文件：

（一）有限责任公司的全体股东或者股份有限公司的全体发起人签署的公司名称预先核准申请书；

（二）全体股东或者发起人指定代表或者共同委托代理人的证明；

（三）国家工商行政管理总局规定要求提交的其他文件。

第十九条　预先核准的公司名称保留期为6个月。预先核准的公司名称在保留期内，不得用于从事经营活动，不得转让。

第二十八条　公司变更名称的，应当自变更决议或者决定作出之日起30日内申请变更登记。

第五十四条　公司登记机关作出准予公司名称预先核准决定的，应当出具《企业名称预先核准通知书》；作出准予公司设立登记决定的，应当出具《准予设立登记通知书》，告知申请人自决定之日起10日内，领取营业执照；作出准予公司变更登记决定的，应当出具《准予变更登记通知书》，告知申请人自决定之日起10日内，换发营业执照；作出准予公司注销登记决定的，应当出具《准予注销登记通知书》，收缴营业执照。

公司登记机关作出不予名称预先核准、不予登记决定的，应当出具《企业名称驳回通知书》、《登记驳回通知书》，说明不予核准、登记的理由，并告知申请人享有依法申请行政复议或者提起行政诉讼的权利。

3.《中华人民共和国合伙企业登记管理办法》（2019年3月2日修订）

第六条　合伙企业的登记事项应当包括：

（一）名称；

（二）主要经营场所；

（三）执行事务合伙人；

（四）经营范围；

（五）合伙企业类型；

（六）合伙人姓名或者名称及住所、承担责任方式、认缴或者实际缴付的出资数额、缴付期限、出资方式和评估方式。

合伙协议约定合伙期限的，登记事项还应当包括合伙期限。

执行事务合伙人是法人或者其他组织的，登记事项还应当包括法人或者其他组织委派的代表（以下简称委派代表）。

第七条 合伙企业名称中的组织形式后应当标明“普通合伙”、“特殊普通合伙”或者“有限合伙”字样，并符合国家有关企业名称登记管理的规定。

第十八条 合伙企业登记事项发生变更的，执行合伙事务的合伙人应当自作出变更决定或者发生变更事由之日起15日内，向原企业登记机关申请变更登记。

4.《社会团体登记管理条例》（2016年2月6日修订）

第二条 本条例所称社会团体，是指中国公民自愿组成，为实现会员共同意愿，按照其章程开展活动的非营利性社会组织。

国家机关以外的组织可以作为单位会员加入社会团体。

第十条 成立社会团体，应当具备下列条件：

（一）有50个以上的个人会员或者30个以上的单位会员；个人会员、单位会员混合组成的，会员总数不得少于50个；

（二）有规范的名称和相应的组织机构；

（三）有固定的住所；

（四）有与其业务活动相适应的专职工作人员；

（五）有合法的资产和经费来源，全国性的社会团体有10万元以上活动资金，地方性的社会团体和跨行政区域的社会团体有3万元以上活动资金；

（六）有独立承担民事责任的能力。

社会团体的名称应当符合法律、法规的规定，不得违背社会道德风尚。社会团体的名称应当与其业务范围、成员分布、活动地域相一致，准确反映其特征。全国性的社会团体的名称冠以“中国”、“全国”、“中华”等字样的，应当按照国家有关规定经过批准，地方性的社会团体的名称不得冠以“中国”、“全国”、“中华”等字样。

第十二条　登记管理机关应当自收到本条例第十一条所列全部有效文件之日起60日内,作出准予或者不予登记的决定。准予登记的,发给《社会团体法人登记证书》;不予登记的,应当向发起人说明理由。

社会团体登记事项包括:名称、住所、宗旨、业务范围、活动地域、法定代表人、活动资金和业务主管单位。

社会团体的法定代表人,不得同时担任其他社会团体的法定代表人。

第十八条　社会团体的登记事项需要变更的,应当自业务主管单位审查同意之日起30日内,向登记管理机关申请变更登记。

社会团体修改章程,应当自业务主管单位审查同意之日起30日内,报登记管理机关核准。

5.《事业单位登记管理暂行条例》(2004年6月27日修订)

第二条　本条例所称事业单位,是指国家为了社会公益目的,由国家机关举办或者其他组织利用国有资产举办的,从事教育、科技、文化、卫生等活动的社会服务组织。

事业单位依法举办的营利性经营组织,必须实行独立核算,依照国家有关公司、企业等经营组织的法律、法规登记管理。

第六条　申请事业单位法人登记,应当具备下列条件:

(一)经审批机关批准设立;

(二)有自己的名称、组织机构和场所;

(三)有与其业务活动相适应的从业人员;

(四)有与其业务活动相适应的经费来源;

(五)能够独立承担民事责任。

第八条　登记管理机关应当自收到登记申请书之日起30日内依照本条例的规定进行审查,作出准予登记或者不予登记的决定。准予登记的,发给《事业单位法人证书》;不予登记的,应当说明理由。

事业单位法人登记事项包括:名称、住所、宗旨和业务范围、法定代表人、经费来源(开办资金)等情况。

第十条　事业单位的登记事项需要变更的,应当向登记管理机关办理变更登记。

6.《基金会管理条例》(2004年6月1日起施行)

第二条　本条例所称基金会,是指利用自然人、法人或者其他组织捐赠的财产,以从事公益事业为目的,按照本条例的规定成立的非营利性法人。

第十一条 登记管理机关应当自收到本条例第九条所列全部有效文件之日起60日内,作出准予或者不予登记的决定。准予登记的,发给《基金会法人登记证书》;不予登记的,应当书面说明理由。

基金会设立登记的事项包括:名称、住所、类型、宗旨、公益活动的业务范围、原始基金数额和法定代表人。

第十五条 基金会、基金会分支机构、基金会代表机构和境外基金会代表机构的登记事项需要变更的,应当向登记管理机关申请变更登记。

基金会修改章程,应当征得其业务主管单位的同意,并报登记管理机关核准。

7.《个体工商户条例》(2016年2月6日修订)

第八条 申请登记为个体工商户,应当向经营场所所在地登记机关申请注册登记。申请人应当提交登记申请书、身份证明和经营场所证明。

个体工商户登记事项包括经营者姓名和住所、组成形式、经营范围、经营场所。个体工商户使用名称的,名称作为登记事项。

三、相关部门规章

1.《企业名称登记管理规定》(2020年12月28日修订)

第二条 县级以上人民政府市场监督管理部门(以下统称企业登记机关)负责中国境内设立企业的企业名称登记管理。

国务院市场监督管理部门主管全国企业名称登记管理工作,负责制定企业名称登记管理的具体规范。

省、自治区、直辖市人民政府市场监督管理部门负责建立本行政区域统一的企业名称申报系统和企业名称数据库,并向社会开放。

第三条 企业登记机关应当不断提升企业名称登记管理规范化、便利化水平,为企业和群众提供高效、便捷的服务。

第四条 企业只能登记一个企业名称,企业名称受法律保护。

第五条 企业名称应当使用规范汉字。民族自治地方的企业名称可以同时使用本民族自治地方通用的民族文字。

第六条 企业名称由行政区划名称、字号、行业或者经营特点、组织形式组成。跨省、自治区、直辖市经营的企业,其名称可以不含行政区划名称;跨行业综合经营的企业,其名称可以不含行业或者经营特点。

第七条 企业名称中的行政区划名称应当是企业所在地的县级以上地方行政区划名称。市辖区名称在企业名称中使用时应当同时冠以其所属的设区的市的行政区划名称。开发区、垦区等区域名称在企业名称中使用时应当与行政区划名称连用,不得单独使用。

第八条 企业名称中的字号应当由两个以上汉字组成。

县级以上地方行政区划名称、行业或者经营特点不得作为字号,另有含义的除外。

第九条 企业名称中的行业或者经营特点应当根据企业的主营业务和国民经济行业分类标准标明。国民经济行业分类标准中没有规定的,可以参照行业习惯或者专业文献等表述。

第十条 企业应当根据其组织结构或者责任形式,依法在企业名称中标明组织形式。

第十一条 企业名称不得有下列情形:

(一)损害国家尊严或者利益;

(二)损害社会公共利益或者妨碍社会公共秩序;

(三)使用或者变相使用政党、党政军机关、群团组织名称及其简称、特定称谓和部队番号;

(四)使用外国国家(地区)、国际组织名称及其通用简称、特定称谓;

(五)含有淫秽、色情、赌博、迷信、恐怖、暴力的内容;

(六)含有民族、种族、宗教、性别歧视的内容;

(七)违背公序良俗或者可能有其他不良影响;

(八)可能使公众受骗或者产生误解;

(九)法律、行政法规以及国家规定禁止的其他情形。

第十二条 企业名称冠以"中国"、"中华"、"中央"、"全国"、"国家"等字词,应当按照有关规定从严审核,并报国务院批准。国务院市场监督管理部门负责制定具体管理办法。

企业名称中间含有"中国"、"中华"、"全国"、"国家"等字词的,该字词应当是行业限定语。

使用外国投资者字号的外商独资或者控股的外商投资企业,企业名称中可以含有"(中国)"字样。

第十三条 企业分支机构名称应当冠以其所从属企业的名称,并缀以"分公司"、"分厂"、"分店"等字词。境外企业分支机构还应当在名称中标明该企业的国籍及责任形式。

第十四条 企业集团名称应当与控股企业名称的行政区划名称、字号、行业或者经营特点一致。控股企业可以在其名称的组织形式之前使用“集团”或者“(集团)”字样。

第十五条 有投资关系或者经过授权的企业,其名称中可以含有另一个企业的名称或者其他法人、非法人组织的名称。

第十六条 企业名称由申请人自主申报。

申请人可以通过企业名称申报系统或者在企业登记机关服务窗口提交有关信息和材料,对拟定的企业名称进行查询、比对和筛选,选取符合本规定要求的企业名称。

申请人提交的信息和材料应当真实、准确、完整,并承诺因其企业名称与他人企业名称近似侵犯他人合法权益的,依法承担法律责任。

第十七条 在同一企业登记机关,申请人拟定的企业名称中的字号不得与下列同行业或者不使用行业、经营特点表述的企业名称中的字号相同:

(一)已经登记或者在保留期内的企业名称,有投资关系的除外;

(二)已经注销或者变更登记未满1年的原企业名称,有投资关系或者受让企业名称的除外;

(三)被撤销设立登记或者被撤销变更登记未满1年的原企业名称,有投资关系的除外。

第十八条 企业登记机关对通过企业名称申报系统提交完成的企业名称予以保留,保留期为2个月。设立企业依法应当报经批准或者企业经营范围中有在登记前须经批准的项目的,保留期为1年。

申请人应当在保留期届满前办理企业登记。

第十九条 企业名称转让或者授权他人使用的,相关企业应当依法通过国家企业信用信息公示系统向社会公示。

第二十条 企业登记机关在办理企业登记时,发现企业名称不符合本规定的,不予登记并书面说明理由。

企业登记机关发现已经登记的企业名称不符合本规定的,应当及时纠正。其他单位或者个人认为已经登记的企业名称不符合本规定的,可以请求企业登记机关予以纠正。

第二十一条 企业认为其他企业名称侵犯本企业名称合法权益的,可以向人民法院起诉或者请求为涉嫌侵权企业办理登记的企业登记机关处理。

企业登记机关受理申请后,可以进行调解;调解不成的,企业登记机关应当自受理之日起3个月内作出行政裁决。

第二十二条 利用企业名称实施不正当竞争等行为的，依照有关法律、行政法规的规定处理。

第二十三条 使用企业名称应当遵守法律法规，诚实守信，不得损害他人合法权益。

人民法院或者企业登记机关依法认定企业名称应当停止使用的，企业应当自收到人民法院生效的法律文书或者企业登记机关的处理决定之日起30日内办理企业名称变更登记。名称变更前，由企业登记机关以统一社会信用代码代替其名称。企业逾期未办理变更登记的，企业登记机关将其列入经营异常名录；完成变更登记后，企业登记机关将其移出经营异常名录。

第二十四条 申请人登记或者使用企业名称违反本规定的，依照企业登记相关法律、行政法规的规定予以处罚。

企业登记机关对不符合本规定的企业名称予以登记，或者对符合本规定的企业名称不予登记的，对直接负责的主管人员和其他直接责任人员，依法给予行政处分。

第二十五条 农民专业合作社和个体工商户的名称登记管理，参照本规定执行。

2.《企业名称登记管理实施办法》(2004年6月14日修订)

第一条 为了加强和完善企业名称的登记管理，保护企业名称所有人的合法权益，维护公平竞争秩序，根据《企业名称登记管理规定》和有关法律、行政法规，制定本办法。

第二条 本办法适用于工商行政管理机关登记注册的企业法人和不具有法人资格的企业的名称。

第三条 企业应当依法选择自己的名称，并申请登记注册。企业自成立之日起享有名称权。

第四条 各级工商行政管理机关应当依法核准登记企业名称。

超越权限核准的企业名称应当予以纠正。

第五条 工商行政管理机关对企业名称实行分级登记管理。国家工商行政管理总局主管全国企业名称登记管理工作，并负责核准下列企业名称：

（一）冠以“中国”、“中华”、“全国”、“国家”、“国际”等字样的；

（二）在名称中间使用“中国”、“中华”、“全国”、“国家”等字样的；

（三）不含行政区划的。

地方工商行政管理局负责核准前款规定以外的下列企业名称：

（一）冠以同级行政区划的；

（二）符合本办法第十二条的含有同级行政区划的。

国家工商行政管理总局授予外商投资企业核准登记权的工商行政管理局按本办法核准外商投资企业名称。

第六条 企业法人名称中不得含有其他法人的名称，国家工商行政管理总局另有规定的除外。

第七条 企业名称中不得含有另一个企业名称。

企业分支机构名称应当冠以其所从属企业的名称。

第八条 企业名称应当使用符合国家规范的汉字，不得使用汉语拼音字母、阿拉伯数字。

企业名称需译成外文使用的，由企业依据文字翻译原则自行翻译使用，不需报工商行政管理机关核准登记。

第九条 企业名称应当由行政区划、字号、行业、组织形式依次组成，法律、行政法规和本办法另有规定的除外。

第十条 除国务院决定设立的企业外，企业名称不得冠以“中国”、“中华”、“全国”、“国家”、“国际”等字样。

在企业名称中间使用“中国”、“中华”、“全国”、“国家”、“国际”等字样的，该字样应是行业的限定语。

使用外国（地区）出资企业字号的外商独资企业、外方控股的外商投资企业，可以在名称中间使用“（中国）”字样。

第十一条 企业名称中的行政区划是本企业所在地县级以上行政区划的名称或地名。

市辖区的名称不能单独用作企业名称中的行政区划。市辖区名称与市行政区划连用的企业名称，由市工商行政管理局核准。

省、市、县行政区划连用的企业名称，由最高级别行政区的工商行政管理局核准。

第十二条 具备下列条件的企业法人，可以将名称中的行政区划放在字号之后，组织形式之前：

（一）使用控股企业名称中的字号；

（二）该控股企业的名称不含行政区划。

第十三条 经国家工商行政管理总局核准，符合下列条件之一的企业法人，可以使用不含行政区划的企业名称：

（一）国务院批准的；

（二）国家工商行政管理总局登记注册的；

（三）注册资本（或注册资金）不少于5000万元人民币的；

（四）国家工商行政管理总局另有规定的。

第十四条　企业名称中的字号应当由2个以上的字组成。

行政区划不得用作字号，但县以上行政区划的地名具有其他含义的除外。

第十五条　企业名称可以使用自然人投资人的姓名作字号。

第十六条　企业名称中的行业表述应当是反映企业经济活动性质所属国民经济行业或者企业经营特点的用语。

企业名称中行业用语表述的内容应当与企业经营范围一致。

第十七条　企业经济活动性质分别属于国民经济行业不同大类的，应当选择主要经济活动性质所属国民经济行业类别用语表述企业名称中的行业。

第十八条　企业名称中不使用国民经济行业类别用语表述企业所从事行业的，应当符合以下条件：

（一）企业经济活动性质分别属于国民经济行业5个以上大类；

（二）企业注册资本（或注册资金）1亿元以上或者是企业集团的母公司；

（三）与同一工商行政管理机关核准或者登记注册的企业名称中字号不相同。

第十九条　企业为反映其经营特点，可以在名称中的字号之后使用国家（地区）名称或者县级以上行政区划的地名。

上述地名不视为企业名称中的行政区划。

第二十条　企业名称不应当明示或者暗示有超越其经营范围的业务。

第二十一条　企业营业执照上只准标明一个企业名称。

第二十二条　设立公司应当申请名称预先核准。

法律、行政法规规定设立企业必须报经审批或者企业经营范围中有法律、行政法规规定必须报经审批项目的，应当在报送审批前办理企业名称预先核准，并以工商行政管理机关核准的企业名称报送审批。

设立其他企业可以申请名称预先核准。

第二十三条 申请企业名称预先核准，应当由全体出资人、合伙人、合作者（以下统称投资人）指定的代表或者委托的代理人，向有名称核准管辖权的工商行政管理机关提交企业名称预先核准申请书。

企业名称预先核准申请书应当载明企业的名称（可以载明备选名称）、住所、注册资本、经营范围、投资人名称或者姓名、投资额和投资比例、授权委托意见（指定的代表或者委托的代理人姓名、权限和期限），并由全体投资人签名盖章。

企业名称预先核准申请书上应当粘贴指定的代表或者委托的代理人身份证复印件。

第二十四条 直接到工商行政管理机关办理企业名称预先核准的，工商行政管理机关应当场对申请预先核准的企业名称作出核准或者驳回的决定。予以核准的，发给《企业名称预先核准通知书》；予以驳回的，发给《企业名称驳回通知书》。

通过邮寄、传真、电子数据交换等方式申请企业名称预先核准的，按照《企业登记程序规定》执行。

第二十五条 申请企业设立登记，已办理企业名称预先核准的，应当提交《企业名称预先核准通知书》。

设立企业名称涉及法律、行政法规规定必须报经审批，未能提交审批文件的，登记机关不得以预先核准的企业名称登记注册。

企业名称预先核准与企业登记注册不在同一工商行政管理机关办理的，登记机关应当自企业登记注册之日起 30 日内，将有关登记情况送核准企业名称的工商行政管理机关备案。

第二十六条 企业变更名称，应当向其登记机关申请变更登记。

企业申请变更的名称，属登记机关管辖的，由登记机关直接办理变更登记。

企业申请变更的名称，不属登记机关管辖的，按本办法第二十七条规定办理。

企业名称变更登记核准之日起 30 日内，企业应当申请办理其分支机构名称的变更登记。

第二十七条 申请企业名称变更登记，企业登记和企业名称核准不在同一工商行政管理机关的，企业登记机关应当对企业拟变更的名称进行初审，并向有名称管辖权的工商行政管理机关报送企业名称变更核准意见书。

企业名称变更核准意见书上应当载明原企业名称、拟变更的企业名称(备选名称)、住所、注册资本、经营范围、投资人名称或者姓名、企业登记机关的审查意见,并加盖公章。有名称管辖权的工商行政管理机关收到企业名称变更核准意见书后,应在5日内作出核准或驳回的决定,核准的,发给《企业名称变更核准通知书》;驳回的,发给《企业名称驳回通知书》。

登记机关应当在核准企业名称变更登记之日起30日内,将有关登记情况送核准企业名称的工商行政管理机关备案。

第二十八条 公司名称预先核准和公司名称变更核准的有效期为6个月,有效期满,核准的名称自动失效。

第二十九条 企业被撤销有关业务经营权,而其名称又表明了该项业务时,企业应当在被撤销该项业务经营权之日起1个月内,向登记机关申请变更企业名称等登记事项。

第三十条 企业办理注销登记或者被吊销营业执照,如其名称是经其他工商行政管理机关核准的,登记机关应当将核准注销登记情况或者行政处罚决定书送核准该企业名称的工商行政管理机关备案。

第三十一条 企业名称有下列情形之一的,不予核准:

(一)与同一工商行政管理机关核准或者登记注册的同行业企业名称字号相同,有投资关系的除外;

(二)与同一工商行政管理机关核准或者登记注册符合本办法第十八条的企业名称字号相同,有投资关系的除外;

(三)与其他企业变更名称未满1年的原名称相同;

(四)与注销登记或者被吊销营业执照未满3年的企业名称相同;

(五)其他违反法律、行政法规的。

第三十二条 工商行政管理机关应当建立企业名称核准登记档案。

第三十三条 《企业名称预先核准通知书》、《企业名称变更核准通知书》、《企业名称驳回通知书》及企业名称核准登记表格式样由国家工商行政管理总局统一制定。

第三十四条 外国(地区)企业名称,依据我国参加的国际公约、协定、条约等有关规定予以保护。

第三十五条 预先核准的企业名称在有效期内,不得用于经营活动,不得转让。

企业变更名称，在其登记机关核准变更登记前，不得使用《企业名称变更核准通知书》上核准变更的企业名称从事经营活动，也不得转让。

第三十六条 企业应当在住所处标明企业名称。

第三十七条 企业的印章、银行账户、信笺所使用的企业名称，应当与其营业执照上的企业名称相同。

第三十八条 法律文书使用企业名称，应当与该企业营业执照上的企业名称相同。

第三十九条 企业使用名称，应当遵循诚实信用的原则。

第四十条 各级工商行政管理机关对在本机关管辖地域内从事活动的企业使用企业名称的行为，依法进行监督管理。

第四十一条 已经登记注册的企业名称，在使用中对公众造成欺骗或者误解的，或者损害他人合法权益的，应当认定为不适宜的企业名称予以纠正。

第四十二条 企业因名称与他人发生争议，可以向工商行政管理机关申请处理，也可以向人民法院起诉。

第四十三条 企业请求工商行政管理机关处理名称争议时，应当向核准他人名称的工商行政管理机关提交以下材料：

（一）申请书；

（二）申请人的资格证明；

（三）举证材料；

（四）其他有关材料。

申请书应当由申请人签署并载明申请人和被申请人的情况、名称争议事实及理由、请求事项等内容。

委托代理的，还应当提交委托书和被委托人资格证明。

第四十四条 工商行政管理机关受理企业名称争议后，应当按以下程序在6个月内作出处理：

（一）查证申请人和被申请人企业名称登记注册的情况；

（二）调查核实申请人提交的材料和有关争议的情况；

（三）将有关名称争议情况书面告知被申请人，要求被申请人在1个月内对争议问题提交书面意见；

（四）依据保护工业产权的原则和企业名称登记管理的有关规定作出处理。

第四十五条 以下需在工商行政管理机关办理登记的名称，参照《企业名称登记管理规定》和本办法办理：

（一）企业集团的名称，其构成为：行政区划 + 字号 + 行业 + “集团”字样；

（二）其他按规定需在工商行政管理机关办理登记的组织的名称。

第四十六条 企业名称预先核准申请书和企业名称变更核准意见书由国家工商行政管理总局统一制发标准格式文本，各地工商行政管理机关按照标准格式文本印制。

3.《个人独资企业登记管理办法》（2019 年 8 月 8 日修正）

第六条 个人独资企业的名称应当符合名称登记管理有关规定，并与其责任形式及从事的营业相符合。

个人独资企业的名称中不得使用“有限”、“有限责任”或者“公司”字样。

第七条 设立个人独资企业，应当由投资人或者其委托的代理人向个人独资企业所在地登记机关申请设立登记。

第八条 个人独资企业的登记事项应当包括：企业名称、企业住所、投资人姓名和居所、出资额和出资方式、经营范围。

第十三条 个人独资企业变更企业名称、企业住所、经营范围，应当在作出变更决定之日起 15 日内向原登记机关申请变更登记。

个人独资企业变更投资人姓名和居所、出资额和出资方式，应当在变更事由发生之日起 15 日内向原登记机关申请变更登记。

4.《律师事务所名称管理办法》（2010 年 3 月 1 日起施行）

第二条 律师事务所对经司法行政机关依法核准的律师事务所名称享有专用权。律师事务所依法使用名称，受法律保护。

第三条 设立律师事务所，应当在申请设立许可前，按照本办法的规定办理律师事务所名称预核准。

预核准的律师事务所名称，由省、自治区、直辖市司法行政机关在实施律师事务所设立许可时予以核准。

第四条 律师事务所只能选择、使用一个名称。

第五条 律师事务所名称应当使用符合国家规范的汉字。

民族自治地方律师事务所的名称，可以同时使用本民族自治地方通用的民族语言文字。

第六条 律师事务所名称应当由“省(自治区、直辖市)行政区划地名、字号、律师事务所”三部分内容依次组成。

合伙律师事务所的名称,可以使用设立人的姓名连缀或者姓氏连缀作字号。

第七条 律师事务所名称中的字号应当由两个以上汉字组成,并不得含有下列内容和文字:

(一)有损国家利益、社会公共利益或者有损社会主义道德风尚的,不尊重民族、宗教习俗的;

(二)政党名称、党政军机关名称、群众组织名称、社会团体名称及其简称;

(三)国家名称,重大节日名称,县(市辖区)以上行政区划名称或者地名;

(四)外国国家(地区)名称、国际组织名称及其简称;

(五)可能对公众造成欺骗或者误解的;

(六)汉语拼音字母、外文字母、阿拉伯数字、全部由中文数字组成或者带有排序性质的文字;

(七)“中国”、“中华”、“全国”、“国家”、“国际”、“中心”、“集团”、“联盟”等字样;

(八)带有“涉外”、“金融”、“证券”、“专利”、“房地产”等表明特定业务范围的文字或者与其谐音的文字;

(九)与已经核准或者预核准的其他律师事务所名称中的字号相同或者近似的;

(十)字号中包括已经核准或者预核准的其他律师事务所名称中的字号的;

(十一)与已经核准在中国内地(大陆)设立代表机构的香港、澳门、台湾地区律师事务所名称中的中文字号相同或者近似的;

(十二)与已经核准在中国境内设立代表机构的外国律师事务所名称中的中文译文字号相同或者近似的;

(十三)其他不适当的内容和文字。

第八条 律师事务所分所名称应当由“总所所在地省(自治区、直辖市)行政区划地名、总所字号、分所所在地的市(含直辖市、设区的市)或者县行政区划地名(地名加括号)、律师事务所”四部分内容依次组成。

第九条　律师事务所名称预核准，由省、自治区、直辖市司法行政机关依设立人的申请予以办理。

第十条　申请律师事务所名称预核准，由设立人或者设立人指定的代表向省、自治区、直辖市司法行政机关提交《律师事务所名称预核准申请表》，提出五至十个备选名称，并标明拟选用的先后顺序。

在民族自治地方设立律师事务所的，申请名称预核准的材料，应当先提交所在地设区的市级司法行政机关，经其审核后报送省、自治区、直辖市司法行政机关。

第十一条　省、自治区、直辖市司法行政机关应当自收到名称预核准申请材料之日起十日内进行审核，对于符合规定的备选名称，提交司法部进行名称检索。

对于所有备选名称不符合规定或者符合规定的备选名称少于五个的，应当告知申请人重新选报或者补报备选名称。

第十二条　司法部自收到律师事务所备选名称材料之日起十日内完成名称检索，并将检索结果通知提交检索的省、自治区、直辖市司法行政机关。

第十三条　省、自治区、直辖市司法行政机关自收到检索结果之日起七日内，应当根据检索结果，向申请人发出《律师事务所名称预核准通知书》；对所有备选名称均不符合规定的，应当在通知中说明理由，并告知申请人重新选报名称。

第十四条　有两个或者两个以上的申请人申请预核准的律师事务所名称相同或者近似的，应当根据收到申请的先后顺序办理名称预核准。

第十五条　经预核准的律师事务所名称，自省、自治区、直辖市司法行政机关发出《律师事务所名称预核准通知书》之日起六个月内有效。有效期满，设立人未提交律师事务所设立申请的，预核准的律师事务所名称失效。

在有效期内，律师事务所未经司法行政机关许可设立的，不得使用预核准的律师事务所名称。

第十六条　申请律师事务所设立许可时，申请人应当提交《律师事务所名称预核准通知书》。

省、自治区、直辖市司法行政机关在作出准予设立律师事务所决定时，核准使用预核准的律师事务所名称，并在行政许可决定书和颁发的《律师事务所执业许可证》中予以载明。

律师事务所分所名称，由分所设立所在地的省、自治区、直辖市司法行政机关在作出准予分所设立决定时予以核准。

第十七条 律师事务所变更名称，应当按照本办法规定办理名称预核准。省、自治区、直辖市司法行政机关应当根据律师事务所变更名称的申请及已预核准的律师事务所名称，办理律师事务所名称变更手续。

律师事务所设立分所的，应当自总所名称获准变更之日起三十日内，向分所设立许可机关申请变更分所名称。

第十八条 律师事务所应当在住所醒目位置标明律师事务所名称。

第十九条 律师事务所使用名称从事执业活动或者其他活动，应当遵循诚实信用的原则，不得违反法律、法规和规章的规定。

第二十条 律师事务所印章、银行账户、牌匾、信笺、对外推介材料以及本所律师名片使用的名称，应当使用司法行政机关核准的律师事务所名称。

律师事务所在其出具的法律文书及其他文件上使用的名称，应当与司法行政机关核准使用的名称相同。

律师事务所自本所名称获准变更之日起一年内，可以在本所推介材料、律师名片上使用新名称时加注变更前的名称。

第二十一条 律师事务所使用名称，不得在核准使用的名称中或者名称后使用或者加注"律师集团"、"律师联盟"等文字。

律师事务所可以根据业务需要，将本所名称译成外文。律师事务所外文名称，应当自决定使用之日起十五日内报省、自治区、直辖市司法行政机关备案。外文名称违反译文规则的，备案机关应当责令其纠正。

第二十二条 律师事务所有下列情形之一的，不得申请变更名称：

（一）受到停业整顿处罚，期限未满的；

（二）发生终止事由的；

（三）本所取得设立许可后不满一年的，但发生变更组织形式或者分立、合并情形的除外。

5.《基金会名称管理规定》（2004年6月7日起施行）

第二条 本规定适用于按照《基金会管理条例》设立的基金会。

第三条 基金会名称应当反映公益活动的业务范围。

基金会的名称应当依次包括字号、公益活动的业务范围,并以"基金会"字样结束。

公募基金会的名称可以不使用字号。

第四条　全国性公募基金会应当在名称中使用"中国"、"中华"、"全国"、"国家"等字样。非公募基金会不得使用上述字样。

地方性公募基金会和省、自治区、直辖市人民政府民政部门登记的非公募基金会应当冠以所在地的县级或县级以上行政区划名称。冠以省级以下行政区划名称的,可以同时冠以所在省、自治区、直辖市的名称。冠以市辖区名称的,应当同时冠以市的名称。

第五条　基金会的字号应当由2个以上的字组成。

基金会不得使用姓氏、县或县以上行政区划名称作为字号。

第六条　公募基金会的字号不得使用自然人姓名、法人或者其他组织的名称或者字号。

第七条　非公募基金会的字号可以使用自然人姓名、法人或其他组织的名称或者字号,但应当符合以下规定:

(一)使用自然人姓名、法人或者其他组织的名称或者字号,需经该自然人、法人或其他组织同意;

(二)不得使用曾因犯罪被判处剥夺政治权利的自然人的姓名;

(三)一般不使用党和国家领导人、老一辈革命家的姓名。

第八条　基金会使用已故名人的姓名作为字号,该名人必须是在相关公益领域内有重大贡献、在国际国内享有盛誉的杰出人物。

第九条　基金会名称应当使用符合国家规范的汉字。

在自治区人民政府民政部门登记的基金会,其名称可以同时使用本民族自治地方通用的民族文字。

基金会名称需译成外文使用的,应当按照文字翻译的原则翻译使用,不需报登记管理机关核准。

第十条　基金会名称不得含有下列内容和文字:

(一)有损于国家、社会公共利益的;

(二)可能对公众造成欺骗或者引起公众误解的;

(三)有迷信色彩的;

(四)外国国家(地区)名称、国际组织名称;

(五)政党名称、国家机关名称及部队番号;

(六)其他基金会的名称;

（七）外国文字、汉语拼音字母、数字；

（八）其他法律、行政法规规定禁止的。

第十一条 基金会不得使用下列名称：

（一）已被登记管理机关撤销登记，自撤销登记之日起未满3年的基金会的名称；

（二）已注销登记，自注销登记之日起未满3年的基金会的名称；

（三）已变更名称，自变更登记之日起未满1年的基金会的原名称。

第十二条 登记管理机关可以纠正已登记的不适宜的基金会名称。

第十三条 两个及两个以上申请人向同一登记管理机关申请登记相同的基金会名称，登记管理机关依照申请在先原则核定。

第十四条 基金会的分支机构、代表机构的名称应当冠以其所从属的基金会名称。

第十五条 境外基金会代表机构的名称应当依次由"基金会名称"、"驻在地名称"、"代表处（或办事处、联络处等）"组成。

"驻在地名称"是指境外基金会代表机构驻在地的县或县以上行政区划名称。

境外基金会名称中未表明其原始登记地（国家或地区）的，应在其代表机构名称前冠以原始登记地（国家或地区）的名称。

四、相关文件规定

《民办非企业单位名称管理暂行规定》（民发〔1999〕129号）

第一条 为了规范民办非企业单位名称管理，保护民办非企业单位的合法权益，根据《民办非企业单位登记管理暂行条例》（以下简称条例）制定本规定。

第二条 民办非企业单位登记管理机关（以下简称登记管理机关）负责民办非企业单位名称的核准登记，监督管理其名称的使用，保护其名称权。经登记管理机关核准登记的民办非企业单位名称受法律保护。

第三条 民办非企业单位名称应当由以下部分依次组成：字号、行（事）业或业务领域、组织形式。

民办非企业单位名称应当冠以民办非企业单位所在地省（自治区、直辖市）、市（地、州）、县（县级市、市辖区）行政区划名称或地名。

第四条 民办非企业单位名称不能单独冠以市辖区的名称或地名，应当与所在市的行政区划名称或地名连用。

民政部登记的民办非企业单位，其名称一般不冠以行政区划名称或地名。

第五条　民办非企业单位的字号应当由两个以上的汉字组成。可以使用本地或者异地的地名作字号，但不得使用县以上（含县）行政区划名称作字号。

第六条　民办非企业单位应当根据其业务，依照国家行（事）业分类标准划分的类别，在民办非企业单位名称中标明所属行（事）业或者业务特点。

第七条　民办非企业单位名称中所标明的组织形式必须明确易懂，一般称学校、学院、园、医院、中心、院、所、馆、站、社、公寓、俱乐部等。不得使用“总”字。

第八条　民办非企业单位名称应当使用汉字，民族自治地方的民办非企业单位名称可以同时使用本民族自治地方通用的民族文字。

第九条　民办非企业单位名称应当符合法律、法规的规定，不得含有下列文字和内容：

（一）冠以“中国”、“全国”、“中华”等字样；

（二）有损于国家、社会公共利益的，违背社会道德风尚，带有封建迷信色彩的；

（三）可能对公众造成欺骗或者误解的；

（四）政党名称、党政军机关名称、人民团体名称、社会团体名称、事业单位名称、企业名称及宗教界的寺、观、教堂（佛、道教的寺、观，伊斯兰教的清真寺，天主教、基督教的教堂）名称；

（五）已被撤销的民办非企业单位的名称；

（六）其他法律、行政法规规定禁止的。

第十条　民办非企业单位只准使用一个名称，在登记管理机关管辖范围内不得与已登记的同行（事）业单位名称相同。

第十一条　民办非企业单位申请成立登记、变更名称登记，业务主管单位应当将民办非企业单位拟定名称意见报登记管理机关。

第十二条　两个以上民办非企业单位向同一登记管理机关申请相同的符合规定的民办非企业单位名称，登记管理机关依照申请在先原则登记。

第一千零一十七条　【笔名、艺名等的保护】具有一定社会知名度，被他人使用足以造成公众混淆的笔名、艺名、网名、译名、字号、姓名和名称的简称等，参照适用姓名权和名称权保护的有关规定。

法条评释：本条是对具有一定社会知名度，被他人使用足以造成公众混淆的笔名、艺名、网名、译名、字号、姓名和名称的简称等的保护。笔名、艺名、网名、译名、字号、姓名和名称的简称等，虽然不属于需要登记的法定的姓名或名称，但是由于其具有一定的社会知名度，与特定主体密切关联，具有识别性，可以与主体产生一一对应关系。因此，也应当受到法律的保护。否则，随意被他人使用会使公众发生混淆，也会损害自然人、法人或非法人组织的社会形象和名誉。

一、相关法律条文

《中华人民共和国反不正当竞争法》(2019年4月23日修正)

第六条 经营者不得实施下列混淆行为，引人误认为是他人商品或者与他人存在特定联系：

(一)擅自使用与他人有一定影响的商品名称、包装、装潢等相同或者近似的标识；

(二)擅自使用他人有一定影响的企业名称(包括简称、字号等)、社会组织名称(包括简称等)、姓名(包括笔名、艺名、译名等)；

(三)擅自使用他人有一定影响的域名主体部分、网站名称、网页等；

(四)其他足以引人误认为是他人商品或者与他人存在特定联系的混淆行为。

第十八条 经营者违反本法第六条规定实施混淆行为的，由监督检查部门责令停止违法行为，没收违法商品。违法经营额五万元以上的，可以并处违法经营额五倍以下的罚款；没有违法经营额或者违法经营额不足五万元的，可以并处二十五万元以下的罚款。情节严重的，吊销营业执照。

经营者登记的企业名称违反本法第六条规定的，应当及时办理名称变更登记；名称变更前，由原企业登记机关以统一社会信用代码代替其名称。

二、相关司法解释规定

《最高人民法院关于审理不正当竞争民事案件应用法律若干问题的解释》(法释〔2007〕2号)(2020年12月23日修正)

第六条 企业登记主管机关依法登记注册的企业名称，以及在中国境内进行商业使用的外国(地区)企业名称,应当认定为反不正当竞争法第五条第(三)项规定的"企业名称"。具有一定的市场知名度、为相关公众所知悉的企业名称中的字号,可以认定为反不正当竞争法第五条第(三)项规定的"企业名称"。

在商品经营中使用的自然人的姓名,应当认定为反不正当竞争法第五条第(三)项规定的"姓名"。具有一定的市场知名度、为相关公众所知悉的自然人的笔名、艺名等,可以认定为反不正当竞争法第五条第(三)项规定的"姓名"。

三、相关指导案例

• 第113号指导案例"迈克尔·杰弗里·乔丹与国家工商行政管理总局商标评审委员会、乔丹体育股份有限公司'乔丹'商标争议行政纠纷案"(最高人民法院审判委员会讨论通过;2019年12月24日发布)

最高人民法院认为,本案争议焦点为争议商标的注册是否损害了再审申请人就"乔丹"主张的姓名权,违反2001年修正的商标法第三十一条关于"申请商标注册不得损害他人现有的在先权利"的规定。判决主要认定如下:

一、关于再审申请人主张保护姓名权的法律依据

商标法第三十一条规定:"申请商标注册不得损害他人现有的在先权利"。对于商标法已有特别规定的在先权利,应当根据商标法的特别规定予以保护。对于商标法虽无特别规定,但根据民法通则、侵权责任法和其他法律的规定应予保护,并且在争议商标申请日之前已由民事主体依法享有的民事权利或者民事权益,应当根据该概括性规定给予保护。《中华人民共和国民法通则》第九十九条第一款、《中华人民共和国侵权责任法》第二条第二款均明确规定,自然人依法享有姓名权。故姓名权可以构成商标法第三十一条规定的"在先权利"。争议商标的注册损害他人在先姓名权的,应当认定该争议商标的注册违反商标法第三十一条的规定。

姓名被用于指代、称呼、区分特定的自然人,姓名权是自然人对其姓名享有的重要人身权。随着我国社会主义市场经济不断发展,具有一定知名度的自然人将其姓名进行商业化利用,通过合同等方式为特定商品、服务代言并获得经济利益的现象已经日益普遍。在适用商标法第三十一条的规定对他人的在先姓名权予以保护时，不仅涉及对自然人人格尊严的保护，而且涉及对自然人姓名，尤其是知名人物姓名所蕴含的经济利益的保护。未经许可擅自将他人享有在先姓名权的姓名注册为商标，容易导致相关公众误认为标记有该商标的商品或者服务与该自然人存在代言、许可等特定联系的，应当认定该商标的注册损害他人的在先姓名权，违反商标法第三十一条的规定。

二、关于再审申请人主张的姓名权所保护的具体内容

自然人依据商标法第三十一条的规定，就特定名称主张姓名权保护时，应当满足必要的条件。

其一，该特定名称应具有一定知名度、为相关公众所知悉，并用于指代该自然人。《最高人民法院关于审理不正当竞争民事案件应用法律若干问题的解释》第六条第二款是针对“擅自使用他人的姓名，引人误认为是他人的商品”的不正当竞争行为的认定作出的司法解释，该不正当竞争行为本质上也是损害他人姓名权的侵权行为。认定该行为时所涉及的“引人误认为是他人的商品”，与本案中认定争议商标的注册是否容易导致相关公众误认为存在代言、许可等特定联系是密切相关的。因此，在本案中可参照适用上述司法解释的规定，确定自然人姓名权保护的条件。

其二，该特定名称应与该自然人之间已建立稳定的对应关系。在解决本案涉及的在先姓名权与注册商标权的权利冲突时，应合理确定在先姓名权的保护标准，平衡在先姓名权人与商标权人的利益。既不能由于争议商标标志中使用或包含有仅为部分人所知悉或临时性使用的自然人“姓名”，即认定争议商标的注册损害该自然人的姓名权；也不能如商标评审委员会所主张的那样，以自然人主张的“姓名”与该自然人形成“唯一”对应为前提，对自然人主张姓名权的保护提出过苛的标准。自然人所主张的特定名称与该自然人已经建立稳定的对应关系时，即使该对应关系达不到“唯一”的程度，也可以依法获得姓名权的保护。综上，在适用商标法第三十一条关于“不得损害他人现有的在先权利”的规定时，自然人就特定名称主张姓名权保护的，该特定名称应当符合以下三项条件：一是该特定名称在我国具有一定的知名度、为相关公众所知悉；二是相关公众使用该特定名称指代该自然人；三是该特定名称已经与该自然人之间建立了稳定的对应关系。

在判断外国人能否就其外文姓名的部分中文译名主张姓名权保护时，需要考虑我国相关公众对外国人的称谓习惯。中文译名符合前述三项条件的，可以依法主张姓名权的保护。本案现有证据足以证明“乔丹”在我国具有较高的知名度、为相关公众所知悉，我国相关公众通常以“乔丹”指代再审申请人，并且“乔丹”已经与再审申请人之间形成了稳定的对应关系，故再审申请人就“乔丹”享有姓名权。

三、关于再审申请人及其授权的耐克公司是否主动使用“乔丹”，其是否主动使用的事实对于再审申请人在本案中主张的姓名权有何影响

首先，根据《中华人民共和国民法通则》第九十九条第一款的规定，“使用”是姓名权人享有的权利内容之一，并非其承担的义务，更不是姓名权人“禁止他人干涉、盗用、假冒”，主张保护其姓名权的法定前提条件。

其次，在适用商标法第三十一条的规定保护他人在先姓名权时，相关公众是否容易误认为标记有争议商标的商品或者服务与该自然人存在代言、许可等特定联系，是认定争议商标的注册是否损害该自然人姓名权的重要因素。因此，在符合前述有关姓名权保护的三项条件的情况下，自然人有权根据商标法第三十一条的规定，就其并未主动使用的特定名称获得姓名权的保护。

最后，对于在我国具有一定知名度的外国人，其本人或者利害关系人可能并未在我国境内主动使用其姓名；或者由于便于称呼、语言习惯、文化差异等原因，我国相关公众、新闻媒体所熟悉和使用的“姓名”与其主动使用的姓名并不完全相同。例如在本案中，我国相关公众、新闻媒体普遍以“乔丹”指代再审申请人，而再审申请人、耐克公司则主要使用“迈克尔·乔丹”。但不论是“迈克尔·乔丹”还是“乔丹”，在相关公众中均具有较高的知名度，均被相关公众普遍用于指代再审申请人，且再审申请人并未提出异议或者反对。故商标评审委员会、乔丹公司关于再审申请人、耐克公司未主动使用“乔丹”，再审申请人对“乔丹”不享有姓名权的主张，不予支持。

四、关于乔丹公司对于争议商标的注册是否存在明显的主观恶意

本案中，乔丹公司申请注册争议商标时是否存在主观恶意，是认定争议商标的注册是否损害再审申请人姓名权的重要考量因素。本案证据足以证明乔丹公司是在明知再审申请人及其姓名“乔丹”具有较高知名度的情况下，并未与再审申请人协商、谈判以获得其许可或授权，而是擅自注册了包括争议商标在内的大量与再审申请人密切相关的商标，放任相关公众误认为标记有争议商标的商品与再审申请人存在特定联系的损害结果，使得乔丹公司无须付出过多成本，即可实现由再审申请人为其"代言"等效果。乔丹公司的行为有违《中华人民共和国民法通则》第四条规定的诚实信用原则，其对于争议商标的注册具有明显的主观恶意。

五、关于乔丹公司的经营状况，以及乔丹公司对其企业名称、有关商标的宣传、使用、获奖、被保护等情况，对本案具有何种影响

乔丹公司的经营状况，以及乔丹公司对其企业名称、有关商标的宣传、使用、获奖、被保护等情况，均不足以使争议商标的注册具有合法性。

其一，从权利的性质以及损害在先姓名权的构成要件来看，姓名被用于指代、称呼、区分特定的自然人，姓名权是自然人对其姓名享有的人身权。而商标的主要作用在于区分商品或者服务来源，属于财产权，与姓名权是性质不同的权利。在认定争议商标的注册是否损害他人在先姓名权时，关键在于是否容易导致相关公众误认为标记有争议商标的商品或者服务与姓名权人之间存在代言、许可等特定联系，其构成要件与侵害商标权的认定不同。因此，即使乔丹公司经过多年的经营、宣传和使用，使得乔丹公司及其"乔丹"商标在特定商品类别上具有较高知名度，相关公众能够认识到标记有"乔丹"商标的商品来源于乔丹公司，也不足以据此认定相关公众不容易误认为标记有"乔丹"商标的商品与再审申请人之间存在代言、许可等特定联系。

其二，乔丹公司恶意申请注册争议商标，损害再审申请人的在先姓名权，明显有悖于诚实信用原则。商标评审委员会、乔丹公司主张的市场秩序或者商业成功并不完全是乔丹公司诚信经营的合法成果，而是一定程度上建立于相关公众误认的基础之上。维护此种市场秩序或者商业成功，不仅不利于保护姓名权人的合法权益，而且不利于保障消费者的利益，更不利于净化商标注册和使用环境。

四、相关裁判摘要

• **2010年第3期《中华人民共和国最高人民法院公报》**刊登的"**山东起重机厂有限公司与山东山起重工有限公司侵犯企业名称权纠纷案**"的最高人民法院(2008)民申字第758号民事裁定书认为，具有一定市场知名度、为相关公众所熟知并已实际具有商号作用的企业或者企业名称的简称，可以视为企业名称。《反不正当竞争法》对企业名称保护的规定可以适用于保护该企业的特定简称。相关裁判摘要如下：

简称源于语言交流的方便。简称的形成与两个过程有关：一是企业使用简称代替其正式名称；二是社会公众对于简称与正式名称所指代对象之间的关系认同。这两个过程相互交织。由于简称省去了正式名称中某些具有限定作用的要素，可能不适当地扩大了正式名称所指代的对象范围。因此，一个企业的简称是否能够特指该企业，取决于该简称是否为相关公众认可，并在相关公众中建立起与该企业的稳定联系。本案中，山东起重机厂最初成立于1968年，自1991年开始使用该企业名称，而且获得了大量荣誉称号，其产品产量、质量均居同行业前列，是起重机行业中的知名企业。山起重工公司在再审申请书和本院听证过程中对此未提出异议。山东起重机厂在企业宣传片、厂房、职工服装、合同等对外宣传活动和经营活动中，多次主动地使用"山起"简称。经过山东起重机厂的使用，至少在青州这一特定地域内的相关公众中，"山起"这一称呼已经与山东起重机厂建立起了稳定联系。山东起重机厂提供的证据表明，起重设备的相关用户经常使用"山起"作为山东起重机厂的代称。因此，可以认定"山起"在一定地域范围内已为相关公众识别为山东起重机厂，两者之间建立了稳定联系。原审法院认定"山起"是"山东起重机厂"为公众认可的特定简称并无不当。

对于具有一定市场知名度、为相关公众所熟知并已实际具有商号作用的企业或者企业名称的简称，可以视为企业名称。如果经过使用和公众认同，企业的特定简称已经为特定地域内的相关公众所认可，具有相应的市场知名度，与该企业建立起了稳定联系，已产生识别经营主体的商业标识意义，他人在后擅自使用该知名企业简称，足以使特定地域内的相关公众对在后使用者和在先企业之间发生市场主体上的混淆，进而将在后使用者提供的商品或服务误认为在先企业提供的商品或服务，造成市场混淆，在后使用者就会不恰当地利用在先企业的商誉，侵害在先企业的合法权益。此时，反不正当竞争法第五条第(三)项对企业名称保护的规定可以适用于保护该企业的特定简称。山起重工公司与山东起重机厂同处青州市区，两者距离较近，经营范围基本相同，在"山起"作为山东起重机厂的特定简称已经为相关公众认可的情况下，山起重工公司也理应知道"山起"是山东起重机厂的特定简称。在这种情况下，山起重工公司仍然在企业名称中使用"山起"作为字号，足以造成相关公众对两家企业产生误认，侵犯了山东起重机厂的合法权益，构成不正当竞争。

第四章 肖 像 权

第一千零一十八条 【自然人的肖像权与肖像的界定】自然人享有肖像权,有权依法制作、使用、公开或者许可他人使用自己的肖像。

肖像是通过影像、雕塑、绘画等方式在一定载体上所反映的特定自然人可以被识别的外部形象。

法条评释:本条是自然人的肖像权以及肖像的界定。肖像权是自然人享有的一项重要的人格权,它是指自然人享有的依法制作、使用、公开或者许可他人使用自己的肖像的权利。从本条第2款对肖像的界定可知:首先,肖像是对自然人的外部形象的展现,该外部形象既包括自然人的脸部相貌,也包括人通过面具、脸部表情、体态和手势等形成的外部特征。其次,自然人的外部形象须通过一定的方式加以展现。这种展现的方式多种多样,既可以是录像、电影、照相等影像方式,也可以是绘画(油画、水彩画、素描)、雕塑、剪纸等方式。但是,无论如何这些展现的方式最终要体现在一定的载体之上,即在该载体上反映出自然人的外部形象。最后,具有可识别性。由于肖像是识别特定自然人的标识,因此并非任何自然人的外部形象都是肖像。能够成为肖像的自然人的外部形象或外部特征必须具有可识别性的,即他人可以通过该外部形象识别出特定的自然人。可识别性是肖像核心特征。此种可识别性既可以体现在肖像权人的脸部特征上,因为每个人和每个人长得不同,所以脸部特征可以用于识别特定的自然人,当然,也可以体现在肖像权人的典型造型、衣着、发式、手势之上。

第一千零一十九条 【侵害肖像权的行为】任何组织或者个人不得以丑化、污损,或者利用信息技术手段伪造等方式侵害他人的肖像权。未经肖像权人同意,不得制作、使用、公开肖像权人的肖像,但是法律另有规定的除外。

未经肖像权人同意,肖像作品权利人不得以发表、复制、发行、出租、展览等方式使用或者公开肖像权人的肖像。

法条评释:本条第1款是对侵害肖像权的行为的规定。丑化、污损他人的肖像,不仅构成对肖像权的侵害,也会构成对名誉权的侵害。

此外,随着现代信息科技的高速发展,尤其是语音模拟、人脸合成、视频生成技术的发展,科技界已有所谓的"深度伪造"(deepfake)技术,即利用计算机生成的视频或音频来制作那些看起来或听起来好像有人在做或者说一些原本没有的东西。鉴于信息技术手段伪造等方式不仅会严重侵害他人肖像权、名誉权以及其他合法权益,还会制造恐慌、动乱,破坏社会秩序、经济秩序和政治秩序,损害社会公共利益乃至危害国家安全。故本条第1款第1句规定,任何组织或者个人不得以丑化、污损,或者利用信息技术手段伪造等方式侵害他人的肖像权。

自然人享有肖像权,其有权依法制作、使用、公开或者许可他人使用自己的肖像。未经肖像权人同意,不得制作、使用、公开肖像权人的肖像,除非法律另有规定。例如,《反恐怖主义法》第50条第1款规定:"公安机关调查恐怖活动嫌疑,可以依照有关法律规定对嫌疑人员进行盘问、检查、传唤,可以提取或者采集肖像、指纹、虹膜图像等人体生物识别信息和血液、尿液、脱落细胞等生物样本,并留存其签名。"

本条第2款对肖像权与肖像作品上的权利的关系作出了规定。经过肖像权人同意,通过制作肖像权人的肖像而形成肖像作品后,肖像作品上也产生了相应的权利即肖像作品著作权。此时该著作权人要行使发表权、复制权、发行权、出租权、展览权等权利时,必须经过肖像权人的同意。因为肖像权是人格权,而肖像作品著作权属于知识产权。前者侧重人格利益,后者侧重财产利益。当二者冲突时,衡量其利益之轻重,要优先保护肖像权。

一、相关文件规定

1.《最高人民法院关于周海婴诉绍兴越王珠宝金行侵犯鲁迅肖像权一案应否受理的答复意见》(〔1998〕民他字第17号)

浙江省高级人民法院:

你院〔97〕浙法告申民他字第6号关于周海婴诉绍兴越王珠宝金行侵犯鲁迅肖像权一案应否受理的请示报告收悉。经研究,答复如下:

公民死亡后,其肖像权应依法保护。任何污损、丑化或擅自以营利为目的使用死者肖像构成侵权的,死者的近亲属有权向人民法院提起诉讼。

鲁迅之子周海婴的起诉符合《民事诉讼法》第一百零八条规定的条件，绍兴市中级人民法院应当受理，受理后以调解结案为宜。如调解不成，你院可根据本案实体审理的情况确定被告是否承担责任或如何承担责任。

2.《最高人民法院关于上海科技报社和陈贯一与朱虹侵害肖像权上诉案的函》（〔1990〕民他字第28号）

上海市高级人民法院：

你院〔1990〕沪高民他字第4号关于“上海科技报社和陈贯一与朱虹侵害肖像权上诉案的请示”收悉。

经研究认为：上海科技报社、陈贯一未经朱虹同意，在上海科技报载文介绍陈贯一对“重症肌无力症”的治疗经验时，使用了朱虹患病时和治愈后的两幅照片，其目的是为了宣传医疗经验，对社会是有益的，且该行为并未造成严重不良后果，尚构不成侵害肖像权。因此，同意你院审判委员会的意见，即该案由二审人民法院撤销一审人民法院原审判决，驳回朱虹的诉讼请求。在处理时，应向上海科技报社和陈贯一指出，今后未经肖像权人同意，不得再使用其肖像。

二、相关裁判摘要

• **2020年第2期《中华人民共和国最高人民法院公报》**刊登的“**周星驰诉中建荣真无锡建材科技有限公司肖像权、姓名权纠纷案**”判决就侵害肖像权的民事责任的适用进行了分析。相关裁判摘要如下：

本案争议焦点为：一、被告中建荣真建材公司的行为是否对原告周星驰肖像权、姓名权构成侵权；二、如果构成侵权，被告应当承担何种侵权责任。

关于争议焦点一，被告中建荣真建材公司的行为是否构成侵权的问题。法院认为，首先，肖像权是自然人对自己的肖像依法享有利益并排斥他人侵害的权利，是自然人人格权的重要组成部分。《中华人民共和国民法通则》第一百条规定，公民享有肖像权，未经本人同意，不得以营利为目的擅自使用公民的肖像。《最高人民法院关于贯彻执行〈中华人民共和国民法通则〉若干问题的意见（试行）》第一百三十九条规定，以营利为目的，未经公民同意利用其肖像做广告、商标、装饰橱窗等，应当认定为侵犯公民肖像权的行为。原告周星驰享有的肖像权受法律保护，非经周星驰本人允许，任何人不得以营利为目的使用其肖像。被告分别在其官方网站(www.360cssl.com)、创业邦网站(bd.chuangzhanw.com/cssl/)、《旅伴》杂志上使用原告周星驰的肖像,该行为构成了对原告肖像权的侵犯。

关于争议焦点二,被告中建荣真建材公司应当承担何种侵权责任的问题。肖像权和姓名权所保护的客体是肖像和姓名上所体现的人格利益。《中华人民共和国侵权责任法》第二条规定,侵害民事权益,应当依照本法承担侵权责任。本法所称民事权益包括生命权、健康权、姓名权、名誉权、荣誉权、肖像权、隐私权、婚姻自主权、监护权、所有权、用益物权、担保物权、著作权、专利权、商标专用权、发现权、股权、继承权等人身、财产权益。第十五条规定,承担侵权责任的方式主要有:(一)停止侵害;(二)排除妨碍;(三)消除危险;(四)返还财产;(五)恢复原状;(六)赔偿损失;(七)赔礼道歉;(八)消除影响、恢复名誉。以上承担侵权责任的方式,可以单独适用,也可以合并适用。自然人的姓名权、肖像权、名誉权、荣誉权受到侵害的,有权要求停止侵害,恢复名誉,消除影响,赔礼道歉,并可以要求赔偿损失。侵害他人人身权益,造成他人严重精神损害的,被侵权人可以请求精神损害赔偿。本案被告系营利法人,其未经原告周星驰同意使用原告肖像和姓名的行为已经侵犯了原告的肖像权和姓名权,依法应承担相应的侵权责任。对此,法院具体阐述如下:

第一,关于立即停止侵害。鉴于被告中建荣真建材公司庭审中提出在收到原告周星驰的律师函之后,已经停止了侵权行为,原告亦认可在本案诉讼之时,未发现被告仍存在侵权行为。本案现没有证据证实被告仍继续在网站和杂志上实施侵犯原告周星驰肖像权和姓名权的行为,原告要求被告立即停止侵害的主张,依据不足,法院不予支持。

第二,关于赔偿损失。首先,肖像是自然人的外貌在物质载体上通过绘画、照相、电影、电视、录像、雕塑等形式再现的视觉形象。肖像作为自然人的一种图像标志,与该自然人的外部形象及人格密切相关。它直接关系到自然人的人格尊严及其形象的社会评价。一方面,肖像和姓名可以将该自然人与其他自然人区别开来,并体现出肖像权和姓名权人的人格尊严、名誉等,构成肖像权、姓名权人的精神利益;另一方面,自然人对肖像、姓名的利用可以带来一定的商业利益。原告周星驰作为知名艺人、演员,能够通过参演影视节目、广告代言等活动获取相应的经济利益,其肖像权、姓名权具有一定的商业化利用价值。被告中建荣真建材公司对原告肖像权、姓名权的侵害，导致原告人格权权能中包含经济性利益的部分受损，有损原告形象的商业价值，故应当对非法使用原告肖像、姓名造成的财产损失予以赔偿。其次，《中华人民共和国侵权责任法》第二十条规定，侵害他人人身权益造成财产损失的，按照被侵权人因此受到的损失赔偿；被侵权人的损失难以确定，侵权人因此获得利益的，按照其获得的利益赔偿；侵权人因此获得的利益难以确定的，被侵权人和侵权人就赔偿数额协商不一致，向人民法院提起诉讼的，由人民法院根据实际情况确定赔偿数额。《最高人民法院关于审理利用信息网络侵害人身权益民事纠纷案件适用法律若干问题的规定》第十八条第一款规定，被侵权人为制止侵权行为所支付的合理开支，可以认定为侵权责任法第二十条规定的财产损失。合理开支包括被侵权人或者委托代理人对侵权行为进行调查、取证的合理费用。人民法院根据当事人的请求和具体案情，可以将符合国家有关部门规定的律师费用计算在赔偿范围内。第二款规定，被侵权人因人身权益受侵害造成的财产损失或者侵权人因此获得的利益无法确定的，人民法院可以根据具体案情在50万元以下的范围内确定赔偿数额。法院认为，上述司法解释是适用于在信息网络上实施侵权行为案件的特别规定，而对于案件中同时存在其他类型侵权行为的损害赔偿仍应适用侵权责任法的一般规定。最后，在本案中，原告要求参照可口可乐的代言费用来计算赔偿金额，但其所提供的证据与本案不具有直接关联性，不足以证明所受损失，亦未举证证明被告的获利情况。现原告的财产损失或被告因侵权获得的利益难以确定，双方就赔偿数额亦未能协商一致，法院根据案件实际情况，酌情认定赔偿数额为58万元。其中包括：1. 财产性损害赔偿50万元。原告作为知名的演员、导演，享有广泛的知名度。被告作为营利法人，为了自身营销需要，于2017年1月和6月擅自在公司官网和创业邦网站使用原告的肖像和姓名，并在《旅伴》杂志(2017年第2期)刊登广告实施侵权行为。上述行为不仅侵犯了原告的人格尊严，也侵犯了权利人自己或许可他人使用肖像和姓名所生之利益，最终会损害诚信经营的公平竞争秩序和其他经营者、消费者的合法权益。法院注意到，被告在原告发送律师函后，截至2017年6月19日，仍未停止侵权行为。同年9月，《旅伴》杂志出现在虹桥火车站，该杂志的铁路站车发行范围涵盖全国大部分高铁动车组运行区段。由此可见，涉案侵权行为影响范围较广，持续时间较长。虽然被告辩称花费了9万元从案外人处购买了原告的照片，但其明知在未获得原告本人同意的情况下，仍使用原告的肖像和姓名制作并投放涉案广告，主观上存在过错。故法院根据原告的职业身份、知名度、肖像许可使用情况，被告的侵权行为持续时间、主观过错程度、涉案侵权广告范围、网站公开程度、杂志发行量及可能造成的影响等情节，确定财产性损害赔偿 50 万元。2. 合理费用支出 8 万元。律师费用收取系当事人与律师之间意思自治之结果，法院不予干涉。司法解释明确规定被侵权人为制止侵权行为所支付的合理开支属于被侵权人的财产损失。原告主张合理费用支出 112.50 万元，但事实上，该费用包括了一审、二审和执行等事项，法院认为，其要求被告在本案中承担的费用应当限制在合理范围内。因此，综合考量原告为制止涉案侵权行为的诉讼成本、案件标的额、判赔额、案件复杂程度、律师工作量、相关律师收费标准等因素，法院确定合理费用支出 8 万元。

第三，关于精神损害赔偿。《中华人民共和国侵权责任法》第二十二条规定，侵害他人人身权益，造成他人严重精神损害的，被侵权人可以请求精神损害赔偿。《最高人民法院关于确定民事侵权精神损害赔偿责任若干问题的解释》第八条第一款规定，因侵权致人精神损害，但未造成严重后果，受害人请求赔偿精神损害的，一般不予支持，人民法院可以根据情形判令侵权人停止侵害、恢复名誉、消除影响、赔礼道歉。如前所述，本案中，被告中建荣真建材公司侵害原告周星驰肖像权、姓名权的行为造成人格权权能中包含经济性利益的部分受损，但并未达到严重精神损害的程度，故法院对原告要求精神损害赔偿 1 元的诉讼请求不予支持。

• **2003 年第 6 期《中华人民共和国最高人民法院公报》**刊登的“**叶璇诉安贞医院、交通出版社、广告公司肖像权纠纷案**”判决认为，画像、照片等内容不能再现原形人的相貌综合特征，不能引起一般人产生与原形人有关的思想或感情活动，一般人不能凭直观清晰辨认该内容就是某一自然人的形象的，该载体不能称为该自然人的肖像。相关裁判摘要如下：

法律规定的肖像权，基于公民的肖像而产生。肖像，是指以某一个人为主体的画像或照片等。通过绘画、摄影、雕刻、录像、电影等艺术手段，在物质载体上再现某一个自然人的相貌特征，就形成肖像。肖像的特征，除肖像与原形人在客观上相互独立成为能让人力支配的物品外，再就是具有完整、清晰、直观、可辨的形象再现性或称形象标识性。这里所说的形象，是指原形人相貌综合特征给他人形成的、能引起一般人产生与原形人有关的思想或感情活动的视觉效果。画像、照片等载体，如果其内容不能再现原形人的相貌综合特征，不能引起一般人产生与原形人有关的思想或感情活动，一般人不能凭直观清晰辨认该内容就是某一自然人的形象，这样的载体不能称为肖像。如果载体所表现的内容，只有凭借高科技技术手段进行对比，才能确定这是某一自然人特有的一部分形象而非该自然人清晰完整的形象，一般人不能凭直观清晰辨认载体所表现的内容就是该自然人，则这一载体也不能称为该自然人的肖像。该自然人只是载体所表现内容的原形人，不是肖像人。由于这样的载体所表现的内容不构成肖像，原形人也就对这一内容不享有肖像权。

肖像权，是肖像人对自己的肖像依法享有的制作、使用专有权及利益维护权。原告叶璇所诉的这张照片，只有脸上的鼻子和嘴部分，不是完整的特定人形象。这张照片不能反映特定人相貌的综合特征，不能引起一般人产生与特定人有关的思想或感情活动，因此不是法律意义上的肖像。叶璇据此照片主张保护肖像权，理由不能成立。

• **1987年第1期《中华人民共和国最高人民法院公报》**刊登的“**卓小红诉孙德西、重庆市乳品公司侵犯肖像权纠纷案**”判决认为，摄像者将权利人的肖像加工为商标出售给他人，他人用作商标加以使用的，二者均属以营利为目的使用了权利人的肖像。相关裁判摘要如下：

孙德西与重庆市乳品公司未经卓小红本人同意，以营利为目的，擅自出售、印刷他人肖像作商标，是侵犯他人肖像权的行为。依照民法通则第120条关于公民的肖像权受到侵害的，有权要求停止侵害，恢复名誉，消除影响，赔礼道歉，并可以要求赔偿损失的规定，孙德西、重庆市乳品公司应当共同承担侵权的民事责任。

第一千零二十条　【肖像的合理使用】合理实施下列行为的，可以不经肖像权人同意：

（一）为个人学习、艺术欣赏、课堂教学或者科学研究，在必要范围内使用肖像权人已经公开的肖像；

（二）为实施新闻报道，不可避免地制作、使用、公开肖像权人的肖像；

（三）为依法履行职责，国家机关在必要范围内制作、使用、公开肖像权人的肖像；

（四）为展示特定公共环境，不可避免地制作、使用、公开肖像权人的肖像；

（五）为维护公共利益或者肖像权人合法权益，制作、使用、公开肖像权人的肖像的其他行为。

法条评释：本条是对肖像的合理使用的规定，也是对肖像权的法律限制。为了维护社会公众获取信息的正当利益和其他社会公共利益、国家利益，法律上会对人格权进行不同程度的限制。本条通过对肖像的合理使用的规定，对肖像权作出了限制。这种限制有利于协调肖像权的保护与合理自由的维护的关系，既尊重了自然人对肖像享有的人格利益，又维护了他人合法权益、社会公共利益和国家利益。依据本条，即便没有经过肖像权人的同意，只要是合理实施的本条所列举的行为，均不构成对肖像权的侵害，不承担民事责任。

一、相关法律条文

1.《中华人民共和国著作权法》（2020 年 11 月 11 日修正）

第二十四条 在下列情况下使用作品，可以不经著作权人许可，不向其支付报酬，但应当指明作者姓名或者名称、作品名称，并且不得影响该作品的正常使用，也不得不合理地损害著作权人的合法权益：

（一）为个人学习、研究或者欣赏，使用他人已经发表的作品；

（二）为介绍、评论某一作品或者说明某一问题，在作品中适当引用他人已经发表的作品；

（三）为报道新闻，在报纸、期刊、广播电台、电视台等媒体中不可避免地再现或者引用已经发表的作品；

（四）报纸、期刊、广播电台、电视台等媒体刊登或者播放其他报纸、期刊、广播电台、电视台等媒体已经发表的关于政治、经济、宗教问题的时事性文章，但著作权人声明不许刊登、播放的除外；

（五）报纸、期刊、广播电台、电视台等媒体刊登或者播放在公众集会上发表的讲话，但作者声明不许刊登、播放的除外；

（六）为学校课堂教学或者科学研究，翻译、改编、汇编、播放或者少量复制已经发表的作品，供教学或者科研人员使用，但不得出版发行；

（七）国家机关为执行公务在合理范围内使用已经发表的作品；

（八）图书馆、档案馆、纪念馆、博物馆、美术馆、文化馆等为陈列或者保存版本的需要，复制本馆收藏的作品；

（九）免费表演已经发表的作品，该表演未向公众收取费用，也未向表演者支付报酬，且不以营利为目的；

（十）对设置或者陈列在公共场所的艺术作品进行临摹、绘画、摄影、录像；

（十一）将中国公民、法人或者非法人组织已经发表的以国家通用语言文字创作的作品翻译成少数民族语言文字作品在国内出版发行；

（十二）以阅读障碍者能够感知的无障碍方式向其提供已经发表的作品；

（十三）法律、行政法规规定的其他情形。

前款规定适用于对与著作权有关的权利的限制。

第二十五条 为实施义务教育和国家教育规划而编写出版教科书，可以不经著作权人许可，在教科书中汇编已经发表的作品片段或者短小的文字作品、音乐作品或者单幅的美术作品、摄影作品、图形作品，但应当按照规定向著作权人支付报酬，指明作者姓名或者名称、作品名称，并且不得侵犯著作权人依照本法享有的其他权利。

前款规定适用于对与著作权有关的权利的限制。

2.《中华人民共和国精神卫生法》（2018年4月27日修正）

第四条 精神障碍患者的人格尊严、人身和财产安全不受侵犯。

精神障碍患者的教育、劳动、医疗以及从国家和社会获得物质帮助等方面的合法权益受法律保护。

有关单位和个人应当对精神障碍患者的姓名、肖像、住址、工作单位、病历资料以及其他可能推断出其身份的信息予以保密；但是，依法履行职责需要公开的除外。

3.《中华人民共和国反恐怖主义法》（2018年4月27日修正）

第五十条 公安机关调查恐怖活动嫌疑，可以依照有关法律规定对嫌疑人员进行盘问、检查、传唤，可以提取或者采集肖像、指纹、虹膜图像等人体生物识别信息和血液、尿液、脱落细胞等生物样本，并留存其签名。

公安机关调查恐怖活动嫌疑，可以通知了解有关情况的人员到公安机关或者其他地点接受询问。

二、相关部门规章

《公安机关办理行政案件程序规定》(2020年8月6日修正)

第八十三条　对违法嫌疑人，可以依法提取或者采集肖像、指纹等人体生物识别信息；涉嫌酒后驾驶机动车、吸毒、从事恐怖活动等违法行为的，可以依照《中华人民共和国道路交通安全法》《中华人民共和国禁毒法》《中华人民共和国反恐怖主义法》等规定提取或者采集血液、尿液、毛发、脱落细胞等生物样本。人身安全检查和当场检查时已经提取、采集的信息，不再提取、采集。

三、相关裁判摘要

• **2016年第4期《中华人民共和国最高人民法院公报》**刊登的“**施某某、张某某、桂某某诉徐某某肖像权、名誉权、隐私权纠纷案**”判决认为，为了保护未成年人利益和揭露可能存在的犯罪行为，发帖人在其微博中发表未成年人受伤害信息，所发微博的内容与客观事实基本一致的，符合社会公共利益原则和儿童利益最大化原则，不构成侵害肖像权。相关裁判摘要如下：

关于被告徐某某是否侵害原告施某某肖像权。《中华人民共和国民法通则》第一百条规定，公民享有肖像权，未经本人同意，不得以营利为目的使用公民的肖像。《中华人民共和国未成年人保护法》第六条第二款规定，对侵犯未成年人合法权益的行为，任何组织和个人都有权予以劝阻、制止或者向有关部门提出检举或者控告。本案中，徐某某在知晓施某某被伤害后，为揭露可能存在的犯罪行为和保护未成年人合法权益不受侵犯而使用施某某受伤的九张照片，虽未经施某某同意，但其使用是为了维护社会公共利益和施某某本人利益的需要，也没有以营利为目的，且使用时已对照片脸部进行了模糊处理，应认定该使用行为不构成对施某某肖像权的侵害。

• **2007年第2期《中华人民共和国最高人民法院公报》**刊登的“**李海峰等诉叶集公安分局、安徽电视台等侵犯名誉权、肖像权纠纷案**”判决就公安机关依法行使侦查权的行为不构成侵害肖像权等问题进行了分析。相关裁判摘要如下：

根据《中华人民共和国刑事诉讼法》第三条的规定，对刑事案件的侦查、拘留、执行逮捕、预审，由公安机关负责。为了更好地打击犯罪，公安机关在行使侦查权时，可以根据工作需要依法采取一些特殊的侦查手段。本案中，上诉人叶集公安分局为侦破相关刑事案件，安排李海峰等六名被上诉人配合进行的混合指认，即是一种法定的、特殊的侦查手段。叶集公安分局在特定的、不公开的场所内，为了侦查案件的需要进行混合指认，并进行录像、存档的行为，是依法行使侦查权的行为，本身并不具有违法性。但是，公安机关在侦查活动终结后，在向新闻媒体提供侦查活动中形成的资料时，应当尽到谨慎的注意义务，避免因此导致对他人合法权利的侵犯。如果因未尽谨慎注意义务，侵犯了公民、法人或其他组织的合法权益，也应当承担相应的法律责任。公安机关向新闻媒体提供新闻资料，不是依法行使侦查权的行为，不能因行使侦查权本身的正当性，免除其在向新闻媒体提供资料时未尽谨慎注意义务而应承担的法律责任。根据本案事实，叶集公安分局将混合指认录像资料交给原审被告安徽电视台，发生在混合指认这一侦查手段终结之后，且安徽电视台是新闻媒体，其收集侦查资料只是为了用于新闻报道，叶集公安分局将侦查过程中形成的材料交给安徽电视台，不是侦查手段的延续。因此，叶集公安分局侦查行为的合法性，不构成其在向新闻媒体提供侦破案件相关材料时未尽谨慎注意义务的法定免责事由。

上诉人叶集公安分局以配合新闻工作，履行法制宣传义务为由，称自己无过错，是对法律上“过错”这一概念的误解。民法上的过错既包括故意，也包括过失。行为人主观上具有良好的意图，并非意味着行为人一定没有过错。播放法制节目，其目的正如叶集公安分局所称是弘扬正气，揭露犯罪，是为了法制宣传的需要。但在本案中，宣传法制与保护未成年人的合法权益并不矛盾。对于涉及未成年人的特殊案件，在制作成面向广泛的、不特定的受众播放的新闻节目时，对未成年人的形象加以技术处理或者在节目中予以特别说明，并不会因此而影响宣传法制、弘扬正气的效果。参与指认的公安人员知晓并理解混合指认的内容，不会因为与案件无关的人参与指认而认为其就是犯罪嫌疑人，不会因此导致这些无辜的人的社会评价降低。但是，叶集公安分局将混合指认录像资料交给电视台时，未尽特别提醒义务，导致李海峰等六被上诉人的脸部画面未经任何技术处理，即通过新闻传播到不特定的受众处，且该新闻节目亦未就此作出特别说明。观看新闻的普通群众，并不一定知晓混合指认这一特定侦察手段的具体内容，因此有人公开指责六被上诉人未成年即犯下恶劣罪行，并冠以“强奸犯”的称谓，导致六被上诉人社会评价的降低，发生名誉权受损的后果。故叶集公安分局配合新闻媒体进行法制宣传的正当性不构成免除其在本案中所应承担民事责任的法定事由。

第一千零二十一条　【肖像使用条款的解释】当事人对肖像许可使用合同中关于肖像使用条款的理解有争议的，应当作出有利于肖像权人的解释。

法条评释：依据本条规定，肖像许可使用合同中关于肖像使用条款的理解有争议的，应当作出有利于肖像权人的解释。即便该条款属于格式条款，且是由肖像权人、姓名权人所拟定的，也应当排除《民法典》第498条的适用，而作出有利于肖像权人的解释。因为，《民法典》第498条是对格式条款解释规则的一般性规定，本条则是特殊的解释规则。本条之所以如此规定，本质上还是贯彻了当财产权与人格权存在冲突时应优先保护人格权的思想。

相关法律条文

《中华人民共和国民法典》(2021年1月1日起施行)

第一百四十二条　有相对人的意思表示的解释，应当按照所使用的词句，结合相关条款、行为的性质和目的、习惯以及诚信原则，确定意思表示的含义。

无相对人的意思表示的解释，不能完全拘泥于所使用的词句，而应当结合相关条款、行为的性质和目的、习惯以及诚信原则，确定行为人的真实意思。

第四百六十六条　当事人对合同条款的理解有争议的，应当依据本法第一百四十二条第一款的规定，确定争议条款的含义。

合同文本采用两种以上文字订立并约定具有同等效力的，对各文本使用的词句推定具有相同含义。各文本使用的词句不一致的，应当根据合同的相关条款、性质、目的以及诚信原则等予以解释。

第四百九十八条　对格式条款的理解发生争议的，应当按照通常理解予以解释。对格式条款有两种以上解释的，应当作出不利于提供格式条款一方的解释。格式条款和非格式条款不一致的，应当采用非格式条款。

第一千零二十二条 【肖像许可使用合同的期限】 当事人对肖像许可使用期限没有约定或者约定不明确的,任何一方当事人可以随时解除肖像许可使用合同,但是应当在合理期限之前通知对方。

当事人对肖像许可使用期限有明确约定,肖像权人有正当理由的,可以解除肖像许可使用合同,但是应当在合理期限之前通知对方。因解除合同造成对方损失的,除不可归责于肖像权人的事由外,应当赔偿损失。

法条评释: 依据本条第1款的规定,如果当事人对肖像许可使用期限没有约定或者约定不明确,此时,无须依据《民法典》第510条的合同解释规定来确定期限,而是赋予任何一方当事人可以随时解除合同的权利。这是考虑到,肖像许可使用合同涉及自然人的肖像权这一人格权,为维护自然人的人格尊严,不应当通过合同解释来确定期限。本条第2款则赋予了肖像权人对于定期肖像许可使用合同的单方解除权,主要目的就是加强对人格权的保护。所谓"正当理由",是指如果不解除肖像许可使用合同将对肖像权人或者其近亲属合法权益造成损害,或者会违反公序良俗原则或损害国家利益、社会公共利益等情形。

相关法律条文

《中华人民共和国民法典》(2021年1月1日起施行)

第五百一十条 合同生效后,当事人就质量、价款或者报酬、履行地点等内容没有约定或者约定不明确的,可以协议补充;不能达成补充协议的,按照合同相关条款或者交易习惯确定。

第五百一十一条 当事人就有关合同内容约定不明确,依据前条规定仍不能确定的,适用下列规定:

(一)质量要求不明确的,按照强制性国家标准履行;没有强制性国家标准的,按照推荐性国家标准履行;没有推荐性国家标准的,按照行业标准履行;没有国家标准、行业标准的,按照通常标准或者符合合同目的的特定标准履行。

(二)价款或者报酬不明确的,按照订立合同时履行地的市场价格履行;依法应当执行政府定价或者政府指导价的,依照规定履行。

（三）履行地点不明确，给付货币的，在接受货币一方所在地履行；交付不动产的，在不动产所在地履行；其他标的，在履行义务一方所在地履行。

（四）履行期限不明确的，债务人可以随时履行，债权人也可以随时请求履行，但是应当给对方必要的准备时间。

（五）履行方式不明确的，按照有利于实现合同目的的方式履行。

（六）履行费用的负担不明确的，由履行义务一方负担；因债权人原因增加的履行费用，由债权人负担。

第一千零二十三条 【姓名等许可使用及对声音保护的参照性规定】 对姓名等的许可使用，参照适用肖像许可使用的有关规定。

对自然人声音的保护，参照适用肖像权保护的有关规定。

法条评释： 本条第1款规定的是，对姓名、名称、个人信息等其他可以许可他人使用的人格要素，参照适用肖像许可使用的有关规定，即第1021条与第1022条。本条第2款是对自然人声音的保护。每个自然人的声音，各有其特点，一旦定型后除非通过科技手段，否则难以改变。因此，自然人的声音也可以用于识别特定的自然人。我国民法典编纂时，立法机关认为，自然人的声音也是识别特定自然的一种人格标识，故此可以参照肖像权保护的规定。这就意味着，一方面，自然人可以依法制作、使用、公开或者许可他人使用自己的声音；另一方面，任何组织或个人不得未经许可擅自使用、公开他人的声音。需要注意的是，声音不只是受到肖像权的保护，擅自公开、使用他人的声音也不仅仅是侵害肖像权。例如，偷录他人的私密谈话并加以公开，将构成对他人隐私权的侵害。

一、相关法律条文

《中华人民共和国商标法》（2019年4月23日修正）

第八条 任何能够将自然人、法人或者其他组织的商品与他人的商品区别开的标志，包括文字、图形、字母、数字、三维标志、颜色组合和声音等，以及上述要素的组合，均可以作为商标申请注册。

二、相关行政法规

《中华人民共和国商标法实施条例》(2014年4月29日修正)

第十三条 申请商标注册,应当按照公布的商品和服务分类表填报。每一件商标注册申请应当向商标局提交《商标注册申请书》1份、商标图样1份;以颜色组合或者着色图样申请商标注册的,应当提交着色图样,并提交黑白稿1份;不指定颜色的,应当提交黑白图样。

商标图样应当清晰,便于粘贴,用光洁耐用的纸张印制或者用照片代替,长和宽应当不大于10厘米,不小于5厘米。

以三维标志申请商标注册的,应当在申请书中予以声明,说明商标的使用方式,并提交能够确定三维形状的图样,提交的商标图样应当至少包含三面视图。

以颜色组合申请商标注册的,应当在申请书中予以声明,说明商标的使用方式。

以声音标志申请商标注册的,应当在申请书中予以声明,提交符合要求的声音样本,对申请注册的声音商标进行描述,说明商标的使用方式。对声音商标进行描述,应当以五线谱或者简谱对申请用作商标的声音加以描述并附加文字说明;无法以五线谱或者简谱描述的,应当以文字加以描述;商标描述与声音样本应当一致。

申请注册集体商标、证明商标的,应当在申请书中予以声明,并提交主体资格证明文件和使用管理规则。

商标为外文或者包含外文的,应当说明含义。

第五章 名誉权和荣誉权

第一千零二十四条 【名誉权及名誉的界定】民事主体享有名誉权。任何组织或者个人不得以侮辱、诽谤等方式侵害他人的名誉权。

名誉是对民事主体的品德、声望、才能、信用等的社会评价。

法条评释:本条是对名誉权和名誉的界定。名誉权是自然人、法人、非法人组织等民事主体享有的维护自己名誉并排除他人侵害的权利。名誉权是一项非常重要的人格权。一个人保护其名誉免受侵害的权利反映了人类不可或缺的基本尊严与价值。名誉权的内容侧重于对于名誉的消极防护，即民事主体基于名誉权享有排除他人以侮辱、诽谤等各种方式对自己名誉权的侵害。名誉权的客体是名誉。所谓名誉，是对民事主体的品德、声望、才能、信用等的社会评价。作为社会评价的名誉不同于名誉感。名誉感只是自然人自己对自身的人格价值所持有的个人的、主观的评价，是自然人内心的自我感受。

一、相关法律条文

《中华人民共和国反不正当竞争法》(2019 年 4 月 23 日修正)

第十一条　经营者不得编造、传播虚假信息或者误导性信息，损害竞争对手的商业信誉、商品声誉。

二、相关文件规定

1.《最高人民法院关于广西高院请示黄仕冠、黄德信与广西法制报社、范宝忠名誉侵权一案请示的复函》(〔2000〕民他字第 8 号)

广西壮族自治区高级人民法院：

你院关于黄仕冠、黄德信与广西法制报社、范宝忠名誉侵权一案的请示收悉。经研究认为，范宝忠供稿、《广西法制报》发表的《法官黄仕冠、黄德信徇私舞弊被逮捕》一文，内容严重失实，且在人民法院判决黄仕冠、黄德信无罪后，范宝忠、广西法制报社拒绝进行更正报道和后续报道，根据我院《关于审理名誉权案件若干问题的解释》的有关规定，其行为侵害了黄仕冠、黄德信的名誉权，范宝忠、广西法制报社依法应承担相应的民事责任。但考虑到本案的具体情况，该案以案外和解的方式处理为宜。故请告知范宝忠和广西法制报社，依照法律规定，其应当承担侵权的民事责任。希望范宝忠和广西法制报社通过赔礼道歉、消除影响以及给黄仕冠、黄德信一定经济补偿等方式争取达成和解，使黄仕冠、黄德信主动撤诉。如果不能达成和解，则依法作出处理。

2.《最高人民法院关于刘兰祖诉山西日报社、山西省委支部建设杂志社侵害名誉权一案的复函》(〔1999〕民他字第 32 号)

山西省高级人民法院：

你院〔1999〕晋民他字第 1 号《关于刘兰祖诉山西日报社、山西省委支部建设杂志社侵害名誉权一案的请示报告》收悉。经研究，我们认为，贾卯清和刘兰祖合谋侵吞公款的行为已经有关纪检部门予以认定,并给予贾卯清相应的党纪处分,山西日报社和山西省委支部建设杂志社(以下简称支部建设杂志社)将相关事实通过新闻媒体予以报道,没有违反新闻真实性的基本原则,该报道的内容未有失实之处,属于正常的舆论监督。根据最高人民法院有关司法解释的规定精神和本案的具体情况,山西日报社和支部建设杂志社的行为,不构成对刘兰祖名誉权的侵害。

3. 最高人民法院函《关于都兴久、都兴亚诉高其昌、王大学名誉权纠纷一案的请示报告》(〔1996〕民他字第16号)

辽宁省高级人民法院:

你院〔1996〕辽民他字第9号《关于都兴久、都兴亚诉高其昌、王大学名誉权纠纷一案的请示报告》收悉。经研究认为,作家高其昌、王大学创作《关东魂》一书的主观动机是弘扬爱国主义精神,在塑造都本德这一反面人物时确有一定的生活素材为依据,作者主观上没有损害都本德名誉的故意,小说中使用都本德真实姓名虽有不妥,但都本德在历史上确实担任伪职,据此情况,以不认定小说《关东魂》损害了都本德的名誉权为宜。请你院责成有关法院在审理本案中多做调解工作。

4.《最高人民法院关于中国人民解放军第四医大附属西京医院、樊代明和杨林海名誉权纠纷一案的函》(1995年7月19日)

陕西省高级人民法院:

你院关于中国人民解放军第四军医大学附属西京医院、樊代明与杨林海名誉权纠纷一案的请示报告收悉。经研究,我们认为,西京医院和樊代明的行为是正常的医务活动,没有违反有关法律规定和规章制度,事实上也不存在侵害杨林海名誉权的问题。故同意你院审判委员会的意见,即西京医院和樊代明的行为不构成对杨林海名誉权的侵害。

5.《最高人民法院关于邵文卿与黄朝星侵害名誉权案的函》(1995年6月1日)

江西省高级人民法院:

你院关于邵文卿与黄朝星侵害名誉权案的请示报告收悉。经研究认为:从本案情况看,被告黄朝星撰写的报告文学作品《红杏枝头——瑞昌市人民医院变迁记》中所虚构的"元老",未指名道姓,不是指特定的人,其特征描写与原告邵文卿并不相符,原告不应对号入座。据此,我们同意你院审委会多数人的意见,即以认定不构成侵害名誉权为宜。

6.《最高人民法院关于胡秋生、娄良英等八人诉彭拜、漓江出版社名誉权纠纷案的复函》(1995年1月9日)

安徽省高级人民法院:

你院(1993)皖法民上字7-14号《关于娄良英等八人诉彭拜及漓江出版社侵害名誉权一案的请示报告》收悉。经研究认为:彭拜撰写的小说《斜阳梦》,虽未写明原告的真实姓名和住址,但在人物特征有了明显指向的情况下,侮辱了原告或披露了有损其名誉的家庭隐私。彭拜应当也能够预见《斜阳梦》的发表会给原告的名誉造成损害,却放任了损害后果的发生,主观上有过错。因此,同意你院审判委员会的倾向性意见,彭拜的行为已构成侵害他人名誉权,应承担民事责任。对漓江出版社,可不认定其构成侵权。

7.《最高人民法院关于胡骥超、周孔昭、石述成诉刘守忠、遵义晚报社侵害名誉权一案的函》(〔1990〕民他字第48号)

贵州省高级人民法院:

你院(90)民请字第2号《关于胡骥超、周孔昭、石述成诉刘守忠、遵义晚报社侵害名誉权一案的请示报告》收悉。

经研究认为:本案被告刘守忠因与原告胡骥超、周孔昭、石述成有矛盾,在历史小说创作中故意以影射手法对原告进行丑化和侮辱,使其名誉受到了损害。被告遵义晚报社在已知所发表的历史小说对他人的名誉造成损害的情况下,仍继续连载,放任侵权后果的扩大。依照《中华人民共和国民法通则》第101条和第120条的规定,上述二被告的行为已构成侵害原告的名誉权,应承担侵权民事责任。

8.《最高人民法院关于王水泉诉郑戴仇名誉权案的复函》(〔1989〕民他字第39号)

江西省高级人民法院:

你院赣法(民)〔1989〕6号《关于王水泉诉郑戴仇名誉权案的请示报告》收悉。

经研究认为，郑戴仇参与评定王水泉副教授职称时，有人反映王水泉所写《从经典描述提取量子信息——费曼路径积分简介》（下称《简介》）是抄袭之作，郑将此意见向评审组织反映是允许的。但当意见未被采纳后，竟擅自在公众场合多次传播；尤其是在有关人员证明，并由有关组织作出《简介》不属抄袭之作的结论后，仍继续散布，进一步扩大不良影响，其行为已超越了评定工作的职权范围。故同意你院审判委员会的意见，即郑戴仇的行为损害了王水泉的名誉权，应承担相应的民事责任。

9.《最高人民法院关于徐良诉上海文化艺术报社等侵害名誉权一案的复函》（〔1989〕民他字第28号）

上海市高级人民法院：

你院〔1989〕沪高民他字第7号关于处理徐良诉上海文化艺术报社、赵伟昌侵害名誉权案件的请示报告收悉。经研究，答复如下：

一、被告赵伟昌根据传闻，撰写严重失实的文章“索价三千元带来的震荡”和被告《上海文化艺术报》社未经核实而刊登该文，造成了不良后果，两被告的行为均已构成侵害徐良的名誉权。

二、陈保平不是必要的共同诉讼人，原告徐良亦表示不告，法院可不追加陈保平为被告。

三、根据本案的具体情况，两被告对原告徐良因进行诉讼而支付的合理的、必要的费用，应酌予赔偿。

三、相关裁判摘要

• **2016年第4期《中华人民共和国最高人民法院公报》**刊登的“**施某某、张某某、桂某某诉徐某某肖像权、名誉权、隐私权纠纷案**”判决认为，为了保护未成年人利益和揭露可能存在的犯罪行为，发帖人在其微博中发表未成年人受伤害信息，所发微博的内容与客观事实基本一致的，符合社会公共利益原则和儿童利益最大化原则，该举报行为不构成侵害名誉权。相关裁判摘要如下：

以书面、口头等形式宣扬他人的隐私，或者捏造事实公然丑化他人人格，以及用侮辱、诽谤等方式损害他人名誉，造成一定影响的，应当认定为侵害公民名誉权的行为。本案中，徐某某通过网络公开了男童遭受虐待的事实，是一种公开的网络举报行为，不存在主观上的过错。

徐某某所发微博的内容既没有夸大或隐瞒事实，更没有虚构、造谣和污蔑，且施某某受到伤害情况客观存在，微博反映的内容与客观事实基本相一致，微博中也没有使用侮辱、诽谤性的语言，客观上不会造成施某某社会声望和评价的降低。徐某某所发微博的内容未涉及张某某、桂某某的任何信息资料，不存在对张某某、桂某某进行侮辱或诽谤。施某某、张某某、桂某某亦未能提供充分证据证明由于徐某某的网络发帖行为导致原告的名誉受损的事实。故施某某、张某某、桂某某主张徐某某侵犯其名誉权不能成立。

• **2015年第5期《中华人民共和国最高人民法院公报》**刊登的"**陈某某诉莫宝兰、莫兴明、邹丽丽侵犯健康权、名誉权纠纷案**"判决认为，行为人以未成年人违法为由对其作出侮辱行为，该行为对未成年人名誉造成一定影响的，属于名誉侵权行为，应依法承担相应责任。相关裁判摘要如下：

本案二审的争议焦点为：1.上诉人莫兴明、邹丽丽用绳子将被上诉人陈某某捆绑在超市门前的电线杆上，并在其身上悬挂"小偷"字牌的行为是否构成对被上诉人健康权、名誉权的侵权。被上诉人所患的病症，与莫兴明、邹丽丽的行为有无因果关系，应否承担民事责任。2.上诉人莫宝兰在本案中应否承担连带赔偿责任。

针对第一个争议焦点，上诉人莫兴明、邹丽丽以被上诉人陈某某到白沙万宝超市内拿了发卡及糖果藏于身后而未经超市收银台计价收费便走到超市门口的行为为盗窃，才用绳子将被上诉人绑在万宝超市门前的电线杆上，并在其身上悬挂一块写有"小偷"的字牌，该行为引来在场群众围观。法院认为，被上诉人的行为是否构成偷窃应由相关行政部门作出认定处罚，莫兴明、邹丽丽不是行政机关工作人员，如其发现被上诉人行为违法，应移交相关行政部门依法处理，而不能采用将被上诉人捆绑示众的方法惩罚。被上诉人的行为不能成为莫兴明、邹丽丽的违法阻却事由。一审审理期间，经被上诉人申请，法院委托南宁市第五人民医院司法鉴定所对被上诉人的精神损害进行司法鉴定，诊断为伤后应激障碍，目前处于发病期，遭人身损害是其患创伤后应激障碍的直接原因。鉴定报告显示被上诉人患创伤后应激障碍的原因与莫兴明、邹丽丽的故意违法行为有因果关系……莫兴明、邹丽丽的上述侮辱行为对被上诉人的名誉造成一定程度的影响，依法应构成名誉侵权行为。

莫兴明、邹丽丽主张不构成名誉侵权行为缺乏事实和法律依据,不予支持。

上诉人莫兴明、邹丽丽在捆绑被上诉人陈某某期间,将其外套脱至手臂,虽然事发当日没有诊断出患病,但在事后较短的日子里,确诊感染风寒引发急性支气管炎不无可能,上诉人未能提供排他证据,法院不予支持其主张。一审认定莫兴明、邹丽丽侵犯被上诉人的名誉权、健康权正确,予以维持。

• **2012 年第 9 期《中华人民共和国最高人民法院公报》**刊登的"**周雅芳诉中国银行股份有限公司上海市分行名誉权纠纷案**"判决认为,人民银行的征信系统相对封闭,该系统中的不良记录并未在不特定的人群中进行传播,不会造成被记录者的社会评价降低,故不能认定存在损害名誉权的后果。相关裁判摘要如下:

被上诉人中国银行上海分行在审核信用卡申请资料中确实存在一定的过错导致上诉人周雅芳的信用报告在 2009 年至 2011 年期间存在不真实的记载。但是,确定中国银行上海分行是否侵害周雅芳的名誉权还应当结合损害后果及因果关系进行判断。首先,对于关于侵权行为的认定。周雅芳认为中国银行上海分行将其未还款的记录上传至征信系统就构成了侵权。但是,法院认为,中国银行上海分行按照国家的相关法律法规及监管要求报送相关信息,其报送的信息也都是源于周雅芳名下信用卡的真实欠款记录,并非捏造,不存在虚构事实或侮辱的行为,故不构成侵害周雅芳名誉权的行为。其次,对于损害后果的认定。名誉权受损害的损害后果应当是周雅芳的社会评价降低,但是,中国人民银行的征信系统是一个相对封闭的系统。只有本人或者相关政府部门、金融机构因法定事由才能对该系统内的记录进行查询,这些记录并未在不特定的人群中进行传播,并且造成周雅芳的社会评价降低,故不能认定存在周雅芳名誉受损的后果。鉴于本案中侵权行为与损害后果均不存在,故无需对侵权人的主观过错以及侵权行为与损害后果间的因果关系进行考察。周雅芳认为,中国银行上海分行在审核信用卡申请资料中存在重大过错,致使周雅芳的信用报告在 2009 年至 2011 年期间存在不真实的记载。但是,由于银行审核信用卡申请材料的行为并非本案中的侵权行为,故该行为中是否存在过错不属于本案中需要审查的内容。

• **2008 年第 11 期《中华人民共和国最高人民法院公报》**刊登的**“李忠平诉南京艺术学院、江苏振泽律师事务所名誉权侵权纠纷案”**判决认为，律师事务所或者律师未尽必要的审查义务，即按照委托人的要求发布署名律师声明，如果该声明违背事实，侵犯他人名誉权，律师事务所或者律师应承担侵权责任。相关裁判摘要如下：

名誉，是指社会对自然人或法人的综合评价。名誉权是指公民或法人依赖自己的名誉参与社会生活、社会竞争的权利。良好的名誉是公民或法人参与社会生活、社会竞争的重要条件，对名誉的侵犯必然直接妨害、影响公民或法人参与社会竞争的资格，因此，法律保护公民或法人的名誉权不受他人侵犯。本案中，上诉人艺术学院、振泽律师事务所共同发表涉案律师声明，在未明确指明起止时间的情况下，模糊、笼统地宣称被上诉人李忠平“既非艺术学院人员也非南艺培训中心人员”、“艺术学院培训中心从未授权李忠平以南艺培训中心名义对外开展活动”，该声明内容与事实不符。艺术学院、振泽律师事务所应当预见自己的行为可能发生损害李忠平名誉的后果，但仍在报刊、网站刊载涉案律师声明，致使李忠平的社会评价降低。艺术学院、振泽律师事务所的上述行为不具有抗辩事由或阻却违法的事由，已构成对李忠平名誉权的侵害……

• **2007 年第 2 期《中华人民共和国最高人民法院公报》**刊登的**“李海峰等诉叶集公安分局、安徽电视台等侵犯名誉权、肖像权纠纷案”**判决认为，公安机关提供侦破案件的相关资料，供新闻媒体用于新闻报道时，应尽谨慎注意义务以保护他人合法权益。未尽此义务导致他人名誉权受到侵犯的，应承担民事责任。相关裁判摘要请参见第一千零二十条相关案例。

• **2006 年第 12 期《中华人民共和国最高人民法院公报》**刊登的**“徐恺诉上海宝钢冶金建设公司侵犯名誉权纠纷案”**判决认为，用工单位因过错对劳动者作出不良、不实评价，影响了劳动者就业求职和工作生活的，用工单位的行为与劳动者名誉受损有直接因果关系，则用工单位构成对劳动者名誉权的侵犯。相关裁判摘要如下：

名誉是指根据公民的观点、行为、作用、表现等所形成的关于公民品德、才干及其他素质的总体社会评价，是对公民社会价值的一般认识。

公民享有名誉权,法律禁止用侮辱、诽谤等方式损害公民的名誉。劳动用工单位有权对劳动者实施管理并对劳动者的劳动、工作情况作出客观、公正的评价,这种评价也是劳动者总体社会评价的重要组成部分。劳动用工单位对劳动者作出不实、不良的评价是否构成对劳动者名誉权的侵犯,应当根据劳动用工单位的行为是否具有过错、劳动者的名誉有无被损害的事实、劳动用工单位的行为与劳动者的名誉受损之间有无因果关系等因素加以认定。

……宝冶公司在已经与徐恺解除劳动合同关系后,又以徐恺尚未正式办理退工手续即不来上班,属于违反劳动纪律为由,再次作出解除劳动合同的决定,并在退工通知书中记载"因违纪而解除合同",致使徐恺在求职市场上存在不良记录,其行为缺乏依据并具有过错。

上诉人宝冶公司在被上诉人徐恺退工通知书中作出的关于徐恺"因违纪而解除劳动合同"的不实记载,是对徐恺劳动、工作情况的负面评价。该不实记载存在于求职市场,为相关用人单位所知悉,事实上降低了对徐恺的社会评价,并对其就业、求职产生了一定的负面影响。一审认定宝冶公司的行为构成对徐恺名誉权的侵犯,并根据侵权的行为方式、手段、场合及所造成的后果判令宝冶公司承担相应的民事责任,并无不当。

• **2003 年第 2 期《中华人民共和国最高人民法院公报》**刊登的"**余一中诉《新闻出版报》社侵害名誉权纠纷案**"判决认为,报纸的评论中引用他人评论文章中的原话,如不存在捏造事实的情况,不应认定为诽谤;评论中如果仅提出相反的观点,并无损害他人人格或者名誉的言辞,亦不构成侮辱。相关裁判摘要如下:

人民法院作出裁判的原则是"以事实为根据,以法律为准绳"。判令当事人承担侵害名誉权的责任,应当根据确有名誉被侵害的事实、行为人实施了侮辱、诽谤的违法行为、违法行为与损害后果之间有因果关系、行为人主观上有过错等来认定。报纸作为新闻媒介,就他人的文章或观点展开讨论,是办报的一种形式。被上诉人《新闻出版报》社发表的"钟文"及"编者按"中,既没有捏造事实对上诉人余一中进行诽谤,也没有侮辱余一中的人格,故不构成对余一中名誉的侵害。余一中的上诉理由,主要是认为"钟文"和"编者按"表达观点的方式不当。而在有关争论中，争论双方在表达自己的观点时，只要不构成侮辱、诽谤，就不能认定侵犯他人的名誉权，要求其承担民事责任。一审认定的事实清楚，适用法律正确，应予维持；余一中的上诉理由无法律依据，不予支持。

• **2001年第5期《中华人民共和国最高人民法院公报》**刊登的“**张静诉俞凌风网络环境中侵犯名誉权纠纷案**”判决认为，利用网络使用侮辱性语言贬低他人人格的，构成侵害名誉权。相关裁判摘要如下：

名誉，是社会上人们对公民或者法人的品德、声誉、形象等各方面的综合评价。《中华人民共和国民法通则》第一百零一条规定：“公民、法人享有名誉权，公民的人格尊严受到法律保护，禁止用侮辱、诽谤等方式损害公民、法人的名誉。”公民的名誉权受法律保护，任何人均不得利用各种形式侮辱、毁损他人的名誉。

网络是科技发展的产物，对人类社会的进步具有不可低估的推动作用。网络空间尽管是虚拟的，但通过网络的一举一动折射出来的人的行为，却是实实在在的……作为现代社会传播媒介的网络空间，既是人们传播信息和交流的场所，更是一个健康有序的活动空间，应当受到道德的规范和法律的制约，绝不能让其发展成为一些人为所欲为的工具。利用互联网侮辱他人或者捏造事实诽谤他人，侵犯他人合法权益构成侵权的，应当承担民事责任。

本案原告张静、被告俞凌风虽然各自以虚拟的网名登录网站并参与网站的活动，但在现实生活中通过聚会，已经相互认识并且相互知道网名所对应的人，且张静的“红颜静”网名及其真实身份还被其他网友所知悉，“红颜静”不再仅仅是网络上的虚拟身份。知道对方真实身份的网友间，虽然继续以网名在网上进行交流，但此时的交流已经不局限于虚拟的网络空间，交流对象也不再是虚拟的人，而是具有了现实性、针对性。俞凌风通过西祠胡同网站的公开讨论版，以“大跃进”的网名数次发表针对“红颜静”即张静的言论，其间多次使用侮辱性语言贬低“红颜静”即张静的人格。俞凌风在主观上具有对张静的名誉进行毁损的恶意，客观地实施了侵权他人名誉权的行为，不可避免地影响了他人对张静的公正评价，应当承担侵权的民事责任。

……被告俞凌风侵犯了原告张静的名誉权后，张静要求其停止侵害、消除影响、赔礼道歉，于法有据，应当支持。关于原告张静主张的精神损害抚慰金，根据最高人民法院《关于确定民事侵权精神损害赔偿责任若干问题的解释》第八条第二款的规定，可以判令被告俞凌风赔偿。鉴于知道“红颜静”即为张静的人数有限，侵权行为造成的实际影响在范围内有一定局限性，考虑到张静在被侵权后也曾在网上对俞凌风发表过不当言论等因素，对张静主张赔偿1万元的请求不予支持，具体赔偿数额由法院酌定。

• **1993年第1期《中华人民共和国最高人民法院公报》**刊登的“**倪培璐、王颖诉中国国际贸易中心侵害名誉权纠纷案**”判决认为，超市工作人员根据超市自行张贴的“告示”，盘问和检查消费者的行为具有违法性，存在损害他人名誉的事实，损害行为与后果之间有因果关系，已构成了对消费者名誉权的损害。相关裁判摘要如下：

权利，是指法律赋予公民或法人可以行使的一定行为和可以享受的一定利益。公民或法人行使某一行为，如果没有法律的依据或者不符合法律规定，都不能自认为有权利行使这样的行为。法律从未赋予市场工作人员有盘问顾客和检查顾客财物的权利，因而被告无权张贴要求顾客将自己的提包打开供被告工作人员查看的公告。尽管此公告张贴在市场门口，但由于它没有法律依据，因而是无效的，顾客有权不执行公告的规定。

……所谓名誉，就公民来说，是指人们根据该公民的工作、生活、言论以及其他表现所形成的有关该公民品德、才干、声望、信用等方面的一定社会评价。所谓人格尊严，是指公民个人对于自己的社会地位和社会价值的自我认识和自我评价。法律赋予公民的名誉权，是一种人格权利，它与公民的名誉和人格尊严是密切相关的。被告的工作人员怀疑二原告偷拿了市场的货物，本应依照法定程序提交法定机关调查处理，但却未这样做，而是在没有确凿证据的情况下，在公众场合叫住二原告，问其是否将未交费的货物带出市场。问话虽然是婉转的，但其贬意却是显露的。这问话不仅足以使二原告感到自己的社会地位已遭贬低，而且也实际影响了对二原告品德、声望、信用等方面应有的社会评价。因此，这种问话已使二原告的名誉受到损害。被告的工作人员又根据市场的无效公告，声称有权检查二原告的物品，将二原告带进市场内继续逼问。在此情况下，尽管形式上原告自行打开提包、解开衣扣、摘下帽子让市场工作人员查看，但其实质是市场工作人员对顾客的搜查。这种搜查只有法定机关才有权行使。因此，被告的工作人员的上述行为，已严重侵害了二原告依法享有的名誉权。

• **1990 年第 4 期《中华人民共和国最高人民法院公报》**刊登的“**徐良诉《上海文化艺术报》、赵伟昌侵害名誉权纠纷案**”判决认为，报社不经调查核实，发表严重失实的文章，致使他人的名誉权受到侵害的，应当承担侵权责任。相关裁判摘要如下：

上诉人赵伟昌撰写《索价》一文时，对被上诉人“开价三千元”、“少一分也不行”的传闻，不调查核实，致使文章内容严重失实，其主观上是有过错的，客观上诋毁、贬低了徐良的人格，造成了不良后果，已构成对徐良名誉权的侵害。上诉人《上海文化艺术报》明知发表《索价》一文会对徐良名誉带来侵害，未审查核实，即发表这一严重失实的文章，贬低了徐良的人格，使其受到多方指责，直接起到了扩大不良后果的作用，其行为不仅仅是工作失误，而且主观上亦有过错。根据最高人民法院法(民)复〔1988〕11 号批复关于报刊社对准备发表的稿件，应负责审查核实；发表后侵害了公民的名誉权，作者和报刊社都有责任的精神，二上诉人的上诉理由不能成立。二上诉人对徐良因名誉权受到侵害引起诉讼而支付的合理的、必要的费用，应按照国家规定的标准，酌情赔偿。原审认定的数额偏高，超标准部分不应列入赔偿范围。

• **1990 年第 2 期《中华人民共和国最高人民法院公报》**刊登的“**康达医疗保健用品公司诉西北工商报社、陕西省医疗器械公司侵害法人名誉权纠纷案**”判决认为，新闻报道内容失实损害法人名誉的，应当承担侵权责任。相关裁判摘要如下：

原审被告工商报对记者赵平方撰写的批评稿件，未经核实便在报纸上点名批评被上诉人康达公司，致使报道内容失实，给康达公司名誉造成损害，其行为侵犯了康达公司的名誉权，应当承担民事责任。上诉人省医疗公司对他人反映的情况，未经核实，随意提供报社；特别是文章见报后，明知康达公司有不同意见，还向报社致函追认所反映的情况基本属实，亦属侵权行为。

• **1988 年第 1 期《中华人民共和国最高人民法院公报》**刊登的“**上海新亚医用橡胶厂诉武进医疗用品厂损害法人名誉权纠纷案**”判决认为，企业竞争对手为了达到毁损对方产品、进行恶意竞争的目的，捏造有损对方产品声誉的事实并以印发公告的形式予以散播的，构成对法人名誉权的侵害。相关裁判摘要如下：

企业的名誉权受国家法律保护。企业之间将生产的合格产品投放市场,开展正当的商品竞争,是国家允许的。原告厂的妇用卫生杯从未积压过一年之久,销售的妇用卫生杯根本不存在失效、半失效的问题,库存量也从未有过105万只。被告以非法手段,用"公告"的形式,故意捏造事实,对原告厂生产的妇用卫生杯进行诽谤,其行为违反了《中华人民共和国民法通则》第一百零一条的规定,损害了法人的名誉权。原告要求被告公开登报消除影响,恢复名誉、赔礼道歉、赔偿损失,符合民法通则第一百二十条的规定,应予支持。但原告厂生产的妇用卫生杯销售量下降,并非纯系被告诽谤其产品所致,也有质量、宣传不够等方面的因素,故被告应酌情赔偿其损失。被告厂生产的妇用卫生杯,未经技术鉴定和主管部门批准,擅自进行生产,并大量投放市场销售,其行为严重违反国家的有关规定。原告为此向有关部门反映,并无不当。至于被告反诉原告在会议上讲被告厂生产的妇用卫生杯有毒一事,查无事实,不予认定。

第一千零二十五条 【名誉权的法律限制】 行为人为公共利益实施新闻报道、舆论监督等行为,影响他人名誉的,不承担民事责任,但是有下列情形之一的除外:

(一)捏造、歪曲事实;

(二)对他人提供的严重失实内容未尽到合理核实义务;

(三)使用侮辱性言辞等贬损他人名誉。

法条评释: 本条是对名誉权的法律限制。在为了公共利益而实施的新闻报道、舆论监督中,因为往往要揭露那些各种不道德的、违法和犯罪的人与事情,故此不可避免地在客观上会影响被批评的个人或单位的社会评价,即影响他人名誉。如果只要是因此而名誉受影响之人即可提起名誉权侵权诉讼,要求行为人承担民事责任,那么就无法维护公共利益,新闻报道就没有自由可言,而舆论监督也根本无法实现。故此,本条作出了明确规定,但是也规定了三种例外情形。这三种情形表明我国《民法典》接受了司法实践对事实陈述与意见表达的区分,其中,第一项"捏造、歪曲事实"与第二项"对他人提供的严重失实内容未尽到合理核实义务"都属于对于事实陈述真实性的要求,而第三项"使用侮辱性言辞等贬损他人名誉"则是对意见表达公正性的要求。

第一千零二十六条　【合理核实义务的判断】认定行为人是否尽到前条第二项规定的合理核实义务,应当考虑下列因素:

(一)内容来源的可信度;

(二)对明显可能引发争议的内容是否进行了必要的调查;

(三)内容的时限性;

(四)内容与公序良俗的关联性;

(五)受害人名誉受贬损的可能性;

(六)核实能力和核实成本。

法条评释:本条是对判断行为人对他人提供的严重失实的内容是否尽到合理核实义务时应当考量哪些因素的规定。第一,所谓内容来源的可信度,就是要求从事新闻报道、舆论监督的行为人必须对他人提供的内容的来源、有无证据可以供证实或者其他信源相互佐证等加以审查,不能直接采用没有经过核实的社会传闻等非第一手材料或者他人提供的无法证实的内容。第二,所谓明显可能引起争议的内容,是指就他人提供的内容事实上已经在引起争议,成为社会热点事件或者新闻媒体知道该内容一经报道后很有可能会引发争议,尤其是指那些批评性报道。第三,内容的时限性。新闻报道、舆论监督都具有时效性,所谓的热点事件的热度可能就持续几天而已,故此对于这类时效性很强的内容,如果要求新闻媒体像做学术研究那样不断深挖,就会出现"真相还在穿裤子的时候,谎言都环游世界一周"的情形,显然违背新闻报道的规律。因此,在认定合理审查义务时,需要考虑内容的时效性。第四,所谓内容与公序良俗的关联性,是指他人提供的内容是否明显违背公序良俗或报道后有极大的可能会违背公序良俗,对于具有这种可能性的内容,新闻媒体应当尽到更大的审查义务。反之,有些内容的报道对于维护公序良俗是极为必要的,报道该内容正是发挥舆论监督的功能,即便出现失实,也是有则改之,无则加勉,那么对于这些内容不能要求新闻媒体承担过分的审查义务。第五,受害人名誉受贬损的可能性。有的内容经过报道后,会对受害人的名誉造成极大的贬损,并由此给他人造成较大的损害,如某人向媒体提供的信息称某上市公司生产假疫苗,且已经造成不少注射该疫苗的人受害,此时该内容如果失实并经报道的话,将会对该企业的名誉权构成严重的损害,可能导致该企业的股价暴跌甚至被退市,这种情况下,新闻媒体在报道的时候就更加应当尽到充分合理的审查义务。第六,核实能力和成本。新闻媒体各不相同,人力物力财力以及核实信息的能力等方面也有很大的差别。故对于核实能力更强的新闻媒体,要求更高的审查义务。反之,则要求低一些。

一、相关司法解释规定

《最高人民法院关于审理利用信息网络侵害人身权益民事纠纷案件适用法律若干问题的规定》(法释〔2014〕11号)(2020年12月23日修正)

第七条　人民法院认定网络用户或者网络服务提供者转载网络信息行为的过错及其程度,应当综合以下因素:

(一)转载主体所承担的与其性质、影响范围相适应的注意义务;

(二)所转载信息侵害他人人身权益的明显程度;

(三)对所转载信息是否作出实质性修改,是否添加或者修改文章标题,导致其与内容严重不符以及误导公众的可能性。

第九条　网络用户或者网络服务提供者,根据国家机关依职权制作的文书和公开实施的职权行为等信息来源所发布的信息,有下列情形之一,侵害他人人身权益,被侵权人请求侵权人承担侵权责任的,人民法院应予支持:

(一)网络用户或者网络服务提供者发布的信息与前述信息来源内容不符;

(二)网络用户或者网络服务提供者以添加侮辱性内容、诽谤性信息、不当标题或者通过增删信息、调整结构、改变顺序等方式致人误解;

(三)前述信息来源已被公开更正,但网络用户拒绝更正或者网络服务提供者不予更正;

(四)前述信息来源已被公开更正,网络用户或者网络服务提供者仍然发布更正之前的信息。

二、相关文件规定

《关于严防虚假新闻报道的若干规定》(新出政发〔2011〕14号)

真实是新闻的生命、媒体公信力的基础,也是新闻工作者基本准则。为防范失实报道,杜绝虚假新闻,依据国家有关法规和行政规章,制定本规定。

第一条　新闻记者开展新闻采访活动必须遵守国家法律法规,严禁编发虚假新闻和失实报道。

（一）境内所有新闻机构的新闻记者从事新闻采访活动必须坚持持证采访。国家新闻出版总署核发的新闻记者证是全国新闻记者职务身份的有效证明，是境内新闻记者从事新闻采编活动的唯一合法证件。新闻记者在常规的新闻采访活动中应主动向采访对象出示新闻记者证表明身份，并自觉接受社会监督。

（二）新闻记者从事新闻采访报道必须坚持真实、准确、全面、客观、公正的原则，深入新闻现场调查研究，充分了解事实真相，全面听取新闻当事人各方意见，客观反映事件各相关方的事实与陈述，避免只采用新闻当事人中某一方的陈述或者单一的事实证据。

（三）新闻记者编发新闻报道必须坚持实事求是，不得发布虚假新闻，严禁依据道听途说编写新闻或者虚构新闻细节，不得凭借主观猜测改变或者杜撰新闻事实，不得故意歪曲事实真相，不得对新闻图片或者新闻视频的内容进行影响其真实性的修改。

（四）新闻记者报道新闻事件必须坚持实地采访，采用权威渠道消息或者可证实的事实，不得依据未经核实的社会传闻等非第一手材料编发新闻。

（五）新闻记者开展批评性报道至少要有两个以上不同的新闻来源，并在认真核实后保存各方相关证据，确保新闻报道真实、客观、准确，新闻分析及评论文章要在事实准确的基础上做到公正评判、正确引导。

第二条 新闻机构要建立健全内部防范虚假新闻的管理制度。

（一）新闻机构要严格规范新闻采编流程，建立健全稿件刊播的审核制度。严格实行新闻稿件审核的责任编辑制度和新闻稿件刊播的总编辑负责制度，明确采编刊播流程各环节的审稿职责，坚持"三审三校"，认真核实新闻来源和报道内容，确保新闻报道真实、客观、准确。

（二）新闻机构要规范使用消息来源。无论是自采的还是转发的新闻报道，都必须注明新闻消息来源，真实反映获取新闻的方式。除危害国家安全、保密等特殊原因外，新闻报道须标明采访记者和采访对象的姓名、职务和单位名称，不得使用权威人士、有关人士、消息人士等概念模糊新闻消息来源。

（三）新闻机构要严格使用社会自由来稿和互联网信息制度，不得直接使用未经核实的网络信息和手机信息，不得直接采用未经核实的社会自由来稿。对于通过电话、邮件、微博客、博客等传播渠道获得的信息，如有新闻价值，新闻机构在刊播前必须派出自己的编辑记者逐一核实无误后方可使用。

（四）新闻机构必须完善新闻转载的审核管理制度。转载、转播新闻报道必须事先核实，确保新闻事实来源可靠、准确无误后方可转载、转播，并注明准确的首发媒体。不得转载、转播未经核实的新闻报道，严禁在转载转播中断章取义，歪曲原新闻报道事实，擅自改变原新闻报道内容。

（五）新闻机构要建立健全新闻作品的署名规则。刊播新闻报道必须署采访记者和责任编辑的真实姓名；不是亲自采编的稿件不得署名；刊播经核实的社会自由来稿应署作者的真实姓名。

（六）新闻机构必须完善民意调查结果的刊播制度。刊播涉及民意调查的报道，要使用权威规范的数据来源，谨慎使用网络调查、民间调查、市场随机访问等调查数据，报道中要说明调查的委托者、执行者、调查目的、调查总体、抽样方法、样本数量等，客观反映调查结果。

（七）新闻机构要严格人事管理制度，坚持新闻记者、编辑职业准入制度。要及时为通过考录和考评合格的记者、编辑办理新闻记者证等从业资格相关证件。所有采编人员必须是与新闻机构依照《劳动合同法》签订聘用合同的人员，严禁临时人员、无证记者和无职称的编辑执行采访任务或者担任责任编辑。严禁聘用有新闻采编不良从业行为记录且正处于限制从业期限的人员从事新闻采编工作。

第三条 新闻机构要建立健全虚假失实报道的纠错和更正制度，完善虚假失实报道的责任追究制度。

（一）新闻机构要建立健全受理公众举报、投诉、核查、处置和反馈工作的程序机制，正确对待虚假失实报道问题，认真听取新闻当事人对新闻报道内容的意见，受理社会公众对新闻报道内容的投诉，实事求是核查新闻采编环节和采访证据，及时公布核查结果，妥善处理新闻报道引起的纠纷。

（二）新闻机构要建立虚假失实报道的更正制度。凡经调查核实认定报道存在虚假或者失实的，新闻机构应当在本媒体上及时发表更正，消除影响；致使公民、法人或者其他社会组织的合法权益受到侵害的，应当依法承担民事责任，赔偿损失。

（三）新闻机构要建立健全虚假失实报道责任追究制度。对新闻记者采访不深入、编辑把关不严导致报道失实的，新闻机构要通过本媒体公开道歉，并追究相关责任人责任；对新闻记者未实地采访，仅凭网络信息或者道听途说编写虚假报道的，新闻机构要公开道歉，新闻机构的主管单位要追究新闻机构主要负责人以及记者、责任编辑、分管领导等相关责任人的责任；对蓄意炒作虚假新闻造成恶劣社会影响、损害国家利益和公共利益的，除严肃处理责任人外，新闻机构的主管单位还要追究新闻机构主要负责人责任。

第四条　新闻出版行政部门要加强行政监督，严肃查处损害国家利益和公共利益的虚假失实报道。

（一）新闻机构及其新闻记者违反本规定的，新闻出版行政部门视其情节轻重，可采取下列行政措施：

1. 通报批评；

2. 责令限期更正；

3. 责令公开检讨；

4. 责令新闻机构主要负责人引咎辞职。

（二）新闻记者编发虚假新闻损害国家利益、公共利益的或者发表失实报道造成恶劣社会影响等问题的，由新闻出版行政部门依据《出版管理条例》、《新闻记者证管理办法》等法规规章给予警告；情节严重的，依法吊销其新闻记者证，并列入不良从业行为记录，5年内不得从事新闻采编工作；构成犯罪的，依法追究刑事责任，终身不得从事新闻采编工作。

（三）新闻机构有下列行为之一的，由省级以上新闻出版行政部门依据《出版管理条例》、《新闻记者证管理办法》等法规规章给予处罚，情节严重的依法给予停业整顿或者吊销出版许可证：

1. 刊播虚假新闻损害国家利益、公共利益或者发表失实报道造成恶劣社会影响的；

2. 未按本规定建立健全并实施各项新闻采编管理制度的；

3. 拒绝对已确认的虚假新闻报道发表道歉、更正的；

4. 未尽到管理职责，致使本新闻机构从业人员违反有关法律规定，被新闻出版行政部门给予行政处罚的或者被司法机关追究刑事责任的。

第一千零二十七条　【文学艺术作品侵害名誉权的认定】行为人发表的文学、艺术作品以真人真事或者特定人为描述对象，含有侮辱、诽谤内容，侵害他人名誉权的，受害人有权依法请求该行为人承担民事责任。

行为人发表的文学、艺术作品不以特定人为描述对象，仅其中的情节与该特定人的情况相似的，不承担民事责任。

法条评释：本条是对文学艺术作品侵害名誉权的认定的规定。文学、艺术作品的创作遵循来自生活又高于生活的原则。因此，在文学、艺术作品中不免有现实生活中的人或事的身影。此时，如果原告可以对号入座，捕风捉影地认为被告创作的文学、艺术作品中的人或事指的就是自己或发生在自己身上的事情，继而提起名誉权侵权诉讼，则不免构成对文学艺术创造自由的不合理干涉。故本条总结司法实践的做法提出了两个认定标准，即文学作品写的是真人真事还是虚构的。如果是虚构的，即便与原告的情形有相似之处，也属于“如有雷同，纯粹巧合”，不构成侵害名誉权。如果写的是真人真事，如纪实文学、报告文学，则只有对特定人进行侮辱、诽谤的，才构成侵害名誉权。倘若被告并未写明真实姓名和住址，但事实是以特定人或者特定人的特定事实为描写对象的，如有侮辱、诽谤内容的，也构成侵害名誉权。

相关裁判摘要

• **1992年第2期《中华人民共和国最高人民法院公报》**刊登的“**胡骥超、周孔昭、石述成诉刘守忠、《遵义晚报》社侵害名誉权纠纷案**”判决认为，在小说创作中，故意使用“影射”的手法对他人进行侮辱和丑化，使他人的名誉受到损害，已构成了对他人名誉权的侵害。相关裁判摘要如下：

文学艺术创作是公民的自由，国家对公民在文学、艺术事业中有益于人民的创造性工作，给以鼓励和帮助。公民在行使文学艺术创作自由的权利时，不得损害其他公民的合法的自由和权利……被告刘守忠因与3原告素有矛盾并怀疑攻击自己的匿名油印件出自3原告之手，曾扬言要以铅印的文章报复。被告在创作《周西成演义》中，采用姓相同名相近、体型外貌等突出特征相似的方法把作品中的3个人物与3原告联系起来加以丑化，使熟悉3原告的读者一看便知这3个反面人物是影射3原告的，在当地给3原告的人格尊严造成不良影响，使3原告的名誉受到损害。《周西成演义》公开发表后，被告还公开对人说过把3原告写进演义中是有原因的。因此，被告侵害3原告名誉权的故意是明显的，依法应当承担侵权的民事责任。

• **1989年第2期《中华人民共和国最高人民法院公报》**刊登的“**王发英诉刘真及《女子文学》等四家杂志侵害名誉权纠纷案**”判决认为，纪实文学中对主人公使用侮辱性语言的，侵害了他人的名誉权。相关裁判摘要如下：

上诉人刘真撰写的《特号产品王发英》一文，多处使用侮辱性语言，侮辱王发英的人格，并一稿多投，在社会上扩大了不良影响，侵害了王发英的名誉权。上诉人《女子文学》编辑部和原审被告《江河文学》编辑部，《文汇月刊》编辑部，《法制文学选刊》编辑部，分别发表、转载了刘真的上述作品，侵害了王发英的名誉权，依法应当承担民事责任。

第一千零二十八条 【媒体报道侵害名誉权时的更正删除请求权】民事主体有证据证明报刊、网络等媒体报道的内容失实，侵害其名誉权的，有权请求该媒体及时采取更正或者删除等必要措施。

法条评释：本条是对媒体报道侵害名誉权时，民事主体有权请求媒体及时采取更正、删除等必要措施的请求权的规定。名誉权是人格权，性质上属于绝对权，因此，在名誉权受到侵害时，权利人有权行使停止侵害、排除妨碍、消除危险等人格权请求权，同时还有权要求消除影响、恢复名誉，赔礼道歉和赔偿损失。对于名誉权而言，停止侵害的重要实现方式就是要删除侵权文章或网络信息，而消除影响、恢复名誉的实现方式就是由刊登失实内容的报刊或网络进行更正，以正视听。如果媒体等不采取更正或删除等措施，则民事主体有权向法院提起诉讼。

一、相关行政法规

《出版管理条例》(2020年11月29日修订)

第二条 在中华人民共和国境内从事出版活动，适用本条例。

本条例所称出版活动，包括出版物的出版、印刷或者复制、进口、发行。

本条例所称出版物，是指报纸、期刊、图书、音像制品、电子出版物等。

第二十七条 出版物的内容不真实或者不公正，致使公民、法人或者其他组织的合法权益受到侵害的，其出版单位应当公开更正，消除影响，并依法承担其他民事责任。

报纸、期刊发表的作品内容不真实或者不公正，致使公民、法人或者其他组织的合法权益受到侵害的，当事人有权要求有关出版单位更正或者答辩，有关出版单位应当在其近期出版的报纸、期刊上予以发表；拒绝发表的，当事人可以向人民法院提起诉讼。

二、相关部门规章

1.《报刊刊载虚假、失实报道处理办法》（新出报刊〔1999〕859号）

为了保证报刊新闻报道内容的真实、准确、公正，维护公民、法人或其他组织的合法权益，维护报刊的出版秩序，根据《出版管理条例》相关条款，对报刊刊载虚假、失实报道和纪实作品的处理作如下规定：

一、报纸、期刊必须遵守新闻出版法规，刊载新闻报道和纪实作品必须真实、准确、公正。报刊不得刊载虚假、失实的报道和纪实作品。

二、报纸、期刊刊载虚假、失实报道和纪实作品，有关出版单位应当在其出版的报纸、期刊上进行公开更正，消除影响；致使公民、法人或其他组织的合法权益受到侵害的，有关出版单位应当依法承担民事责任。

三、报纸、期刊刊载虚假、失实报道和纪实作品，致使公民、法人或其他组织的合法权益受到侵害的，当事人有权要求更正或者答辩，有关出版单位应当在其出版的报纸、期刊上予以发表；拒绝发表的，当事人可以向人民法院提起诉讼。

四、报纸、期刊因刊载虚假、失实报道和纪实作品而发表的更正或答辩，必须符合以下要求：

（一）凡公开更正的，应自虚假、失实报道和纪实作品发现之日起，在其最近出版的一期报纸、期刊的同等版位发表；

（二）凡按当事人要求进行更正或发表答辩的，应自当事人提出要求之日起，在其最近出版的一期报纸、期刊的同等版位上，予以发表。

五、报纸、期刊转载虚假、失实报道和纪实作品，其更正和答辩，按照本办法第四条的规定办理。

六、报纸、期刊刊载虚假、失实报道和纪实作品，造成不良社会影响的，新闻出版署或者所在地省、自治区、直辖市新闻出版局可视情节轻重，对其采取下列行政措施：

（一）下达违规通知单；

（二）通报批评；

（三）责令限期更正或检讨。

七、报纸、期刊刊载虚假、失实报道和纪实作品致使国家和社会公共利益受到损害、造成严重社会影响的，新闻出版署或者所在地省、自治区、直辖市新闻出版局可视情节轻重，给予警告或10000元以下罚款的行政处罚。

八、报纸、期刊刊载虚假、失实报道和纪实作品被采取行政措施或受到行政处罚的，新闻出版署、所在地省、自治区、直辖市新闻出版局还可同时建议其主管部门、主办单位对违规报刊进行整顿，对有关责任人给予相应的行政处分。

2.《期刊出版管理规定》（2017年12月11日修正）

第二十六条 期刊刊载的内容不真实、不公正，致使公民、法人或者其他组织的合法权益受到侵害的，期刊出版单位应当公开更正，消除影响，并依法承担其他民事责任。

期刊刊载的内容不真实、不公正，致使公民、法人或者其他组织的合法权益受到侵害的，当事人有权要求期刊出版单位更正或者答辩，期刊出版单位应当在其最近出版的一期期刊上予以发表；拒绝发表的，当事人可以向人民法院提出诉讼。

期刊刊载的内容不真实、不公正，损害公共利益的，新闻出版总署或者省、自治区、直辖市新闻出版行政部门可以责令该期刊出版单位更正。

三、相关文件规定

《关于严防虚假新闻报道的若干规定》（新出政发〔2011〕14号）

第三条 新闻机构要建立健全虚假失实报道的纠错和更正制度，完善虚假失实报道的责任追究制度。

（一）新闻机构要建立健全受理公众举报、投诉、核查、处置和反馈工作的程序机制，正确对待虚假失实报道问题，认真听取新闻当事人对新闻报道内容的意见，受理社会公众对新闻报道内容的投诉，实事求是核查新闻采编环节和采访证据，及时公布核查结果，妥善处理新闻报道引起的纠纷。

> （二）新闻机构要建立虚假失实报道的更正制度。凡经调查核实认定报道存在虚假或者失实的，新闻机构应当在本媒体上及时发表更正，消除影响；致使公民、法人或者其他社会组织的合法权益受到侵害的，应当依法承担民事责任，赔偿损失。
>
> （三）新闻机构要建立健全虚假失实报道责任追究制度。对新闻记者采访不深入、编辑把关不严导致报道失实的，新闻机构要通过本媒体公开道歉，并追究相关责任人责任；对新闻记者未实地采访，仅凭网络信息或者道听途说编写虚假报道的，新闻机构要公开道歉，新闻机构的主管单位要追究新闻机构主要负责人以及记者、责任编辑、分管领导等相关责任人的责任；对蓄意炒作虚假新闻造成恶劣社会影响、损害国家利益和公共利益的，除严肃处理责任人外，新闻机构的主管单位还要追究新闻机构主要负责人责任。

第一千零二十九条　【信用评价】民事主体可以依法查询自己的信用评价；发现信用评价不当的，有权提出异议并请求采取更正、删除等必要措施。信用评价人应当及时核查，经核查属实的，应当及时采取必要措施。

法条评释：本条是对民事主体的信用评价的规定。我国《民法典》编纂之前的法律都将信用纳入名誉权的保护范围，因此，受害人在信用被侵后，应当提起的是侵害名誉权之诉。然而，此种模式不足以保护信用权。因为现代社会中的信用并非普通的人际关系中熟人给予的社会评价，而往往是由专门的信用评价主体通过获取大量个人信息而依据专门的标准进行的。因此，对谁有权对他人进行信用评价、信用评价后的使用、信用评价错误或者缺漏的更正和补充等，都应当加以规定。这种规定不仅是简单地通过相应的行政管理性的法律法规如《征信业管理条例》等规定即可，更重要的是赋予自然人等民事主体相应的信用权这一民事权利，唯其如此，才能有效地保证自然人的信用不被错误的评价。尤其是考虑到当前我国实践中出现的失信惩戒机制被滥用的情形，动辄将他人纳入黑名单，进而对该人接受各种公共服务的权利加以限制，更有必要承认自然人的信用权这一独立的人格权。不过，《民法典》没有规定信用权，而是依然将信用权纳入名誉权当中，本条就是对民事主体的信用评价的保护性规定，即赋予了民事主体查询自己的信用评价的权利，以及在发现信用评价不当时，提出异议并请求采取更正、删除等必要措施的权利。

一、相关法律条文

《中华人民共和国电子商务法》（2019年1月1日起施行）

第三十九条　电子商务平台经营者应当建立健全信用评价制度，公示信用评价规则，为消费者提供对平台内销售的商品或者提供的服务进行评价的途径。

电子商务平台经营者不得删除消费者对其平台内销售的商品或者提供的服务的评价。

二、相关行政法规

1.《征信业管理条例》（2013年3月15日起施行）

第一条　为了规范征信活动，保护当事人合法权益，引导、促进征信业健康发展，推进社会信用体系建设，制定本条例。

第二条　在中国境内从事征信业务及相关活动，适用本条例。

本条例所称征信业务，是指对企业、事业单位等组织（以下统称企业）的信用信息和个人的信用信息进行采集、整理、保存、加工，并向信息使用者提供的活动。

国家设立的金融信用信息基础数据库进行信息的采集、整理、保存、加工和提供，适用本条例第五章规定。

国家机关以及法律、法规授权的具有管理公共事务职能的组织依照法律、行政法规和国务院的规定，为履行职责进行的企业和个人信息的采集、整理、保存、加工和公布，不适用本条例。

第三条　从事征信业务及相关活动，应当遵守法律法规，诚实守信，不得危害国家秘密，不得侵犯商业秘密和个人隐私。

第四条　中国人民银行（以下称国务院征信业监督管理部门）及其派出机构依法对征信业进行监督管理。

县级以上地方人民政府和国务院有关部门依法推进本地区、本行业的社会信用体系建设，培育征信市场，推动征信业发展。

第五条　本条例所称征信机构，是指依法设立，主要经营征信业务的机构。

第十六条 征信机构对个人不良信息的保存期限,自不良行为或者事件终止之日起为5年;超过5年的,应当予以删除。

在不良信息保存期限内,信息主体可以对不良信息作出说明,征信机构应当予以记载。

第十七条 信息主体可以向征信机构查询自身信息。个人信息主体有权每年两次免费获取本人的信用报告。

第十八条 向征信机构查询个人信息的,应当取得信息主体本人的书面同意并约定用途。但是,法律规定可以不经同意查询的除外。

征信机构不得违反前款规定提供个人信息。

第二十三条 征信机构应当采取合理措施,保障其提供信息的准确性。

征信机构提供的信息供信息使用者参考。

第二十五条 信息主体认为征信机构采集、保存、提供的信息存在错误、遗漏的,有权向征信机构或者信息提供者提出异议,要求更正。

征信机构或者信息提供者收到异议,应当按照国务院征信业监督管理部门的规定对相关信息作出存在异议的标注,自收到异议之日起20日内进行核查和处理,并将结果书面答复异议人。

经核查,确认相关信息确有错误、遗漏的,信息提供者、征信机构应当予以更正;确认不存在错误、遗漏的,应当取消异议标注;经核查仍不能确认的,对核查情况和异议内容应当予以记载。

第二十六条 信息主体认为征信机构或者信息提供者、信息使用者侵害其合法权益的,可以向所在地的国务院征信业监督管理部门派出机构投诉。

受理投诉的机构应当及时进行核查和处理,自受理之日起30日内书面答复投诉人。

信息主体认为征信机构或者信息提供者、信息使用者侵害其合法权益的,可以直接向人民法院起诉。

第四十四条 本条例下列用语的含义:

(一)信息提供者,是指向征信机构提供信息的单位和个人,以及向金融信用信息基础数据库提供信息的单位。

(二)信息使用者,是指从征信机构和金融信用信息基础数据库获取信息的单位和个人。

（三）不良信息，是指对信息主体信用状况构成负面影响的下列信息：信息主体在借贷、赊购、担保、租赁、保险、使用信用卡等活动中未按照合同履行义务的信息，对信息主体的行政处罚信息，人民法院判决或者裁定信息主体履行义务以及强制执行的信息，以及国务院征信业监督管理部门规定的其他不良信息。

2.《快递暂行条例》（2019 年 3 月 2 日修订）

第八条 国家加强快递业诚信体系建设，建立健全快递业信用记录、信息公开、信用评价制度，依法实施联合惩戒措施，提高快递业信用水平。

三、相关部门规章

1.《个人信用信息基础数据库管理暂行办法》（2005 年 10 月 1 日起实施）

第一条 为维护金融稳定，防范和降低商业银行的信用风险，促进个人信贷业务的发展，保障个人信用信息的安全和合法使用，根据《中华人民共和国中国人民银行法》等有关法律规定，制定本办法。

第二条 中国人民银行负责组织商业银行建立个人信用信息基础数据库（以下简称个人信用数据库），并负责设立征信服务中心，承担个人信用数据库的日常运行和管理。

第三条 个人信用数据库采集、整理、保存个人信用信息，为商业银行和个人提供信用报告查询服务，为货币政策制定、金融监管和法律、法规规定的其他用途提供有关信息服务。

第四条 本办法所称个人信用信息包括个人基本信息、个人信贷交易信息以及反映个人信用状况的其他信息。

前款所称个人基本信息是指自然人身份识别信息、职业和居住地址等信息；个人信贷交易信息是指商业银行提供的自然人在个人贷款、贷记卡、准贷记卡、担保等信用活动中形成的交易记录；反映个人信用状况的其他信息是指除信贷交易信息之外的反映个人信用状况的相关信息。

第十五条 征信服务中心可以根据个人申请有偿提供其本人信用报告。

征信服务中心应当制定相应的处理程序，核实申请人身份。

第十六条 个人认为本人信用报告中的信用信息存在错误（以下简称异议信息）时，可以通过所在地中国人民银行征信管理部门或直接向征信服务中心提出书面异议申请。

中国人民银行征信管理部门应当在收到异议申请的2个工作日内将异议申请转交征信服务中心。

第十七条 征信服务中心应当在接到异议申请的2个工作日内进行内部核查。

征信服务中心发现异议信息是由于个人信用数据库信息处理过程造成的，应当立即进行更正，并检查个人信用数据库处理程序和操作规程存在的问题。

第十八条 征信服务中心内部核查未发现个人信用数据库处理过程存在问题的，应当立即书面通知提供相关信息的商业银行进行核查。

第十九条 商业银行应当在接到核查通知的10个工作日内向征信服务中心作出核查情况的书面答复。异议信息确实有误的，商业银行应当采取以下措施：

（一）应当向征信服务中心报送更正信息；

（二）检查个人信用信息报送的程序；

（三）对后续报送的其他个人信用信息进行检查，发现错误的，应当重新报送。

第二十条 征信服务中心收到商业银行重新报送的更正信息后，应当在2个工作日内对异议信息进行更正。

异议信息确实有误，但因技术原因暂时无法更正的，征信服务中心应当对该异议信息作特殊标注，以有别于其他异议信息。

第二十一条 经过核查，无法确认异议信息存在错误的，征信服务中心不得按照异议申请人要求更改相关个人信用信息。

第二十二条 征信服务中心应当在接受异议申请后15个工作日内，向异议申请人或转交异议申请的中国人民银行征信管理部门提供书面答复；异议信息得到更正的，征信服务中心同时提供更正后的信用报告。

异议信息确实有误，但因技术原因暂时无法更正异议信息的，征信服务中心应当在书面答复中予以说明，待异议信息更正后，提供更正后的信用报告。

第二十三条 转交异议申请的中国人民银行征信管理部门应当自接到征信服务中心书面答复和更正后的信用报告之日起2个工作日内，向异议申请人转交。

第二十四条　对于无法核实的异议信息,征信服务中心应当允许异议申请人对有关异议信息附注100字以内的个人声明。个人声明不得包含与异议信息无关的内容,异议申请人应当对个人声明的真实性负责。

征信服务中心应当妥善保存个人声明原始档案,并将个人声明载入异议人信用报告。

第二十五条　征信服务中心应当对处于异议处理期的信息予以标注。

第四十三条　本办法所称商业银行,是指在中华人民共和国境内设立的商业银行、城市信用合作社、农村信用合作社以及经国务院银行业监督管理机构批准的专门从事信贷业务的其他金融机构。

2.《网络交易管理办法》(2014年3月15日起施行)

第三十二条　鼓励第三方交易平台经营者为交易当事人提供公平、公正的信用评价服务,对经营者的信用情况客观、公正地进行采集与记录,建立信用评价体系、信用披露制度以警示交易风险。

第三十六条　为网络商品交易提供信用评价服务的有关服务经营者,应当通过合法途径采集信用信息,坚持中立、公正、客观原则,不得任意调整用户的信用级别或者相关信息,不得将收集的信用信息用于任何非法用途。

第一千零三十条　【信用信息处理的法律适用】民事主体与征信机构等信用信息处理者之间的关系,适用本编有关个人信息保护的规定和其他法律、行政法规的有关规定。

法条评释:本条规定的是民事主体与征信机构等信用信息处理者之间的关系适用《民法典》人格权编关于个人信息保护的规定以及其他法律、行政法规的规定,如《网络安全法》《电子商务法》。自然人的信用信息属于个人信息,因此,除受到名誉权的保护外,还适用个人信息保护法的有关规定。

一、相关行政法规

《征信业管理条例》(2013年3月15日起施行)

第一条　为了规范征信活动,保护当事人合法权益,引导、促进征信业健康发展,推进社会信用体系建设,制定本条例。

第二条 在中国境内从事征信业务及相关活动,适用本条例。

本条例所称征信业务,是指对企业、事业单位等组织(以下统称企业)的信用信息和个人的信用信息进行采集、整理、保存、加工,并向信息使用者提供的活动。

国家设立的金融信用信息基础数据库进行信息的采集、整理、保存、加工和提供,适用本条例第五章规定。

国家机关以及法律、法规授权的具有管理公共事务职能的组织依照法律、行政法规和国务院的规定,为履行职责进行的企业和个人信息的采集、整理、保存、加工和公布,不适用本条例。

第三条 从事征信业务及相关活动,应当遵守法律法规,诚实守信,不得危害国家秘密,不得侵犯商业秘密和个人隐私。

第五条 本条例所称征信机构,是指依法设立,主要经营征信业务的机构。

第十三条 采集个人信息应当经信息主体本人同意,未经本人同意不得采集。但是,依照法律、行政法规规定公开的信息除外。

企业的董事、监事、高级管理人员与其履行职务相关的信息,不作为个人信息。

第十四条 禁止征信机构采集个人的宗教信仰、基因、指纹、血型、疾病和病史信息以及法律、行政法规规定禁止采集的其他个人信息。

征信机构不得采集个人的收入、存款、有价证券、商业保险、不动产的信息和纳税数额信息。但是,征信机构明确告知信息主体提供该信息可能产生的不利后果,并取得其书面同意的除外。

第十五条 信息提供者向征信机构提供个人不良信息,应当事先告知信息主体本人。但是,依照法律、行政法规规定公开的不良信息除外。

第十六条 征信机构对个人不良信息的保存期限,自不良行为或者事件终止之日起为5年;超过5年的,应当予以删除。

在不良信息保存期限内,信息主体可以对不良信息作出说明,征信机构应当予以记载。

第十七条 信息主体可以向征信机构查询自身信息。个人信息主体有权每年两次免费获取本人的信用报告。

第十八条 向征信机构查询个人信息的,应当取得信息主体本人的书面同意并约定用途。但是,法律规定可以不经同意查询的除外。征信机构不得违反前款规定提供个人信息。

第十九条　征信机构或者信息提供者、信息使用者采用格式合同条款取得个人信息主体同意的，应当在合同中作出足以引起信息主体注意的提示，并按照信息主体的要求作出明确说明。

第二十条　信息使用者应当按照与个人信息主体约定的用途使用个人信息，不得用作约定以外的用途，不得未经个人信息主体同意向第三方提供。

第二十一条　征信机构可以通过信息主体、企业交易对方、行业协会提供信息，政府有关部门依法已公开的信息，人民法院依法公布的判决、裁定等渠道，采集企业信息。

征信机构不得采集法律、行政法规禁止采集的企业信息。

第二十二条　征信机构应当按照国务院征信业监督管理部门的规定，建立健全和严格执行保障信息安全的规章制度，并采取有效技术措施保障信息安全。

经营个人征信业务的征信机构应当对其工作人员查询个人信息的权限和程序作出明确规定，对工作人员查询个人信息的情况进行登记，如实记载查询工作人员的姓名，查询的时间、内容及用途。工作人员不得违反规定的权限和程序查询信息，不得泄露工作中获取的信息。

第二十三条　征信机构应当采取合理措施，保障其提供信息的准确性。

征信机构提供的信息供信息使用者参考。

第二十四条　征信机构在中国境内采集的信息的整理、保存和加工，应当在中国境内进行。

征信机构向境外组织或者个人提供信息，应当遵守法律、行政法规和国务院征信业监督管理部门的有关规定。

第三十四条　经营个人征信业务的征信机构、金融信用信息基础数据库、向金融信用信息基础数据库提供或者查询信息的机构发生重大信息泄露等事件的，国务院征信业监督管理部门可以采取临时接管相关信息系统等必要措施，避免损害扩大。

第三十五条　国务院征信业监督管理部门及其派出机构的工作人员对在工作中知悉的国家秘密和信息主体的信息，应当依法保密。

第三十八条　征信机构、金融信用信息基础数据库运行机构违反本条例规定，有下列行为之一的，由国务院征信业监督管理部门或者其派出机构责令限期改正，对单位处5万元以上50万元以下的罚款；对直接负责的主管人员和其他直接责任人员处1万元以上10万元以下的罚款；有违法所得的，没收违法所得。给信息主体造成损失的，依法承担民事责任；构成犯罪的，依法追究刑事责任：

（一）窃取或者以其他方式非法获取信息；

（二）采集禁止采集的个人信息或者未经同意采集个人信息；

（三）违法提供或者出售信息；

（四）因过失泄露信息；

（五）逾期不删除个人不良信息；

（六）未按照规定对异议信息进行核查和处理；

（七）拒绝、阻碍国务院征信业监督管理部门或者其派出机构检查、调查或者不如实提供有关文件、资料；

（八）违反征信业务规则，侵害信息主体合法权益的其他行为。

经营个人征信业务的征信机构有前款所列行为之一，情节严重或者造成严重后果的，由国务院征信业监督管理部门吊销其个人征信业务经营许可证。

第四十一条 信息提供者违反本条例规定，向征信机构、金融信用信息基础数据库提供非依法公开的个人不良信息，未事先告知信息主体本人，情节严重或者造成严重后果的，由国务院征信业监督管理部门或者其派出机构对单位处2万元以上20万元以下的罚款；对个人处1万元以上5万元以下的罚款。

第四十二条 信息使用者违反本条例规定，未按照与个人信息主体约定的用途使用个人信息或者未经个人信息主体同意向第三方提供个人信息，情节严重或者造成严重后果的，由国务院征信业监督管理部门或者其派出机构对单位处2万元以上20万元以下的罚款；对个人处1万元以上5万元以下的罚款；有违法所得的，没收违法所得。给信息主体造成损失的，依法承担民事责任；构成犯罪的，依法追究刑事责任。

第四十四条 本条例下列用语的含义：

（一）信息提供者，是指向征信机构提供信息的单位和个人，以及向金融信用信息基础数据库提供信息的单位。

（二）信息使用者，是指从征信机构和金融信用信息基础数据库获取信息的单位和个人。

(三)不良信息,是指对信息主体信用状况构成负面影响的下列信息:信息主体在借贷、赊购、担保、租赁、保险、使用信用卡等活动中未按照合同履行义务的信息,对信息主体的行政处罚信息,人民法院判决或者裁定信息主体履行义务以及强制执行的信息,以及国务院征信业监督管理部门规定的其他不良信息。

二、相关部门规章

《个人信用信息基础数据库管理暂行办法》(2005 年 10 月 1 日起实施)

第一条　为维护金融稳定,防范和降低商业银行的信用风险,促进个人信贷业务的发展,保障个人信用信息的安全和合法使用,根据《中华人民共和国中国人民银行法》等有关法律规定,制定本办法。

第二条　中国人民银行负责组织商业银行建立个人信用信息基础数据库(以下简称个人信用数据库),并负责设立征信服务中心,承担个人信用数据库的日常运行和管理。

第三条　个人信用数据库采集、整理、保存个人信用信息,为商业银行和个人提供信用报告查询服务,为货币政策制定、金融监管和法律、法规规定的其他用途提供有关信息服务。

第四条　本办法所称个人信用信息包括个人基本信息、个人信贷交易信息以及反映个人信用状况的其他信息。

前款所称个人基本信息是指自然人身份识别信息、职业和居住地址等信息;个人信贷交易信息是指商业银行提供的自然人在个人贷款、贷记卡、准贷记卡、担保等信用活动中形成的交易记录;反映个人信用状况的其他信息是指除信贷交易信息之外的反映个人信用状况的相关信息。

第五条　中国人民银行、商业银行及其工作人员应当为在工作中知悉的个人信用信息保密。

第六条　商业银行应当遵守中国人民银行发布的个人信用数据库标准及其有关要求,准确、完整、及时地向个人信用数据库报送个人信用信息。

第七条　商业银行不得向未经信贷征信主管部门批准建立或变相建立的个人信用数据库提供个人信用信息。

第八条　征信服务中心应当建立完善的规章制度和采取先进的技术手段确保个人信用信息安全。

第九条 征信服务中心根据生成信用报告的需要，对商业银行报送的个人信用信息进行客观整理、保存，不得擅自更改原始数据。

第十条 征信服务中心认为有关商业银行报送的信息可疑时，应当按有关规定的程序及时向该商业银行发出复核通知。

商业银行应当在收到复核通知之日起5个工作日内给予答复。

第十一条 商业银行发现其所报送的个人信用信息不准确时，应当及时报告征信服务中心，征信服务中心收到纠错报告应当立即进行更正。

第十二条 商业银行办理下列业务，可以向个人信用数据库查询个人信用报告：

（一）审核个人贷款申请的；

（二）审核个人贷记卡、准贷记卡申请的；

（三）审核个人作为担保人的；

（四）对已发放的个人信贷进行贷后风险管理的；

（五）受理法人或其他组织的贷款申请或其作为担保人，需要查询其法定代表人及出资人信用状况的。

第十三条 除本办法第十二条第（四）项规定之外，商业银行查询个人信用报告时应当取得被查询人的书面授权。书面授权可以通过在贷款、贷记卡、准贷记卡以及担保申请书中增加相应条款取得。

第十四条 商业银行应当制定贷后风险管理查询个人信用报告的内部授权制度和查询管理程序。

第十五条 征信服务中心可以根据个人申请有偿提供其本人信用报告。

征信服务中心应当制定相应的处理程序，核实申请人身份。

第十六条 个人认为本人信用报告中的信用信息存在错误（以下简称异议信息）时，可以通过所在地中国人民银行征信管理部门或直接向征信服务中心提出书面异议申请。

中国人民银行征信管理部门应当在收到异议申请的2个工作日内将异议申请转交征信服务中心。

第十七条 征信服务中心应当在接到异议申请的2个工作日内进行内部核查。

征信服务中心发现异议信息是由于个人信用数据库信息处理过程造成的，应当立即进行更正，并检查个人信用数据库处理程序和操作规程存在的问题。

第十八条 征信服务中心内部核查未发现个人信用数据库处理过程存在问题的，应当立即书面通知提供相关信息的商业银行进行核查。

第十九条 商业银行应当在接到核查通知的10个工作日内向征信服务中心作出核查情况的书面答复。异议信息确实有误的，商业银行应当采取以下措施：

（一）应当向征信服务中心报送更正信息；

（二）检查个人信用信息报送的程序；

（三）对后续报送的其他个人信用信息进行检查，发现错误的，应当重新报送。

第二十条 征信服务中心收到商业银行重新报送的更正信息后，应当在2个工作日内对异议信息进行更正。

异议信息确实有误，但因技术原因暂时无法更正的，征信服务中心应当对该异议信息作特殊标注，以有别于其他异议信息。

第二十一条 经过核查，无法确认异议信息存在错误的，征信服务中心不得按照异议申请人要求更改相关个人信用信息。

第二十二条 征信服务中心应当在接受异议申请后15个工作日内，向异议申请人或转交异议申请的中国人民银行征信管理部门提供书面答复；异议信息得到更正的，征信服务中心同时提供更正后的信用报告。

异议信息确实有误，但因技术原因暂时无法更正异议信息的，征信服务中心应当在书面答复中予以说明，待异议信息更正后，提供更正后的信用报告。

第二十三条 转交异议申请的中国人民银行征信管理部门应当自接到征信服务中心书面答复和更正后的信用报告之日起2个工作日内，向异议申请人转交。

第二十四条 对于无法核实的异议信息，征信服务中心应当允许异议申请人对有关异议信息附注100字以内的个人声明。个人声明不得包含与异议信息无关的内容，异议申请人应当对个人声明的真实性负责。

征信服务中心应当妥善保存个人声明原始档案，并将个人声明载入异议人信用报告。

第二十五条 征信服务中心应当对处于异议处理期的信息予以标注。

第二十六条 商业银行应当根据中国人民银行的有关规定，制定相关信用信息报送、查询、使用、异议处理、安全管理等方面的内部管理制度和操作规程，并报中国人民银行备案。

第二十七条 商业银行应当建立用户管理制度，明确管理员用户、数据上报用户和信息查询用户的职责及操作规程。

商业银行管理员用户、数据上报用户和查询用户不得互相兼职。

第二十八条 商业银行管理员用户应当根据操作规程，为得到相关授权的人员创建相应用户。管理员用户不得直接查询个人信用信息。

管理员用户应当加强对同级查询用户、数据上报用户与下一级管理员用户的日常管理。查询用户工作人员调离，该用户应当立即予以停用。

第二十九条 商业银行管理员用户、数据上报用户和查询用户须报中国人民银行征信管理部门和征信服务中心备案。

前款用户工作人员发生变动，商业银行应当在2个工作日内向中国人民银行征信管理部门和征信服务中心变更备案。

第三十条 商业银行应当制定管理员用户和查询用户的口令控制制度，并定期检查口令控制执行情况。

第三十一条 商业银行应当建立保证个人信用信息安全的管理制度，确保只有得到内部授权的人员才能接触个人信用报告，不得将个人信用报告用于本办法第十二条规定以外的其它用途。

第三十二条 征信服务中心应当制定信用信息采集、整理、保存、查询、异议处理、用户管理、安全管理等方面的管理制度和操作规程，明确岗位职责，完善内控制度，保障个人信用数据库的正常运行和个人信用信息的安全。

第三十三条 征信服务中心及其工作人员不得违反法律、法规及本办法的规定，篡改、毁损、泄露或非法使用个人信用信息，不得与自然人、法人、其它组织恶意串通，提供虚假信用报告。

第三十四条 征信服务中心应当建立个人信用数据库内部运行和外部访问的监控制度，监督个人信用数据库用户和商业银行用户的操作，防范对个人信用数据库的非法入侵。

第三十五条 征信服务中心应当建立灾难备份系统，采取必要的安全保障措施，防止系统数据丢失。

第三十六条　征信服务中心应当对商业银行的所有查询进行记录，并及时向商业银行反馈。

第三十七条　商业银行应当经常对个人信用数据库的查询情况进行检查，确保所有查询符合本办法的规定，并定期向中国人民银行及征信服务中心报告查询检查结果。

征信服务中心应当定期核查商业银行对个人信用数据库的查询情况。

第三十八条　商业银行未按照本办法规定建立相应管理制度及操作规程的，由中国人民银行责令改正，逾期不改正的，给予警告，并处以三万元罚款。

第三十九条　商业银行有下列情形之一的，由中国人民银行责令改正，并处一万元以上三万元以下罚款；涉嫌犯罪的，依法移交司法机关处理：

（一）违反本办法规定，未准确、完整、及时报送个人信用信息的；

（二）违反本办法第七条规定的；

（三）越权查询个人信用数据库的；

（四）将查询结果用于本办法规定之外的其他目的的；

（五）违反异议处理规定的；

（六）违反本办法安全管理要求的。

第四十条　商业银行有本办法第三十八条至第三十九条规定情形的，中国人民银行可以建议商业银行对直接负责的董事、高级管理人员和其他直接责任人员给予纪律处分；涉嫌犯罪的，依法移交司法机关处理。

第四十一条　征信服务中心工作人员有下列情形之一的，由中国人民银行依法给予行政处分；涉嫌犯罪的，依法移交司法机关处理：

（一）违反本办法规定，篡改、毁损、泄露或非法使用个人信用信息的；

（二）与自然人、法人、其它组织恶意串通，提供虚假信用报告的。

第四十二条　中国人民银行其他工作人员有违反本办法规定的行为，造成个人信用信息被泄露的，依法给予行政处分；涉嫌犯罪的，依法移交司法机关处理。

第四十三条　本办法所称商业银行，是指在中华人民共和国境内设立的商业银行、城市信用合作社、农村信用合作社以及经国务院银行业监督管理机构批准的专门从事信贷业务的其他金融机构。

第一千零三十一条 【荣誉权】民事主体享有荣誉权。任何组织或者个人不得非法剥夺他人的荣誉称号,不得诋毁、贬损他人的荣誉。

获得的荣誉称号应当记载而没有记载的,民事主体可以请求记载;获得的荣誉称号记载错误的,民事主体可以请求更正。

法条评释:本条是对荣誉权的规定。荣誉权,是指自然人、法人和非法人组织等民事主体针对已经取得的荣誉而享有一项人格权。所谓"荣誉",是外界(如国家、社会或者有关单位)对民事主体的称赞、表扬或奖励,它往往表现为各种荣誉称号,如劳动模范、战斗英雄、先进企业、文明商店;各种奖励、表彰,如诺贝尔奖、南丁格尔奖、突出贡献奖、终身成就奖、一等功等。仅仅是某种事实,如曾经担任过的某种职务或者排名先后顺序等,都不能构成荣誉,遗漏此等事实或者排名先后没有反应真实的贡献,也不构成侵害荣誉权。

荣誉权人可以使用自己已经获得的荣誉称号,这是荣誉权的积极权能。但是,荣誉权的主要权能还是消极权能,即排除他人的侵害和破坏,具体表现在:首先,排除他人非法剥夺自己的荣誉称号的权利。其次,排除他人诋毁、贬损自己的荣誉的权利。再次,请求记载的权利,即对于已经获得的荣誉称号应当记载而未记载时,请求予以记载的权利。如在人事档案中没有记载他人已经获得的全国劳模或先进工作者的荣誉称号的,则有权请求予以记载。最后,对于错误记载的情形享有更正的权利,如明明是获得了一等奖被错误记载为二等奖,则有权要求更正。

一、相关法律条文

《中华人民共和国妇女权益保障法》(2018 年 10 月 26 日修正)

第四十二条 妇女的名誉权、荣誉权、隐私权、肖像权等人格权受法律保护。

禁止用侮辱、诽谤等方式损害妇女的人格尊严。禁止通过大众传播媒介或者其他方式贬低损害妇女人格。未经本人同意,不得以营利为目的,通过广告、商标、展览橱窗、报纸、期刊、图书、音像制品、电子出版物、网络等形式使用妇女肖像。

二、相关文件规定

《最高人民法院关于张自修诉横峰县老干部管理局是否侵害荣誉权一案的复函》(1996年10月25日施行)

江西省高级人民法院：

你院赣高法民请字〔1996〕01号《关于张自修诉横峰县老干部管理局损害赔偿纠纷案的请示》收悉。经研究认为：被告横峰县老干部局在收集原告张自修所获得的奖章及证书等纪念物后，因遗失不能归还，起诉到人民法院，不应定为荣誉权纠纷，也构不成对原告荣誉权的侵害，但对原告所遭受的损失应予赔偿。至于赔偿的数额，可结合纪念物的价值(包括收藏价值)、质地及纪念物遗失后对原告精神方面造成的损害等各种因素确定。

第六章　隐私权和个人信息保护

第一千零三十二条　【隐私权及隐私的界定】自然人享有隐私权。任何组织或者个人不得以刺探、侵扰、泄露、公开等方式侵害他人的隐私权。

隐私是自然人的私人生活安宁和不愿为他人知晓的私密空间、私密活动、私密信息。

法条评释：本条是对自然人的隐私权及对隐私的界定。隐私权，是指自然人享有的隐私不受侵害的权利，属于具体人格权。隐私权的主要权能就是排除他人侵害的权能，即消极权能。因此，本条第一款明确规定“任何组织或者个人不得以刺探、侵扰、泄露、公开等方式侵害他人的隐私权”。

“隐私”的内涵，从该词语本身就可以看出：所谓“隐”，就是指不愿为他人所知悉或打扰的状态，而所谓“私”就是指私人的事情，与他人权益、公共利益等无关。故此，简单地说，隐私就是自然人不愿意为他人知悉或侵扰的，仅与其私人相关而不涉及他人权益或公共利益的事情。从本条第2款对隐私的界定可看出，其中的“安宁”和“不愿为他人知晓”体现了隐私中“隐”的特点，而“私人生活”“私密”的表述说明了与他人权益和公共利益无关。

法律对自然人的隐私权的保障体现了对自然人的个体性存在的尊重。任何人都不仅能以物质、精神和法律的形式存在,还有权利得到对其特殊的、个人的本性、外形、名誉和声誉的尊重。

一、相关法律条文

1.《中华人民共和国未成年人保护法》(2020 年 10 月 17 日修订)

第四条 保护未成年人,应当坚持最有利于未成年人的原则。处理涉及未成年人事项,应当符合下列要求:

(一)给予未成年人特殊、优先保护;

(二)尊重未成年人人格尊严;

(三)保护未成年人隐私权和个人信息;

(四)适应未成年人身心健康发展的规律和特点;

(五)听取未成年人的意见;

(六)保护与教育相结合。

第四十九条 新闻媒体应当加强未成年人保护方面的宣传,对侵犯未成年人合法权益的行为进行舆论监督。新闻媒体采访报道涉及未成年人事件应当客观、审慎和适度,不得侵犯未成年人的名誉、隐私和其他合法权益。

第一百一十条 公安机关、人民检察院、人民法院讯问未成年犯罪嫌疑人、被告人,询问未成年被害人、证人,应当依法通知其法定代理人或者其成年亲属、所在学校的代表等合适成年人到场,并采取适当方式,在适当场所进行,保障未成年人的名誉权、隐私权和其他合法权益。

人民法院开庭审理涉及未成年人案件,未成年被害人、证人一般不出庭作证;必须出庭的,应当采取保护其隐私的技术手段和心理干预等保护措施。

2.《中华人民共和国妇女权益保障法》(2018 年 10 月 26 日修正)

第四十二条 妇女的名誉权、荣誉权、隐私权、肖像权等人格权受法律保护。

禁止用侮辱、诽谤等方式损害妇女的人格尊严。禁止通过大众传播媒介或者其他方式贬低损害妇女人格。未经本人同意,不得以营利为目的,通过广告、商标、展览橱窗、报纸、期刊、图书、音像制品、电子出版物、网络等形式使用妇女肖像。

3.《中华人民共和国电子商务法》(2019 年 1 月 1 日起施行)

第二十五条　有关主管部门依照法律、行政法规的规定要求电子商务经营者提供有关电子商务数据信息的,电子商务经营者应当提供。有关主管部门应当采取必要措施保护电子商务经营者提供的数据信息的安全,并对其中的个人信息、隐私和商业秘密严格保密,不得泄露、出售或者非法向他人提供。

4.《中华人民共和国网络安全法》(2017 年 6 月 1 日起施行)

第四十五条　依法负有网络安全监督管理职责的部门及其工作人员,必须对在履行职责中知悉的个人信息、隐私和商业秘密严格保密,不得泄露、出售或者非法向他人提供。

5.《中华人民共和国基本医疗卫生与健康促进法》(2020 年 6 月 1 日起施行)

第三十三条　公民接受医疗卫生服务,应当受到尊重。医疗卫生机构、医疗卫生人员应当关心爱护、平等对待患者,尊重患者人格尊严,保护患者隐私。

公民接受医疗卫生服务,应当遵守诊疗制度和医疗卫生服务秩序,尊重医疗卫生人员。

6.《中华人民共和国精神卫生法》(2018 年 4 月 27 日修正)

第二十三条　心理咨询人员应当提高业务素质,遵守执业规范,为社会公众提供专业化的心理咨询服务。

心理咨询人员不得从事心理治疗或者精神障碍的诊断、治疗。

心理咨询人员发现接受咨询的人员可能患有精神障碍的,应当建议其到符合本法规定的医疗机构就诊。

心理咨询人员应当尊重接受咨询人员的隐私,并为其保守秘密。

7.《中华人民共和国传染病防治法》(2013 年 6 月 29 日修正)

第十二条　在中华人民共和国领域内的一切单位和个人,必须接受疾病预防控制机构、医疗机构有关传染病的调查、检验、采集样本、隔离治疗等预防、控制措施,如实提供有关情况。疾病预防控制机构、医疗机构不得泄露涉及个人隐私的有关信息、资料。

卫生行政部门以及其他有关部门、疾病预防控制机构和医疗机构因违法实施行政管理或者预防、控制措施,侵犯单位和个人合法权益的,有关单位和个人可以依法申请行政复议或者提起诉讼。

8.《中华人民共和国公共图书馆法》(2018年10月26日修正)

第四十三条 公共图书馆应当妥善保护读者的个人信息、借阅信息以及其他可能涉及读者隐私的信息,不得出售或者以其他方式非法向他人提供。

9.《中华人民共和国社区矫正法》(2020年7月1日起施行)

第二十六条 社区矫正机构应当了解掌握社区矫正对象的活动情况和行为表现。社区矫正机构可以通过通信联络、信息化核查、实地查访等方式核实有关情况,有关单位和个人应当予以配合。

社区矫正机构开展实地查访等工作时,应当保护社区矫正对象的身份信息和个人隐私。

10.《中华人民共和国密码法》(2020年1月1日起施行)

第三十一条 密码管理部门和有关部门建立日常监管和随机抽查相结合的商用密码事中事后监管制度,建立统一的商用密码监督管理信息平台,推进事中事后监管与社会信用体系相衔接,强化商用密码从业单位自律和社会监督。

密码管理部门和有关部门及其工作人员不得要求商用密码从业单位和商用密码检测、认证机构向其披露源代码等密码相关专有信息,并对其在履行职责中知悉的商业秘密和个人隐私严格保密,不得泄露或者非法向他人提供。

11.《中华人民共和国档案法》(2020年6月20日修订)

第四十七条 档案主管部门及其工作人员应当按照法定的职权和程序开展监督检查工作,做到科学、公正、严格、高效,不得利用职权牟取利益,不得泄露履职过程中知悉的国家秘密、商业秘密或者个人隐私。

12.《中华人民共和国反间谍法》(2014年11月1日起施行)

第十七条 国家安全机关及其工作人员在工作中,应当严格依法办事,不得超越职权、滥用职权,不得侵犯组织和个人的合法权益。

国家安全机关及其工作人员依法履行反间谍工作职责获取的组织和个人的信息、材料,只能用于反间谍工作。对属于国家秘密、商业秘密和个人隐私的,应当保密。

13.《中华人民共和国反恐怖主义法》(2018年4月27日修正)

第四十八条 反恐怖主义工作领导机构、有关部门和单位、个人应当对履行反恐怖主义工作职责、义务过程中知悉的国家秘密、商业秘密和个人隐私予以保密。

违反规定泄露国家秘密、商业秘密和个人隐私的，依法追究法律责任。

14.《中华人民共和国监察法》(2018年3月20日起施行)

第十八条　监察机关行使监督、调查职权，有权依法向有关单位和个人了解情况，收集、调取证据。有关单位和个人应当如实提供。

监察机关及其工作人员对监督、调查过程中知悉的国家秘密、商业秘密、个人隐私，应当保密。

任何单位和个人不得伪造、隐匿或者毁灭证据。

15.《中华人民共和国法官法》(2019年4月23日修订)

第十条　法官应当履行下列义务：

（一）严格遵守宪法和法律；

（二）秉公办案，不得徇私枉法；

（三）依法保障当事人和其他诉讼参与人的诉讼权利；

（四）维护国家利益、社会公共利益，维护个人和组织的合法权益；

（五）保守国家秘密和审判工作秘密，对履行职责中知悉的商业秘密和个人隐私予以保密；

（六）依法接受法律监督和人民群众监督；

（七）通过依法办理案件以案释法，增强全民法治观念，推进法治社会建设；

（八）法律规定的其他义务。

16.《中华人民共和国检察官法》(2019年4月23日修订)

第十条　检察官应当履行下列义务：

（一）严格遵守宪法和法律；

（二）秉公办案，不得徇私枉法；

（三）依法保障当事人和其他诉讼参与人的诉讼权利；

（四）维护国家利益、社会公共利益，维护个人和组织的合法权益；

（五）保守国家秘密和检察工作秘密，对履行职责中知悉的商业秘密和个人隐私予以保密；

（六）依法接受法律监督和人民群众监督；

（七）通过依法办理案件以案释法，增强全民法治观念，推进法治社会建设；

（八）法律规定的其他义务。

17.《中华人民共和国执业医师法》(2009 年 8 月 27 日修正)

第二十二条 医师在执业活动中履行下列义务:

(一)遵守法律、法规,遵守技术操作规范;

(二)树立敬业精神,遵守职业道德,履行医师职责,尽职尽责为患者服务;

(三)关心、爱护、尊重患者,保护患者的隐私;

(四)努力钻研业务,更新知识,提高专业技术水平;

(五)宣传卫生保健知识,对患者进行健康教育。

18.《中华人民共和国律师法》(2017 年 9 月 1 日修正)

第三十八条 律师应当保守在执业活动中知悉的国家秘密、商业秘密,不得泄露当事人的隐私。

律师对在执业活动中知悉的委托人和其他人不愿泄露的有关情况和信息,应当予以保密。但是,委托人或者其他人准备或者正在实施危害国家安全、公共安全以及严重危害他人人身安全的犯罪事实和信息除外。

19.《中华人民共和国公证法》(2017 年 9 月 1 日修正)

第十三条 公证机构不得有下列行为:

(一)为不真实、不合法的事项出具公证书;

(二)毁损、篡改公证文书或者公证档案;

(三)以诋毁其他公证机构、公证员或者支付回扣、佣金等不正当手段争揽公证业务;

(四)泄露在执业活动中知悉的国家秘密、商业秘密或者个人隐私;

(五)违反规定的收费标准收取公证费;

(六)法律、法规、国务院司法行政部门规定禁止的其他行为。

第二十三条 公证员不得有下列行为:

(一)同时在二个以上公证机构执业;

(二)从事有报酬的其他职业;

(三)为本人及近亲属办理公证或者办理与本人及近亲属有利害关系的公证;

(四)私自出具公证书;

(五)为不真实、不合法的事项出具公证书;

(六)侵占、挪用公证费或者侵占、盗窃公证专用物品;

（七）毁损、篡改公证文书或者公证档案；

（八）泄露在执业活动中知悉的国家秘密、商业秘密或者个人隐私；

（九）法律、法规、国务院司法行政部门规定禁止的其他行为。

20.《中华人民共和国资产评估法》（2016年12月1日起施行）

第十三条 评估专业人员应当履行下列义务：

（一）诚实守信，依法独立、客观、公正从事业务；

（二）遵守评估准则，履行调查职责，独立分析估算，勤勉谨慎从事业务；

（三）完成规定的继续教育，保持和提高专业能力；

（四）对评估活动中使用的有关文件、证明和资料的真实性、准确性、完整性进行核查和验证；

（五）对评估活动中知悉的国家秘密、商业秘密和个人隐私予以保密；

（六）与委托人或者其他相关当事人及评估对象有利害关系的，应当回避；

（七）接受行业协会的自律管理，履行行业协会章程规定的义务；

（八）法律、行政法规规定的其他义务。

21.《中华人民共和国行政许可法》（2019年4月23日修正）

第五条 设定和实施行政许可，应当遵循公开、公平、公正、非歧视的原则。

有关行政许可的规定应当公布；未经公布的，不得作为实施行政许可的依据。行政许可的实施和结果，除涉及国家秘密、商业秘密或者个人隐私的外，应当公开。未经申请人同意，行政机关及其工作人员、参与专家评审等的人员不得披露申请人提交的商业秘密、未披露信息或者保密商务信息，法律另有规定或者涉及国家安全、重大社会公共利益的除外；行政机关依法公开申请人前述信息的，允许申请人在合理期限内提出异议。

符合法定条件、标准的，申请人有依法取得行政许可的平等权利，行政机关不得歧视任何人。

22.《中华人民共和国行政复议法》（2017年9月1日修正）

第二十三条 行政复议机关负责法制工作的机构应当自行政复议申请受理之日起七日内，将行政复议申请书副本或者行政复议申请笔录复印件发送被申请人。被申请人应当自收到申请书副本或者申请笔录复印件之日起十日内,提出书面答复,并提交当初作出具体行政行为的证据、依据和其他有关材料。

申请人、第三人可以查阅被申请人提出的书面答复、作出具体行政行为的证据、依据和其他有关材料,除涉及国家秘密、商业秘密或者个人隐私外,行政复议机关不得拒绝。

23.《中华人民共和国治安管理处罚法》(2012年10月26日修正)

第八十条 公安机关及其人民警察在办理治安案件时,对涉及的国家秘密、商业秘密或者个人隐私,应当予以保密。

24.《中华人民共和国民事诉讼法》(2017年6月27日修正)

第六十八条 证据应当在法庭上出示,并由当事人互相质证。对涉及国家秘密、商业秘密和个人隐私的证据应当保密,需要在法庭出示的,不得在公开开庭时出示。

第一百三十四条 人民法院审理民事案件,除涉及国家秘密、个人隐私或者法律另有规定的以外,应当公开进行。

离婚案件,涉及商业秘密的案件,当事人申请不公开审理的,可以不公开审理。

第一百五十六条 公众可以查阅发生法律效力的判决书、裁定书,但涉及国家秘密、商业秘密和个人隐私的内容除外。

25.《中华人民共和国行政诉讼法》(2017年6月27日修正)

第三十二条 代理诉讼的律师,有权按照规定查阅、复制本案有关材料,有权向有关组织和公民调查,收集与本案有关的证据。对涉及国家秘密、商业秘密和个人隐私的材料,应当依照法律规定保密。

当事人和其他诉讼代理人有权按照规定查阅、复制本案庭审材料,但涉及国家秘密、商业秘密和个人隐私的内容除外。

26.《中华人民共和国刑事诉讼法》(2018年10月26日修正)

第五十四条 人民法院、人民检察院和公安机关有权向有关单位和个人收集、调取证据。有关单位和个人应当如实提供证据。

行政机关在行政执法和查办案件过程中收集的物证、书证、视听资料、电子数据等证据材料,在刑事诉讼中可以作为证据使用。

对涉及国家秘密、商业秘密、个人隐私的证据,应当保密。

凡是伪造证据、隐匿证据或者毁灭证据的,无论属于何方,必须受法律追究。

第一百五十二条　采取技术侦查措施，必须严格按照批准的措施种类、适用对象和期限执行。

侦查人员对采取技术侦查措施过程中知悉的国家秘密、商业秘密和个人隐私，应当保密；对采取技术侦查措施获取的与案件无关的材料，必须及时销毁。

采取技术侦查措施获取的材料，只能用于对犯罪的侦查、起诉和审判，不得用于其他用途。

公安机关依法采取技术侦查措施，有关单位和个人应当配合，并对有关情况予以保密。

第一百八十八条　人民法院审判第一审案件应当公开进行。但是有关国家秘密或者个人隐私的案件，不公开审理；涉及商业秘密的案件，当事人申请不公开审理的，可以不公开审理。

不公开审理的案件，应当当庭宣布不公开审理的理由。

27.《中华人民共和国慈善法》(2016年9月1日起施行)

第六十二条　开展慈善服务，应当尊重受益人、志愿者的人格尊严，不得侵害受益人、志愿者的隐私。

28.《中华人民共和国反家庭暴力法》(2016年3月1日起施行)

第五条　反家庭暴力工作遵循预防为主，教育、矫治与惩处相结合原则。

反家庭暴力工作应当尊重受害人真实意愿，保护当事人隐私。

未成年人、老年人、残疾人、孕期和哺乳期的妇女、重病患者遭受家庭暴力的，应当给予特殊保护。

29.《中华人民共和国香港特别行政区维护国家安全法》(2020年6月30日起施行)

第六十三条　办理本法规定的危害国家安全犯罪案件的有关执法、司法机关及其人员或者办理其他危害国家安全犯罪案件的香港特别行政区执法、司法机关及其人员，应当对办案过程中知悉的国家秘密、商业秘密和个人隐私予以保密。

担任辩护人或者诉讼代理人的律师应当保守在执业活动中知悉的国家秘密、商业秘密和个人隐私。

配合办案的有关机构、组织和个人应当对案件有关情况予以保密。

二、相关行政法规

1.《护士条例》(2020 年 3 月 27 日修订)

第十八条 护士应当尊重、关心、爱护患者,保护患者的隐私。

2.《优化营商环境条例》(2020 年 1 月 1 日起施行)

第三十条 国家加强社会信用体系建设,持续推进政务诚信、商务诚信、社会诚信和司法公信建设,提高全社会诚信意识和信用水平,维护信用信息安全,严格保护商业秘密和个人隐私。

3.《中华人民共和国人类遗传资源管理条例》(2019 年 7 月 1 日起施行)

第九条 采集、保藏、利用、对外提供我国人类遗传资源,应当符合伦理原则,并按照国家有关规定进行伦理审查。

采集、保藏、利用、对外提供我国人类遗传资源,应当尊重人类遗传资源提供者的隐私权,取得其事先知情同意,并保护其合法权益。

采集、保藏、利用、对外提供我国人类遗传资源,应当遵守国务院科学技术行政部门制定的技术规范。

4.《中华人民共和国政府信息公开条例》(2019 年 4 月 3 日修订)

第十五条 涉及商业秘密、个人隐私等公开会对第三方合法权益造成损害的政府信息,行政机关不得公开。但是,第三方同意公开或者行政机关认为不公开会对公共利益造成重大影响的,予以公开。

5.《重大行政决策程序暂行条例》(2019 年 9 月 1 日起施行)

第十九条 对专业性、技术性较强的决策事项,决策承办单位应当组织专家、专业机构论证其必要性、可行性、科学性等,并提供必要保障。

专家、专业机构应当独立开展论证工作,客观、公正、科学地提出论证意见,并对所知悉的国家秘密、商业秘密、个人隐私依法履行保密义务;提供书面论证意见的,应当署名、盖章。

6.《机动车交通事故责任强制保险条例》(2019 年 3 月 2 日修订)

第三十四条 保险公司、救助基金管理机构的工作人员对当事人的个人隐私应当保密。

7.《残疾预防和残疾人康复条例》(2018 年 9 月 18 日修正)

第二十一条 提供残疾人康复服务,应当针对残疾人的健康、日常活动、社会参与等需求进行评估，依据评估结果制定个性化康复方案，并根据实施情况对康复方案进行调整优化。制定、实施康复方案，应当充分听取、尊重残疾人及其家属的意见，告知康复措施的详细信息。

提供残疾人康复服务，应当保护残疾人隐私，不得歧视、侮辱残疾人。

8.《医疗纠纷预防和处理条例》(2018年10月1日起施行)

第四十二条 医疗纠纷人民调解委员会及其人民调解员、卫生主管部门及其工作人员应当对医患双方的个人隐私等事项予以保密。

未经医患双方同意，医疗纠纷人民调解委员会、卫生主管部门不得公开进行调解，也不得公开调解协议的内容。

9.《志愿服务条例》(2017年12月1日起施行)

第二十一条 志愿服务组织、志愿者应当尊重志愿服务对象人格尊严，不得侵害志愿服务对象个人隐私，不得向志愿服务对象收取或者变相收取报酬。

10.《残疾人教育条例》(2017年1月11日修订)

第二十条 县级人民政府教育行政部门应当会同卫生行政部门、民政部门、残疾人联合会，建立由教育、心理、康复、社会工作等方面专家组成的残疾人教育专家委员会。

残疾人教育专家委员会可以接受教育行政部门的委托，对适龄残疾儿童、少年的身体状况、接受教育的能力和适应学校学习生活的能力进行评估，提出入学、转学建议；对残疾人义务教育问题提供咨询，提出建议。

依照前款规定作出的评估结果属于残疾儿童、少年的隐私，仅可被用于对残疾儿童、少年实施教育、康复。教育行政部门、残疾人教育专家委员会、学校及其工作人员对在工作中了解的残疾儿童、少年评估结果及其他个人信息负有保密义务。

11.《中华人民共和国税收征收管理法实施细则》(2016年2月6日修订)

第五条 税收征管法第八条所称为纳税人、扣缴义务人保密的情况，是指纳税人、扣缴义务人的商业秘密及个人隐私。纳税人、扣缴义务人的税收违法行为不属于保密范围。

12.《企业信息公示暂行条例》(2014年10月1日起施行)

第二条 本条例所称企业信息,是指在工商行政管理部门登记的企业从事生产经营活动过程中形成的信息,以及政府部门在履行职责过程中产生的能够反映企业状况的信息。

第三条 企业信息公示应当真实、及时。公示的企业信息涉及国家秘密、国家安全或者社会公共利益的,应当报请主管的保密行政管理部门或者国家安全机关批准。县级以上地方人民政府有关部门公示的企业信息涉及企业商业秘密或者个人隐私的,应当报请上级主管部门批准。

13.《征信业管理条例》(2013年3月15日起施行)

第二条 在中国境内从事征信业务及相关活动,适用本条例。

本条例所称征信业务,是指对企业、事业单位等组织(以下统称企业)的信用信息和个人的信用信息进行采集、整理、保存、加工,并向信息使用者提供的活动。

国家设立的金融信用信息基础数据库进行信息的采集、整理、保存、加工和提供,适用本条例第五章规定。

国家机关以及法律、法规授权的具有管理公共事务职能的组织依照法律、行政法规和国务院的规定,为履行职责进行的企业和个人信息的采集、整理、保存、加工和公布,不适用本条例。

第三条 从事征信业务及相关活动,应当遵守法律法规,诚实守信,不得危害国家秘密,不得侵犯商业秘密和个人隐私。

14.《保安服务管理条例》(2020年11月29日修订)

第二十五条 保安服务中使用的技术防范产品,应当符合有关的产品质量要求。保安服务中安装监控设备应当遵守国家有关技术规范,使用监控设备不得侵犯他人合法权益或者个人隐私。

保安服务中形成的监控影像资料、报警记录,应当至少留存30日备查,保安从业单位和客户单位不得删改或者扩散。

第二十六条 保安从业单位对保安服务中获知的国家秘密、商业秘密以及客户单位明确要求保密的信息,应当予以保密。

保安从业单位不得指使、纵容保安员阻碍依法执行公务、参与追索债务、采用暴力或者以暴力相威胁的手段处置纠纷。

15.《流动人口计划生育工作条例》(2009年10月1日起施行)

第十八条 地方各级人民政府和政府有关部门以及协助查验婚育

证明的村民委员会、居民委员会及其工作人员，应当对涉及公民隐私的流动人口信息予以保密。

16.《地方志工作条例》(2006年5月18日起施行)

第十一条　县级以上地方人民政府负责地方志工作的机构可以向机关、社会团体、企业事业单位、其他组织以及个人征集有关地方志资料，有关单位和个人应当提供支持。负责地方志工作的机构可以对有关资料进行查阅、摘抄、复制，但涉及国家秘密、商业秘密和个人隐私以及不符合档案开放条件的除外。

地方志资料所有人或者持有人提供有关资料，可以获得适当报酬。地方志资料所有人或者持有人不得故意提供虚假资料。

17.《乡村医生从业管理条例》(2004年1月1日起施行)

第二十四条　乡村医生在执业活动中应当履行下列义务：

(一)遵守法律、法规、规章和诊疗护理技术规范、常规；

(二)树立敬业精神，遵守职业道德，履行乡村医生职责，为村民健康服务；

(三)关心、爱护、尊重患者，保护患者的隐私；

(四)努力钻研业务，更新知识，提高专业技术水平；

(五)向村民宣传卫生保健知识，对患者进行健康教育。

三、相关司法解释规定

1.《最高人民法院关于审理涉及公证活动相关民事案件的若干规定》(法释〔2014〕6号)(2020年12月23日修正)

第四条　当事人、公证事项的利害关系人提供证据证明公证机构及其公证员在公证活动中具有下列情形之一的，人民法院应当认定公证机构有过错：

(一)为不真实、不合法的事项出具公证书的；

(二)毁损、篡改公证书或者公证档案的；

(三)泄露在执业活动中知悉的商业秘密或者个人隐私的；

(四)违反公证程序、办证规则以及国务院司法行政部门制定的行业规范出具公证书的；

(五)公证机构在公证过程中未尽到充分的审查、核实义务，致使公证书错误或者不真实的；

（六）对存在错误的公证书，经当事人、公证事项的利害关系人申请仍不予纠正或者补正的；

（七）其他违反法律、法规、国务院司法行政部门强制性规定的情形。

2.《最高人民法院关于民事诉讼证据的若干规定》（2019年10月14日修正）

第四十七条 下列情形，控制书证的当事人应当提交书证：

（一）控制书证的当事人在诉讼中曾经引用过的书证；

（二）为对方当事人的利益制作的书证；

（三）对方当事人依照法律规定有权查阅、获取的书证；

（四）账簿、记账原始凭证；

（五）人民法院认为应当提交书证的其他情形。

前款所列书证，涉及国家秘密、商业秘密、当事人或第三人的隐私，或者存在法律规定应当保密的情形的，提交后不得公开质证。

3.《最高人民法院关于人民法院在互联网公布裁判文书的规定》（法释〔2016〕19号）

第十条 人民法院在互联网公布裁判文书时，应当删除下列信息：

（一）自然人的家庭住址、通讯方式、身份证号码、银行账号、健康状况、车牌号码、动产或不动产权属证书编号等个人信息；

（二）法人以及其他组织的银行账号、车牌号码、动产或不动产权属证书编号等信息；

（三）涉及商业秘密的信息；

（四）家事、人格权益等纠纷中涉及个人隐私的信息；

（五）涉及技术侦查措施的信息；

（六）人民法院认为不宜公开的其他信息。

按照本条第一款删除信息影响对裁判文书正确理解的，用符号“×”作部分替代。

4.《最高人民法院印发〈关于企业破产案件信息公开的规定（试行）〉的通知》（法〔2016〕19号）

第二条 破产案件信息公开以公开为原则，以不公开为例外。凡是不涉及国家秘密、个人隐私的信息均应依法公开。涉及商业秘密的债务人信息，在不损害债权人和债务人合法权益的情况下，破产管理人可以通过与重整投资人的协议向重整投资人公开。

5.《最高人民法院关于民事执行中财产调查若干问题的规定》(法释〔2017〕8号)(2020年12月23日修正)

第二十五条　执行人员不得调查与执行案件无关的信息,对调查过程中知悉的国家秘密、商业秘密和个人隐私应当保密。

6.《最高人民法院关于公布失信被执行人名单信息的若干规定》(2017年1月16日修正)

第六条　记载和公布的失信被执行人名单信息应当包括:

(一)作为被执行人的法人或者其他组织的名称、统一社会信用代码(或组织机构代码)、法定代表人或者负责人姓名;

(二)作为被执行人的自然人的姓名、性别、年龄、身份证号码;

(三)生效法律文书确定的义务和被执行人的履行情况;

(四)被执行人失信行为的具体情形;

(五)执行依据的制作单位和文号、执行案号、立案时间、执行法院;

(六)人民法院认为应当记载和公布的不涉及国家秘密、商业秘密、个人隐私的其他事项。

7.《最高人民法院关于人民法院庭审录音录像的若干规定》(法释〔2017〕5号)

第十六条　涉及国家秘密、商业秘密、个人隐私等庭审活动的录制,以及对庭审录音录像的存储、查阅、复制、誊录等,应当符合保密管理等相关规定。

8.《最高人民法院关于审查知识产权纠纷行为保全案件适用法律若干问题的规定》(法释〔2018〕21号)

第六条　有下列情况之一,不立即采取行为保全措施即足以损害申请人利益的,应当认定属于民事诉讼法第一百条、第一百零一条规定的"情况紧急":

(一)申请人的商业秘密即将被非法披露;

(二)申请人的发表权、隐私权等人身权利即将受到侵害;

(三)诉争的知识产权即将被非法处分;

(四)申请人的知识产权在展销会等时效性较强的场合正在或者即将受到侵害;

(五)时效性较强的热播节目正在或者即将受到侵害;

(六)其他需要立即采取行为保全措施的情况。

第十条 在知识产权与不正当竞争纠纷行为保全案件中，有下列情形之一的，应当认定属于民事诉讼法第一百零一条规定的“难以弥补的损害”：

（一）被申请人的行为将会侵害申请人享有的商誉或者发表权、隐私权等人身性质的权利且造成无法挽回的损害；

（二）被申请人的行为将会导致侵权行为难以控制且显著增加申请人损害；

（三）被申请人的侵害行为将会导致申请人的相关市场份额明显减少；

（四）对申请人造成其他难以弥补的损害。

9.《最高人民法院关于适用〈中华人民共和国刑事诉讼法〉的解释》（法释〔2012〕21号）

第六十八条 公开审理案件时，公诉人、诉讼参与人提出涉及国家秘密、商业秘密或者个人隐私的证据的，法庭应当制止。有关证据确与本案有关的，可以根据具体情况，决定将案件转为不公开审理，或者对相关证据的法庭调查不公开进行。

10.《最高人民法院关于审理因垄断行为引发的民事纠纷案件应用法律若干问题的规定》（法释〔2012〕5号）（2020年12月23日修正）

第十一条 证据涉及国家秘密、商业秘密、个人隐私或者其他依法应当保密的内容的，人民法院可以依职权或者当事人的申请采取不公开开庭、限制或者禁止复制、仅对代理律师展示、责令签署保密承诺书等保护措施。

11.《最高人民法院关于审理政府信息公开行政案件若干问题的规定》（法释〔2011〕17号）

第五条 被告拒绝向原告提供政府信息的，应当对拒绝的根据以及履行法定告知和说明理由义务的情况举证。

因公共利益决定公开涉及商业秘密、个人隐私政府信息的，被告应当对认定公共利益以及不公开可能对公共利益造成重大影响的理由进行举证和说明。

被告拒绝更正与原告相关的政府信息记录的，应当对拒绝的理由进行举证和说明。

被告能够证明政府信息涉及国家秘密，请求在诉讼中不予提交的，人民法院应当准许。

被告主张政府信息不存在,原告能够提供该政府信息系由被告制作或者保存的相关线索的,可以申请人民法院调取证据。

被告以政府信息与申请人自身生产、生活、科研等特殊需要无关为由不予提供的,人民法院可以要求原告对特殊需要事由作出说明。

原告起诉被告拒绝更正政府信息记录的,应当提供其向被告提出过更正申请以及政府信息与其自身相关且记录不准确的事实根据。

第六条　人民法院审理政府信息公开行政案件,应当视情采取适当的审理方式,以避免泄露涉及国家秘密、商业秘密、个人隐私或者法律规定的其他应当保密的政府信息。

第八条　政府信息涉及国家秘密、商业秘密、个人隐私的,人民法院应当认定属于不予公开范围。

政府信息涉及商业秘密、个人隐私,但权利人同意公开,或者不公开可能对公共利益造成重大影响的,不受前款规定的限制。

12.《最高人民法院关于行政诉讼证据若干问题的规定》(法释〔2002〕21号)

第十八条　证据涉及国家秘密、商业秘密或者个人隐私的,提供人应当作出明确标注,并向法庭说明,法庭予以审查确认。

第三十七条　涉及国家秘密、商业秘密和个人隐私或者法律规定的其他应当保密的证据,不得在开庭时公开质证。

13.《最高人民法院关于诉讼代理人查阅民事案件材料的规定》(法释〔2002〕39号)

第八条　查阅案件材料中涉及国家秘密、商业秘密和个人隐私的,诉讼代理人应当保密。

14.《最高人民法院关于适用〈中华人民共和国民事诉讼法〉的解释》(法释〔2015〕5号)(2020年12月23日修正)

第九十四条　民事诉讼法第六十四条第二款规定的当事人及其诉讼代理人因客观原因不能自行收集的证据包括:

(一)证据由国家有关部门保存,当事人及其诉讼代理人无权查阅调取的;

(二)涉及国家秘密、商业秘密或者个人隐私的;

（三）当事人及其诉讼代理人因客观原因不能自行收集的其他证据。

当事人及其诉讼代理人因客观原因不能自行收集的证据，可以在举证期限届满前书面申请人民法院调查收集。

第一百零六条 对以严重侵害他人合法权益、违反法律禁止性规定或者严重违背公序良俗的方法形成或者获取的证据，不得作为认定案件事实的根据。

四、相关裁判摘要

• **2016年第4期《中华人民共和国最高人民法院公报》**刊登的“**施某某、张某某、桂某某诉徐某某肖像权、名誉权、隐私权纠纷案**”就侵害隐私权的问题进行了分析。相关裁判摘要如下：

关于被告徐某某是否侵害原告施某某、张某某、桂某某隐私权。隐私权是指自然人享有的对其个人的与公共利益无关的个人信息、私人活动和私有领域进行支配的一种人格权。是否构成侵犯隐私权，应当根据受害人确有隐私被损害的事实、行为人行为违法、违法行为与损害后果之间有因果关系、行为人主观上有过错来认定。本案中，徐某某对相关信息的披露是节制的，对相关照片进行了模糊处理，没有暴露受害儿童真实面容，也没有披露施某某的姓名和家庭住址，其目的是揭露可能存在的犯罪行为。徐某某所发微博的内容虽出现收养的词语，但微博文字与照片结合后，第三人不能明显识别出微博中的受害儿童即为施某某。徐某某所发微博的内容未涉及张某某、桂某某的任何信息资料，至于徐某某发表微博后，网民对张某某、桂某某搜索导致其相关信息被披露，不应由徐某某承担责任。故施某某、张某某、桂某某主张徐某某侵害其隐私权不能成立。

综上，被告徐某某在原告施某某受伤害后，为保护未成年人利益和揭露可能存在的犯罪行为，依法在其微博中发表未成年人受伤害信息，符合社会公共利益原则和儿童利益最大化原则。徐某某的网络举报行为未侵犯施某某的肖像权、名誉权、隐私权，未侵犯原告张某某、桂某某的名誉权、隐私权。施某某、张某某、桂某某的诉讼请求于法无据，不予支持。

第一千零三十三条　【侵害隐私权的行为类型】除法律另有规定

或者权利人明确同意外,任何组织或者个人不得实施下列行为:

(一)以电话、短信、即时通讯工具、电子邮件、传单等方式侵扰他人的私人生活安宁;

(二)进入、拍摄、窥视他人的住宅、宾馆房间等私密空间;

(三)拍摄、窥视、窃听、公开他人的私密活动;

(四)拍摄、窥视他人身体的私密部位;

(五)处理他人的私密信息;

(六)以其他方式侵害他人的隐私权。

法条评释:本条是对侵害隐私权的行为类型的规定。隐私权保护的核心在于私生活的安宁和私生活的秘密不受他人的侵害。我国《民法典》将之细化为四类:私生活安宁、私密空间、私密活动、私密信息,并在本条详细列举了侵害隐私权的行为类型。其一,侵扰私人生活安宁。私人生活,即与公共利益和他人权益无关的自然人个人的生活,包括家庭生活、感情生活、社交活动等。私人生活安宁,就是指自然人私生活不受他人的侵害、打扰或妨碍。一些公司企业和个人为了广告推销,通过各种方式发送垃圾短信、垃圾邮件、设置弹窗广告、自动拨打他人电话等,给广大人民群众的私生活安宁造成了严重干扰。一些违法犯罪分子甚至使用伪基站、恶意软件以及非法收集、购买私密信息等个人信息等手段,据此从事诈骗、广告推销等活动。这些行为都对自然人的私生活安宁构成了严重的侵害。其二,侵害私密空间。私密空间与公共场所或公共空间相对,是指仅供特定自然人出入或者生活、学习、工作的空间,属于私生活秘密的范畴。由于私密空间是自然人进行私人生活,如个人生活、家庭生活、社交活动的场所,因此,有不愿为他人知晓的私生活秘密,故此保护私生活秘密的首要任务就是保护私密空间,禁止他人的侵害。其三,侵害私密活动。私密活动,是指自然人不愿意为他人知晓的活动,如夫妻的性生活、家庭日常生活、与朋友的聚餐、家人及朋友之间的谈话等活动。常见的侵害私密活动的行为,就是偷录、偷拍或设置监视器、安装摄像机对他人进行拍摄,甚至将由此获得的他人的谈话或活动加以公开散播等。其四,侵害私密部位。自然人身体的私密部位属于所谓的身体隐私,即不愿对他人公开的身体的各个部位,尤其是性器官、有残疾的部位。此外,即使经过权利人明确同意而拍摄他人身体私密部位的，如未经权利人同意而将相关的照片、视频公开的，也构成侵害隐私权。其五，非法处理私密信息。所谓私密信息即隐私信息，凡是自然人不愿意为他人知晓且与公共利益无关的信息，无论是婚姻信息、财产信息、健康信息、家庭住址、病历资料、犯罪记录、个人人生经历、嗜好、性取向、日记、私人信件以及其他个人不愿公开的信息等，都可以纳入私密信息。这些信息被他人知晓，会使私生活安宁或私生活受到侵害或干扰，而这正是隐私权要保护的人格利益。其六，兜底性规定。侵害隐私权的行为类型不限于本条第1~5项列举的情形，故此本条第6项做了兜底性的规定。

一、相关法律条文

1.《中华人民共和国民法典》(2021年1月1日起施行)

第九百九十五条 人格权受到侵害的，受害人有权依照本法和其他法律的规定请求行为人承担民事责任。受害人的停止侵害、排除妨碍、消除危险、消除影响、恢复名誉、赔礼道歉请求权，不适用诉讼时效的规定。

第九百九十七条 民事主体有证据证明行为人正在实施或者即将实施侵害其人格权的违法行为，不及时制止将使其合法权益受到难以弥补的损害的，有权依法向人民法院申请采取责令行为人停止有关行为的措施。

第九百九十八条 认定行为人承担侵害除生命权、身体权和健康权外的人格权的民事责任，应当考虑行为人和受害人的职业、影响范围、过错程度，以及行为的目的、方式、后果等因素。

第九百九十九条 为公共利益实施新闻报道、舆论监督等行为的，可以合理使用民事主体的姓名、名称、肖像、个人信息等；使用不合理侵害民事主体人格权的，应当依法承担民事责任。

2.《全国人民代表大会常务委员会关于加强网络信息保护的决定》(2012年12月28日起施行)

七、任何组织和个人未经电子信息接收者同意或者请求，或者电子信息接收者明确表示拒绝的，不得向其固定电话、移动电话或者个人电子邮箱发送商业性电子信息。

八、公民发现泄露个人身份、散布个人隐私等侵害其合法权益的网络信息，或者受到商业性电子信息侵扰的，有权要求网络服务提供者删除有关信息或者采取其他必要措施予以制止。

3.《中华人民共和国消费者权益保护法》(2013 年 10 月 25 日修正)

第二十九条　经营者收集、使用消费者个人信息，应当遵循合法、正当、必要的原则，明示收集、使用信息的目的、方式和范围，并经消费者同意。经营者收集、使用消费者个人信息，应当公开其收集、使用规则，不得违反法律、法规的规定和双方的约定收集、使用信息。

经营者及其工作人员对收集的消费者个人信息必须严格保密，不得泄露、出售或者非法向他人提供。经营者应当采取技术措施和其他必要措施，确保信息安全，防止消费者个人信息泄露、丢失。在发生或者可能发生信息泄露、丢失的情况时，应当立即采取补救措施。

经营者未经消费者同意或者请求，或者消费者明确表示拒绝的，不得向其发送商业性信息。

4.《中华人民共和国刑事诉讼法》(2018 年 10 月 26 日修正)

第五十四条　人民法院、人民检察院和公安机关有权向有关单位和个人收集、调取证据。有关单位和个人应当如实提供证据。

行政机关在行政执法和查办案件过程中收集的物证、书证、视听资料、电子数据等证据材料，在刑事诉讼中可以作为证据使用。

对涉及国家秘密、商业秘密、个人隐私的证据，应当保密。

凡是伪造证据、隐匿证据或者毁灭证据的，无论属于何方，必须受法律追究。

第一百三十六条　为了收集犯罪证据、查获犯罪人，侦查人员可以对犯罪嫌疑人以及可能隐藏罪犯或者犯罪证据的人的身体、物品、住处和其他有关的地方进行搜查。

第一百三十七条　任何单位和个人，有义务按照人民检察院和公安机关的要求，交出可以证明犯罪嫌疑人有罪或者无罪的物证、书证、视听资料等证据。

5.《中华人民共和国监察法》(2018 年 3 月 20 日起施行)

第十八条　监察机关行使监督、调查职权，有权依法向有关单位和个人了解情况，收集、调取证据。有关单位和个人应当如实提供。

监察机关及其工作人员对监督、调查过程中知悉的国家秘密、商业秘密、个人隐私，应当保密。

任何单位和个人不得伪造、隐匿或者毁灭证据。

6.《中华人民共和国国家情报法》(2018 年 4 月 27 日修正)

第十五条 国家情报工作机构根据工作需要，按照国家有关规定，经过严格的批准手续，可以采取技术侦察措施和身份保护措施。

第十六条 国家情报工作机构工作人员依法执行任务时，按照国家有关规定，经过批准，出示相应证件，可以进入限制进入的有关区域、场所，可以向有关机关、组织和个人了解、询问有关情况，可以查阅或者调取有关的档案、资料、物品。

7.《中华人民共和国反间谍法》(2014 年 11 月 1 日起施行)

第十条 国家安全机关的工作人员依法执行任务时，依照规定出示相应证件，可以进入有关场所、单位；根据国家有关规定，经过批准，出示相应证件，可以进入限制进入的有关地区、场所、单位，查阅或者调取有关的档案、资料、物品。

第十二条 国家安全机关因侦察间谍行为的需要，根据国家有关规定，经过严格的批准手续，可以采取技术侦察措施。

第十三条 国家安全机关因反间谍工作需要，可以依照规定查验有关组织和个人的电子通信工具、器材等设备、设施。查验中发现存在危害国家安全情形的，国家安全机关应当责令其整改；拒绝整改或者整改后仍不符合要求的，可以予以查封、扣押。

对依照前款规定查封、扣押的设备、设施，在危害国家安全的情形消除后，国家安全机关应当及时解除查封、扣押。

8.《中华人民共和国突发事件应对法》(2007 年 11 月 1 日起施行)

第三条 本法所称突发事件，是指突然发生，造成或者可能造成严重社会危害，需要采取应急处置措施予以应对的自然灾害、事故灾难、公共卫生事件和社会安全事件。

按照社会危害程度、影响范围等因素，自然灾害、事故灾难、公共卫生事件分为特别重大、重大、较大和一般四级。法律、行政法规或者国务院另有规定的，从其规定。

突发事件的分级标准由国务院或者国务院确定的部门制定。

第十一条 有关人民政府及其部门采取的应对突发事件的措施，应当与突发事件可能造成的社会危害的性质、程度和范围相适应；有多种措施可供选择的，应当选择有利于最大程度地保护公民、法人和其他组织权益的措施。

公民、法人和其他组织有义务参与突发事件应对工作。

第四十八条 突发事件发生后，履行统一领导职责或者组织处置突发事件的人民政府应当针对其性质、特点和危害程度，立即组织有关部门，调动应急救援队伍和社会力量，依照本章的规定和有关法律、法规、规章的规定采取应急处置措施。

第四十九条 自然灾害、事故灾难或者公共卫生事件发生后，履行统一领导职责的人民政府可以采取下列一项或者多项应急处置措施：

（一）组织营救和救治受害人员，疏散、撤离并妥善安置受到威胁的人员以及采取其他救助措施；

（二）迅速控制危险源，标明危险区域，封锁危险场所，划定警戒区，实行交通管制以及其他控制措施；

（三）立即抢修被损坏的交通、通信、供水、排水、供电、供气、供热等公共设施，向受到危害的人员提供避难场所和生活必需品，实施医疗救护和卫生防疫以及其他保障措施；

（四）禁止或者限制使用有关设备、设施，关闭或者限制使用有关场所，中止人员密集的活动或者可能导致危害扩大的生产经营活动以及采取其他保护措施；

（五）启用本级人民政府设置的财政预备费和储备的应急救援物资，必要时调用其他急需物资、设备、设施、工具；

（六）组织公民参加应急救援和处置工作，要求具有特定专长的人员提供服务；

（七）保障食品、饮用水、燃料等基本生活必需品的供应；

（八）依法从严惩处囤积居奇、哄抬物价、制假售假等扰乱市场秩序的行为，稳定市场价格，维护市场秩序；

（九）依法从严惩处哄抢财物、干扰破坏应急处置工作等扰乱社会秩序的行为，维护社会治安；

（十）采取防止发生次生、衍生事件的必要措施。

第五十条 社会安全事件发生后，组织处置工作的人民政府应当立即组织有关部门并由公安机关针对事件的性质和特点，依照有关法律、行政法规和国家其他有关规定，采取下列一项或者多项应急处置措施：

（一）强制隔离使用器械相互对抗或者以暴力行为参与冲突的当事人，妥善解决现场纠纷和争端，控制事态发展；

（二）对特定区域内的建筑物、交通工具、设备、设施以及燃料、燃气、电力、水的供应进行控制；

（三）封锁有关场所、道路，查验现场人员的身份证件，限制有关公共场所内的活动；

（四）加强对易受冲击的核心机关和单位的警卫，在国家机关、军事机关、国家通讯社、广播电台、电视台、外国驻华使领馆等单位附近设置临时警戒线；

（五）法律、行政法规和国务院规定的其他必要措施。

严重危害社会治安秩序的事件发生时，公安机关应当立即依法出动警力，根据现场情况依法采取相应的强制性措施，尽快使社会秩序恢复正常。

二、相关部门规章

1.《通信短信息服务管理规定》（2015 年 6 月 30 日起施行）

第十八条 短信息服务提供者、短信息内容提供者未经用户同意或者请求，不得向其发送商业性短信息。用户同意后又明确表示拒绝接收商业性短信息的，应当停止向其发送。

短信息服务提供者、短信息内容提供者请求用户同意接收商业性短信息的，应当说明拟发送商业性短信息的类型、频次和期限等信息。用户未回复的，视为不同意接收。用户明确拒绝或者未回复的，不得再次向其发送内容相同或者相似的短信息。

基础电信业务经营者对通过其电信网发送端口类商业性短信息的，应当保证有关用户已经同意或者请求接收有关短信息。

第十九条 短信息服务提供者、短信息内容提供者用于发送业务管理和服务类短信息的端口，不得用于发送商业性短信息。

第二十条 短信息服务提供者、短信息内容提供者向用户发送商业性短信息，应当提供便捷和有效的拒绝接收方式并随短信息告知用户，不得以任何形式对用户拒绝接收短信息设置障碍。

第二十一条 短信息服务提供者、短信息内容提供者向用户发送商业性短信息，应当在短信息中明确注明短信息内容提供者的名称。

第二十二条　短信息服务提供者应当建立短信息管理制度和预警监测机制，通过规范管理、技术手段和合同约定等措施，防范未经用户同意或者请求发送的商业性短信息。

第二十三条　基础电信业务经营者发现短信息服务提供者、短信息内容提供者违反本规定第十八条发送商业性短信息的，应当采取必要的措施暂停或者停止为其提供相关的电信资源，并保存有关记录。

2.《互联网广告管理暂行办法》(2016 年 9 月 1 日起施行)

第八条　利用互联网发布、发送广告，不得影响用户正常使用网络。在互联网页面以弹出等形式发布的广告，应当显著标明关闭标志，确保一键关闭。

不得以欺骗方式诱使用户点击广告内容。

未经允许，不得在用户发送的电子邮件中附加广告或者广告链接。

3.《互联网电子邮件服务管理办法》(2006 年 6 月 30 日起施行)

第十三条　任何组织或者个人不得有下列发送或者委托发送互联网电子邮件的行为：

(一)故意隐匿或者伪造互联网电子邮件信封信息；

(二)未经互联网电子邮件接收者明确同意，向其发送包含商业广告内容的互联网电子邮件；

(三)发送包含商业广告内容的互联网电子邮件时，未在互联网电子邮件标题信息前部注明“广告”或者“AD”字样。

第十四条　互联网电子邮件接收者明确同意接收包含商业广告内容的互联网电子邮件后，拒绝继续接收的，互联网电子邮件发送者应当停止发送。双方另有约定的除外。

互联网电子邮件服务发送者发送包含商业广告内容的互联网电子邮件，应当向接收者提供拒绝继续接收的联系方式，包括发送者的电子邮件地址，并保证所提供的联系方式在 30 日内有效。

4.《网络交易管理办法》(2014 年 3 月 15 日起施行)

第十八条　网络商品经营者、有关服务经营者在经营活动中收集、使用消费者或者经营者信息，应当遵循合法、正当、必要的原则，明示收集、使用信息的目的、方式和范围，并经被收集者同意。网络商品经营者、有关服务经营者收集、使用消费者或者经营者信息，应当公开其收集、使用规则，不得违反法律、法规的规定和双方的约定收集、使用信息。

> 网络商品经营者、有关服务经营者及其工作人员对收集的消费者个人信息或者经营者商业秘密的数据信息必须严格保密,不得泄露、出售或者非法向他人提供。网络商品经营者、有关服务经营者应当采取技术措施和其他必要措施,确保信息安全,防止信息泄露、丢失。在发生或者可能发生信息泄露、丢失的情况时,应当立即采取补救措施。
>
> 网络商品经营者、有关服务经营者未经消费者同意或者请求,或者消费者明确表示拒绝的,不得向其发送商业性电子信息。

第一千零三十四条 【个人信息的界定及私密信息保护的法律适用】 自然人的个人信息受法律保护。

个人信息是以电子或者其他方式记录的能够单独或者与其他信息结合识别特定自然人的各种信息,包括自然人的姓名、出生日期、身份证件号码、生物识别信息、住址、电话号码、电子邮箱、健康信息、行踪信息等。

个人信息中的私密信息,适用有关隐私权的规定;没有规定的,适用有关个人信息保护的规定。

法条评释: 本条是对个人信息的界定和私密信息保护的法律适用规则的规定。从本条第2款的规定来看,个人信息具有以下两项重要特征:其一,个人信息是指自然人的个人信息。个人信息中的“个人”指的就是自然人,不包括法人、非法人组织,也不包括死者。其二,个人信息是可以识别特定自然人的信息。无论对个人信息如何界定或怎样列举,个人信息的核心特征就在于“可识别性”,即能够单独或者与其他信息相结合识别特定的自然人。如果某些信息根本无法识别特定的自然人,那么对于这些信息的处理并不会对特定自然人的权益造成侵害或产生侵害的危险,没有必要基于维护自然人的权益的考虑而通过个人信息保护制度对这些信息的处理加以规范。

本条第2款是个人信息中的私密信息保护的法律适用。依据该款,作为隐私的私密信息,首先应当适用有关隐私权的规定。所谓“有关隐私权的规定”是一个范围很广的概念,不仅包括《民法典》第1032、1033条这两个直接针对隐私权的法律条文,还包括《民法典》中其他可以适用于隐私权的规定,如第991、992、995~998、1000条,此外，还有其他法律中有关隐私权的规定。隐私权对于私密信息的保护的强度和密度更高，力度更大。如果现行法律法规和司法解释中没有对相关私密信息保护作出规定的话，因私密信息也是个人信息，故此，应当适用有关个人信息保护的规定。所谓个人信息保护的规定，范围也非常广泛，泛指我国现行法律、法规和司法解释中对个人信息保护的规定。

一、相关法律条文

1.《中华人民共和国民法典》(2021 年 1 月 1 日起施行)

第一百一十一条　自然人的个人信息受法律保护。任何组织或者个人需要获取他人个人信息的，应当依法取得并确保信息安全，不得非法收集、使用、加工、传输他人个人信息，不得非法买卖、提供或者公开他人个人信息。

2.《全国人民代表大会常务委员会关于加强网络信息保护的决定》(2012 年 12 月 28 日起施行)

一、国家保护能够识别公民个人身份和涉及公民个人隐私的电子信息。

任何组织和个人不得窃取或者以其他非法方式获取公民个人电子信息，不得出售或者非法向他人提供公民个人电子信息。

3.《中华人民共和国网络安全法》(2017 年 6 月 1 日起施行)

第四十条　网络运营者应当对其收集的用户信息严格保密，并建立健全用户信息保护制度。

第七十六条　本法下列用语的含义：

（一）网络，是指由计算机或者其他信息终端及相关设备组成的按照一定的规则和程序对信息进行收集、存储、传输、交换、处理的系统。

（二）网络安全，是指通过采取必要措施，防范对网络的攻击、侵入、干扰、破坏和非法使用以及意外事故，使网络处于稳定可靠运行的状态，以及保障网络数据的完整性、保密性、可用性的能力。

（三）网络运营者，是指网络的所有者、管理者和网络服务提供者。

（四）网络数据，是指通过网络收集、存储、传输、处理和产生的各种电子数据。

（五）个人信息，是指以电子或者其他方式记录的能够单独或者与其他信息结合识别自然人个人身份的各种信息，包括但不限于自然人的姓名、出生日期、身份证件号码、个人生物识别信息、住址、电话号码等。

4.《中华人民共和国消费者权益保护法》（2013年10月25日修正）

第十四条 消费者在购买、使用商品和接受服务时，享有人格尊严、民族风俗习惯得到尊重的权利，享有个人信息依法得到保护的权利。

第五十条 经营者侵害消费者的人格尊严、侵犯消费者人身自由或者侵害消费者个人信息依法得到保护的权利的，应当停止侵害、恢复名誉、消除影响、赔礼道歉，并赔偿损失。

5.《中华人民共和国电子商务法》（2019年1月1日起施行）

第五条 电子商务经营者从事经营活动，应当遵循自愿、平等、公平、诚信的原则，遵守法律和商业道德，公平参与市场竞争，履行消费者权益保护、环境保护、知识产权保护、网络安全与个人信息保护等方面的义务，承担产品和服务质量责任，接受政府和社会的监督。

第二十三条 电子商务经营者收集、使用其用户的个人信息，应当遵守法律、行政法规有关个人信息保护的规定。

第三十一条 电子商务平台经营者应当记录、保存平台上发布的商品和服务信息、交易信息，并确保信息的完整性、保密性、可用性。商品和服务信息、交易信息保存时间自交易完成之日起不少于三年；法律、行政法规另有规定的，依照其规定。

第三十二条 电子商务平台经营者应当遵循公开、公平、公正的原则，制定平台服务协议和交易规则，明确进入和退出平台、商品和服务质量保障、消费者权益保护、个人信息保护等方面的权利和义务。

6.《中华人民共和国旅游法》（2018年10月26日修正）

第五十二条 旅游经营者对其在经营活动中知悉的旅游者个人信息，应当予以保密。

7.《中华人民共和国图书馆法》（2018年10月26日修正）

第四十三条 公共图书馆应当妥善保护读者的个人信息、借阅信息以及其他可能涉及读者隐私的信息，不得出售或者以其他方式非法向他人提供。

8.《中华人民共和国刑法》(2017年11月4日修正)

第二百五十三条之一 违反国家有关规定,向他人出售或者提供公民个人信息,情节严重的,处三年以下有期徒刑或者拘役,并处或者单处罚金;情节特别严重的,处三年以上七年以下有期徒刑,并处罚金。

违反国家有关规定,将在履行职责或者提供服务过程中获得的公民个人信息,出售或者提供给他人的,依照前款的规定从重处罚。

窃取或者以其他方法非法获取公民个人信息的,依照第一款的规定处罚。

单位犯前三款罪的,对单位判处罚金,并对其直接负责的主管人员和其他直接责任人员,依照各该款的规定处罚。

二、相关司法解释规定

1.《最高人民法院关于审理旅游纠纷案件适用法律若干问题的规定》(法释〔2010〕13号)(2020年12月23日修正)

第九条 旅游经营者、旅游辅助服务者以非法收集、存储、使用、加工、传输、买卖、提供、公开等方式处理旅游者个人信息,旅游者请求其承担相应责任的,人民法院应予支持。

2.《最高人民法院关于人民法院在互联网公布裁判文书的规定》(法释〔2016〕19号)

第十条 人民法院在互联网公布裁判文书时,应当删除下列信息:

(一)自然人的家庭住址、通讯方式、身份证号码、银行账号、健康状况、车牌号码、动产或不动产权属证书编号等个人信息;

(二)法人以及其他组织的银行账号、车牌号码、动产或不动产权属证书编号等信息;

(三)涉及商业秘密的信息;

(四)家事、人格权益等纠纷中涉及个人隐私的信息;

(五)涉及技术侦查措施的信息;

(六)人民法院认为不宜公开的其他信息。

按照本条第一款删除信息影响对裁判文书正确理解的,用符号"×"作部分替代。

3.《最高人民法院、最高人民检察院关于办理侵犯公民个人信息刑事案件适用法律若干问题的解释》(法释〔2017〕10号)

为依法惩治侵犯公民个人信息犯罪活动,保护公民个人信息安全和合法权益，根据《中华人民共和国刑法》《中华人民共和国刑事诉讼法》的有关规定，现就办理此类刑事案件适用法律的若干问题解释如下：

第一条 刑法第二百五十三条之一规定的"公民个人信息"，是指以电子或者其他方式记录的能够单独或者与其他信息结合识别特定自然人身份或者反映特定自然人活动情况的各种信息，包括姓名、身份证件号码、通信通讯联系方式、住址、账号密码、财产状况、行踪轨迹等。

第二条 违反法律、行政法规、部门规章有关公民个人信息保护的规定的，应当认定为刑法第二百五十三条之一规定的"违反国家有关规定"。

第三条 向特定人提供公民个人信息，以及通过信息网络或者其他途径发布公民个人信息的，应当认定为刑法第二百五十三条之一规定的"提供公民个人信息"。

未经被收集者同意，将合法收集的公民个人信息向他人提供的，属于刑法第二百五十三条之一规定的"提供公民个人信息"，但是经过处理无法识别特定个人且不能复原的除外。

第四条 违反国家有关规定，通过购买、收受、交换等方式获取公民个人信息，或者在履行职责、提供服务过程中收集公民个人信息的，属于刑法第二百五十三条之一第三款规定的"以其他方法非法获取公民个人信息"。

第五条 非法获取、出售或者提供公民个人信息，具有下列情形之一的，应当认定为刑法第二百五十三条之一规定的"情节严重"：

（一）出售或者提供行踪轨迹信息，被他人用于犯罪的；

（二）知道或者应当知道他人利用公民个人信息实施犯罪，向其出售或者提供的；

（三）非法获取、出售或者提供行踪轨迹信息、通信内容、征信信息、财产信息五十条以上的；

（四）非法获取、出售或者提供住宿信息、通信记录、健康生理信息、交易信息等其他可能影响人身、财产安全的公民个人信息五百条以上的；

（五）非法获取、出售或者提供第三项、第四项规定以外的公民个人信息五千条以上的；

（六）数量未达到第三项至第五项规定标准，但是按相应比例合计达到有关数量标准的；

（七）违法所得五千元以上的；

（八）将在履行职责或者提供服务过程中获得的公民个人信息出售或者提供给他人，数量或者数额达到第三项至第七项规定标准一半以上的；

（九）曾因侵犯公民个人信息受过刑事处罚或者二年内受过行政处罚，又非法获取、出售或者提供公民个人信息的；

（十）其他情节严重的情形。

实施前款规定的行为，具有下列情形之一的，应当认定为刑法第二百五十三条之一第一款规定的"情节特别严重"：

（一）造成被害人死亡、重伤、精神失常或者被绑架等严重后果的；

（二）造成重大经济损失或者恶劣社会影响的；

（三）数量或者数额达到前款第三项至第八项规定标准十倍以上的；

（四）其他情节特别严重的情形。

第六条　为合法经营活动而非法购买、收受本解释第五条第一款第三项、第四项规定以外的公民个人信息，具有下列情形之一的，应当认定为刑法第二百五十三条之一规定的"情节严重"：

（一）利用非法购买、收受的公民个人信息获利五万元以上的；

（二）曾因侵犯公民个人信息受过刑事处罚或者二年内受过行政处罚，又非法购买、收受公民个人信息的；

（三）其他情节严重的情形。

实施前款规定的行为，将购买、收受的公民个人信息非法出售或者提供的，定罪量刑标准适用本解释第五条的规定。

第七条　单位犯刑法第二百五十三条之一规定之罪的，依照本解释规定的相应自然人犯罪的定罪量刑标准，对直接负责的主管人员和其他直接责任人员定罪处罚，并对单位判处罚金。

第八条　设立用于实施非法获取、出售或者提供公民个人信息违法犯罪活动的网站、通讯群组，情节严重的，应当依照刑法第二百八十七条之一的规定，以非法利用信息网络罪定罪处罚；同时构成侵犯公民个人信息罪的，依照侵犯公民个人信息罪定罪处罚。

第九条　网络服务提供者拒不履行法律、行政法规规定的信息网络安全管理义务，经监管部门责令采取改正措施而拒不改正，致使用户的公民个人信息泄露，造成严重后果的，应当依照刑法第二百八十六条之一的规定，以拒不履行信息网络安全管理义务罪定罪处罚。

第十条 实施侵犯公民个人信息犯罪,不属于"情节特别严重",行为人系初犯,全部退赃,并确有悔罪表现的,可以认定为情节轻微,不起诉或者免予刑事处罚;确有必要判处刑罚的,应当从宽处罚。

第十一条 非法获取公民个人信息后又出售或者提供的,公民个人信息的条数不重复计算。

向不同单位或者个人分别出售、提供同一公民个人信息的,公民个人信息的条数累计计算。

对批量公民个人信息的条数,根据查获的数量直接认定,但是有证据证明信息不真实或者重复的除外。

第十二条 对于侵犯公民个人信息犯罪,应当综合考虑犯罪的危害程度、犯罪的违法所得数额以及被告人的前科情况、认罪悔罪态度等,依法判处罚金。罚金数额一般在违法所得的一倍以上五倍以下。

三、相关部门规章

1.《儿童个人信息网络保护规定》(2019年10月1日起施行)

第一条 为了保护儿童个人信息安全,促进儿童健康成长,根据《中华人民共和国网络安全法》《中华人民共和国未成年人保护法》等法律法规,制定本规定。

第二条 本规定所称儿童,是指不满十四周岁的未成年人。

第三条 在中华人民共和国境内通过网络从事收集、存储、使用、转移、披露儿童个人信息等活动,适用本规定。

第四条 任何组织和个人不得制作、发布、传播侵害儿童个人信息安全的信息。

第二十八条 通过计算机信息系统自动留存处理信息且无法识别所留存处理的信息属于儿童个人信息的,依照其他有关规定执行。

2.《电信和互联网用户个人信息保护规定》(2013年9月1日起施行)

第一条 为了保护电信和互联网用户的合法权益,维护网络信息安全,根据《全国人民代表大会常务委员会关于加强网络信息保护的决定》、《中华人民共和国电信条例》和《互联网信息服务管理办法》等法律、行政法规,制定本规定。

第二条 在中华人民共和国境内提供电信服务和互联网信息服务过程中收集、使用用户个人信息的活动,适用本规定。

第三条　工业和信息化部和各省、自治区、直辖市通信管理局(以下统称电信管理机构)依法对电信和互联网用户个人信息保护工作实施监督管理。

第四条　本规定所称用户个人信息,是指电信业务经营者和互联网信息服务提供者在提供服务的过程中收集的用户姓名、出生日期、身份证件号码、住址、电话号码、账号和密码等能够单独或者与其他信息结合识别用户的信息以及用户使用服务的时间、地点等信息。

第五条　电信业务经营者、互联网信息服务提供者在提供服务的过程中收集、使用用户个人信息,应当遵循合法、正当、必要的原则。

第六条　电信业务经营者、互联网信息服务提供者对其在提供服务过程中收集、使用的用户个人信息的安全负责。

第七条　国家鼓励电信和互联网行业开展用户个人信息保护自律工作。

3.《未成年人节目管理规定》(2019年3月29日起施行)

第十三条　未成年人节目制作过程中,不得泄露或者质问、引诱未成年人泄露个人及其近亲属的隐私信息,不得要求未成年人表达超过其判断能力的观点。

对确需报道的未成年人违法犯罪案件,不得披露犯罪案件中未成年人当事人的姓名、住所、照片、图像等个人信息,以及可能推断出未成年人当事人身份的资料。对于不可避免含有上述内容的画面和声音,应当采取技术处理,达到不可识别的标准。

4.《城市轨道交通运营管理规定》(2018年7月1日起施行)

第二十八条　鼓励运营单位采用大数据分析、移动互联网等先进技术及有关设施设备,提升服务品质。运营单位应当保证乘客个人信息的采集和使用符合国家网络和信息安全有关规定。

5.《旅行社条例实施细则》(2016年12月12日修正)

第五十条　旅行社应当妥善保存《条例》规定的招徕、组织、接待旅游者的各类合同及相关文件、资料,以备县级以上旅游行政管理部门核查。

前款所称的合同及文件、资料的保存期,应当不少于两年。

旅行社不得向其他经营者或者个人,泄露旅游者因签订旅游合同提供的个人信息;超过保存期限的旅游者个人信息资料,应当妥善销毁。

6.《侵害消费者权益行为处罚办法》(2015年3月15日起施行)

第十一条 经营者收集、使用消费者个人信息,应当遵循合法、正当、必要的原则,明示收集、使用信息的目的、方式和范围,并经消费者同意。经营者不得有下列行为:

(一)未经消费者同意,收集、使用消费者个人信息;

(二)泄露、出售或者非法向他人提供所收集的消费者个人信息;

(三)未经消费者同意或者请求,或者消费者明确表示拒绝,向其发送商业性信息。

前款中的消费者个人信息是指经营者在提供商品或者服务活动中收集的消费者姓名、性别、职业、出生日期、身份证件号码、住址、联系方式、收入和财产状况、健康状况、消费情况等能够单独或者与其他信息结合识别消费者的信息。

7.《寄递服务用户个人信息安全管理规定》(国邮发〔2014〕52号)

第二条 在中华人民共和国境内经营和使用寄递服务涉及用户个人信息安全的活动以及相关监督管理工作,适用本规定。

第三条 本规定所称寄递服务用户个人信息(以下简称寄递用户信息),是指用户在使用寄递服务过程中的个人信息,包括寄(收)件人的姓名、地址、身份证件号码、电话号码、单位名称,以及寄递详情单号、时间、物品明细等内容。

第四条 寄递用户信息安全监督管理坚持安全第一、预防为主、综合治理的方针,保障用户个人信息安全。

四、相关标准

1.《信息安全技术 个人信息安全规范》(GB/T 35273—2020)

3.1 个人信息 personal information

以电子或者其他方式记录的能够单独或者与其他信息结合识别特定自然人身份或者反映特定自然人活动情况的各种信息。

注1 个人信息包括姓名、出生日期、身份证件号码、个人生物识别信息、住址、通信通讯联系方式、通信记录和内容、账号密码、财产信息、征信信息、行踪轨迹、住宿信息、健康生理信息、交易信息等。

注2 关于个人信息的判定方法和类型参见附录A。

注3 个人信息控制者通过个人信息或其他信息加工处理后形成的信息,例如,用户画像或特征标签能够单独或者与其他信息结合识别特定自然人身份或者反映特定自然人活动情况的,属于个人信息。

3.2　个人敏感信息　personal sensitive information

一旦泄露、非法提供或滥用可能危害人身和财产安全，极易导致个人名誉、身心健康受到损害或歧视性待遇等的个人信息。

注1　个人敏感信息包括身份证件号码、个人生物识别信息、银行账户、通信记录和内容、财产信息、征信信息、行踪轨迹、住宿信息、健康生理信息、交易信息、14岁以下(含)儿童的个人信息等。

注2　关于个人敏感信息的判定方法和类型参见附录B。

注3　个人信息控制者通过个人信息或其他信息加工处理后形成的信息，如一旦泄露、非法提供或滥用可能危害人身和财产安全，极易导致个人名誉、身心健康受到损害或歧视性待遇等的，属于用可能危害人身和财产安全，极易导致个人名誉、身心健康受到损害或歧视性待遇等的，属于个人敏感信息。

2.《个人金融信息保护技术规范》(JR/T 0171—2020)

3.2　个人金融信息　personal financial information

金融业机构通过提供金融产品和服务或者其他渠道获取、加工和保存的个人信息。

注1：本标准中的个人金融信息包括账户信息、鉴别信息、金融交易信息、个人身份信息、财产信息、借贷信息及其他反映特定个人某些情况的信息。

注2：改写GB/T 35273—2017，定义3.1。

3.3　支付敏感信息　payment sensitive information

支付信息中涉及支付主体隐私和身份识别的重要信息。

注：支付敏感信息包括但不限于银行卡磁道数据或芯片等效信息、卡片验证码、卡片有效期、银行卡密码、网络支付交易密码等用于支付鉴权的个人金融信息。

3.《互联网个人信息安全保护指南》(2019年4月10日发布)

3.1　个人信息

以电子或者其他方式记录的能够单独或者与其他信息结合识别自然人个人身份的各种信息，包括但不限于自然人的姓名、出生日期、身份证件号码、个人生物识别信息、住址、电话号码等。

注：个人信息还包括通信通讯联系方式、通信记录和内容、账号密码、财产信息、征信信息、行踪轨迹、住宿信息、健康生理信息、交易信息等。

第一千零三十五条　【处理个人信息的原则与条件】处理个人信息的,应当遵循合法、正当、必要原则,不得过度处理,并符合下列条件:

(一)征得该自然人或者其监护人同意,但是法律、行政法规另有规定的除外;

(二)公开处理信息的规则;

(三)明示处理信息的目的、方式和范围;

(四)不违反法律、行政法规的规定和双方的约定。

个人信息的处理包括个人信息的收集、存储、使用、加工、传输、提供、公开等。

法条评释:本条是对处理个人信息应当遵循的原则和必须符合的条件的规定。依据本条第1款,处理个人信息应当遵循合法、正当与必要三项原则。所谓合法原则,就是指在对个人信息进行收集、存储、加工、使用、提供、公开等活动时,行为人应当严格按照法律法规的规定,不得违法处理个人信息。正当原则,也称公正原则,是指处理个人信息的行为必须是符合正当的目的,此种目的的"正当性",或在于信息主体所同意的收集处理个人信息的特定目的,或在于是有关国家机关依据法律法规规定履行职责所必要的,或在于是维护公共利益或国家安全所必需的。任何组织或者个人不能超出特定的目的或者为了不正当的目的去收集个人信息。必要原则,也称数据最小化或信息最小化原则,是指无论是收集还是处理个人信息,都必须只是收集和处理那些以为了满足个人信息处理目的之必要为限度的个人信息,不能超出这个限度去收集与满足个人信息处理目的无关的个人信息。从基础理论上说,个人信息处理中应当遵循的必要原则是比例原则的具体体现。

本条第1款还对处理个人信息应当符合的条件进行了规定。具体而言,首先,要遵循告知规则,即任何组织或个人在进行收集、存储、使用、加工、提供、公开等个人信息的处理行为时,都应当向信息主体即自然人履行告知义务。如果不经过充分合法的告知,则自然人无法作出真实的同意。本条第1款要求收集、处理自然人的个人信息时,必须公开收集、处理信息的规则并明示收集处理信息的目的、方式和范围。其次,要取得个人信息主体的同意。一方面,个人信息处理者在处理个人信息之前，必须得到个人信息被收集的自然人或者其监护人的同意，除非法律、行政法规另有规定。另一方面，在取得自然人的同意后，处理者在对个人信息进行处理时，不能违反约定，而且在处理者的个人信息处理规则或处理个人信息的目的、方式或范围发生了变更，处理者也要取得自然人或者其监护人的同意。

本条第2款借鉴欧盟《一般数据保护条例》的规定，统一采取了“处理”的表述来涵盖围绕着个人信息发生的一系列行为与活动，如个人信息的收集、存储、使用、加工、传输、提供、公开。

一、相关法律条文

1.《中华人民共和国民法典》(2021年1月1日起施行)

第一百一十条　自然人的个人信息受法律保护。任何组织或者个人需要获取他人个人信息的，应当依法取得并确保信息安全，不得非法收集、使用、加工、传输他人个人信息，不得非法买卖、提供或者公开他人个人信息。

2.《全国人民代表大会常务委员会关于加强网络信息保护的决定》(2012年12月28日起施行)

二、网络服务提供者和其他企业事业单位在业务活动中收集、使用公民个人电子信息，应当遵循合法、正当、必要的原则，明示收集、使用信息的目的、方式和范围，并经被收集者同意，不得违反法律、法规的规定和双方的约定收集、使用信息。

网络服务提供者和其他企业事业单位收集、使用公民个人电子信息，应当公开其收集、使用规则。

3.《中华人民共和国网络安全法》(2017年6月1日起施行)

第二十二条　网络产品、服务应当符合相关国家标准的强制性要求。网络产品、服务的提供者不得设置恶意程序；发现其网络产品、服务存在安全缺陷、漏洞等风险时，应当立即采取补救措施，按照规定及时告知用户并向有关主管部门报告。

网络产品、服务的提供者应当为其产品、服务持续提供安全维护；在规定或者当事人约定的期限内，不得终止提供安全维护。

网络产品、服务具有收集用户信息功能的，其提供者应当向用户明示并取得同意；涉及用户个人信息的，还应当遵守本法和有关法律、行政法规关于个人信息保护的规定。

第四十一条 网络运营者收集、使用个人信息，应当遵循合法、正当、必要的原则，公开收集、使用规则，明示收集、使用信息的目的、方式和范围，并经被收集者同意。

网络运营者不得收集与其提供的服务无关的个人信息，不得违反法律、行政法规的规定和双方的约定收集、使用个人信息，并应当依照法律、行政法规的规定和与用户的约定，处理其保存的个人信息。

4.《中华人民共和国消费者权益保护法》(2013年10月25日修正)

第二十九条 经营者收集、使用消费者个人信息，应当遵循合法、正当、必要的原则，明示收集、使用信息的目的、方式和范围，并经消费者同意。经营者收集、使用消费者个人信息，应当公开其收集、使用规则，不得违反法律、法规的规定和双方的约定收集、使用信息。

经营者及其工作人员对收集的消费者个人信息必须严格保密，不得泄露、出售或者非法向他人提供。经营者应当采取技术措施和其他必要措施，确保信息安全，防止消费者个人信息泄露、丢失。在发生或者可能发生信息泄露、丢失的情况时，应当立即采取补救措施。

经营者未经消费者同意或者请求，或者消费者明确表示拒绝的，不得向其发送商业性信息。

5.《中华人民共和国电子商务法》(2019年1月1日起施行)

第二十三条 电子商务经营者收集、使用其用户的个人信息，应当遵守法律、行政法规有关个人信息保护的规定。

第三十二条 电子商务平台经营者应当遵循公开、公平、公正的原则，制定平台服务协议和交易规则，明确进入和退出平台、商品和服务质量保障、消费者权益保护、个人信息保护等方面的权利和义务。

6.《中华人民共和国测绘法》(2017年4月27日修订)

第四十七条 地理信息生产、保管、利用单位应当对属于国家秘密的地理信息的获取、持有、提供、利用情况进行登记并长期保存，实行可追溯管理。

从事测绘活动涉及获取、持有、提供、利用属于国家秘密的地理信息，应当遵守保密法律、行政法规和国家有关规定。

地理信息生产、利用单位和互联网地图服务提供者收集、使用用户个人信息的，应当遵守法律、行政法规关于个人信息保护的规定。

7.《中华人民共和国未成年人保护法》(2020年10月17日修正)

第七十二条　信息处理者通过网络处理未成年人个人信息的，应当遵循合法、正当和必要的原则。处理不满十四周岁未成年人个人信息的，应当征得未成年人的父母或者其他监护人同意，但法律、行政法规另有规定的除外。

未成年人、父母或者其他监护人要求信息处理者更正、删除未成年人个人信息的，信息处理者应当及时采取措施予以更正、删除，但法律、行政法规另有规定的除外。

第七十三条　网络服务提供者发现未成年人通过网络发布私密信息的，应当及时提示，并采取必要的保护措施。

二、相关行政法规

《地图管理条例》(2016年1月1日起施行)

第三十五条　互联网地图服务单位收集、使用用户个人信息的，应当明示收集、使用信息的目的、方式和范围，并经用户同意。

互联网地图服务单位需要收集、使用用户个人信息的，应当公开收集、使用规则，不得泄露、篡改、出售或者非法向他人提供用户的个人信息。

互联网地图服务单位应当采取技术措施和其他必要措施，防止用户的个人信息泄露、丢失。

三、相关部门规章

1.《儿童个人信息网络保护规定》(2019年10月1日起施行)

第二条　本规定所称儿童，是指不满十四周岁的未成年人。

第三条　在中华人民共和国境内通过网络从事收集、存储、使用、转移、披露儿童个人信息等活动，适用本规定。

第四条　任何组织和个人不得制作、发布、传播侵害儿童个人信息安全的信息。

第七条　网络运营者收集、存储、使用、转移、披露儿童个人信息的，应当遵循正当必要、知情同意、目的明确、安全保障、依法利用的原则。

第八条　网络运营者应当设置专门的儿童个人信息保护规则和用户协议，并指定专人负责儿童个人信息保护。

第九条 网络运营者收集、使用、转移、披露儿童个人信息的，应当以显著、清晰的方式告知儿童监护人，并应当征得儿童监护人的同意。

第十条 网络运营者征得同意时，应当同时提供拒绝选项，并明确告知以下事项：

（一）收集、存储、使用、转移、披露儿童个人信息的目的、方式和范围；

（二）儿童个人信息存储的地点、期限和到期后的处理方式；

（三）儿童个人信息的安全保障措施；

（四）拒绝的后果；

（五）投诉、举报的渠道和方式；

（六）更正、删除儿童个人信息的途径和方法；

（七）其他应当告知的事项。

前款规定的告知事项发生实质性变化的，应当再次征得儿童监护人的同意。

第十一条 网络运营者不得收集与其提供的服务无关的儿童个人信息，不得违反法律、行政法规的规定和双方的约定收集儿童个人信息。

第十二条 网络运营者存储儿童个人信息，不得超过实现其收集、使用目的所必需的期限。

第十三条 网络运营者应当采取加密等措施存储儿童个人信息，确保信息安全。

第十四条 网络运营者使用儿童个人信息，不得违反法律、行政法规的规定和双方约定的目的、范围。因业务需要，确需超出约定的目的、范围使用的，应当再次征得儿童监护人的同意。

第十五条 网络运营者对其工作人员应当以最小授权为原则，严格设定信息访问权限，控制儿童个人信息知悉范围。工作人员访问儿童个人信息的，应当经过儿童个人信息保护负责人或者其授权的管理人员审批，记录访问情况，并采取技术措施，避免违法复制、下载儿童个人信息。

第十六条 网络运营者委托第三方处理儿童个人信息的，应当对受委托方及委托行为等进行安全评估，签署委托协议，明确双方责任、处理事项、处理期限、处理性质和目的等，委托行为不得超出授权范围。

前款规定的受委托方，应当履行以下义务：

(一)按照法律、行政法规的规定和网络运营者的要求处理儿童个人信息;

(二)协助网络运营者回应儿童监护人提出的申请;

(三)采取措施保障信息安全,并在发生儿童个人信息泄露安全事件时,及时向网络运营者反馈;

(四)委托关系解除时及时删除儿童个人信息;

(五)不得转委托;

(六)其他依法应当履行的儿童个人信息保护义务。

第十七条 网络运营者向第三方转移儿童个人信息的,应当自行或者委托第三方机构进行安全评估。

第十八条 网络运营者不得披露儿童个人信息,但法律、行政法规规定应当披露或者根据与儿童监护人的约定可以披露的除外。

第十九条 儿童或者其监护人发现网络运营者收集、存储、使用、披露的儿童个人信息有错误的,有权要求网络运营者予以更正。网络运营者应当及时采取措施予以更正。

第二十条 儿童或者其监护人要求网络运营者删除其收集、存储、使用、披露的儿童个人信息的,网络运营者应当及时采取措施予以删除,包括但不限于以下情形:

(一)网络运营者违反法律、行政法规的规定或者双方的约定收集、存储、使用、转移、披露儿童个人信息的;

(二)超出目的范围或者必要期限收集、存储、使用、转移、披露儿童个人信息的;

(三)儿童监护人撤回同意的;

(四)儿童或者其监护人通过注销等方式终止使用产品或者服务的。

第二十三条 网络运营者停止运营产品或者服务的,应当立即停止收集儿童个人信息的活动,删除其持有的儿童个人信息,并将停止运营的通知及时告知儿童监护人。

2.《电信和互联网用户个人信息保护规定》(2013 年 9 月 1 日起施行)

第八条 电信业务经营者、互联网信息服务提供者应当制定用户个人信息收集、使用规则,并在其经营或者服务场所、网站等予以公布。

第九条 未经用户同意，电信业务经营者、互联网信息服务提供者不得收集、使用用户个人信息。

电信业务经营者、互联网信息服务提供者收集、使用用户个人信息的，应当明确告知用户收集、使用信息的目的、方式和范围，查询、更正信息的渠道以及拒绝提供信息的后果等事项。

电信业务经营者、互联网信息服务提供者不得收集其提供服务所必需以外的用户个人信息或者将信息用于提供服务之外的目的，不得以欺骗、误导或者强迫等方式或者违反法律、行政法规以及双方的约定收集、使用信息。

电信业务经营者、互联网信息服务提供者在用户终止使用电信服务或者互联网信息服务后，应当停止对用户个人信息的收集和使用，并为用户提供注销号码或者账号的服务。

法律、行政法规对本条第一款至第四款规定的情形另有规定的，从其规定。

第十条 电信业务经营者、互联网信息服务提供者及其工作人员对在提供服务过程中收集、使用的用户个人信息应当严格保密，不得泄露、篡改或者毁损，不得出售或者非法向他人提供。

第十一条 电信业务经营者、互联网信息服务提供者委托他人代理市场销售和技术服务等直接面向用户的服务性工作，涉及收集、使用用户个人信息的，应当对代理人的用户个人信息保护工作进行监督和管理，不得委托不符合本规定有关用户个人信息保护要求的代理人代办相关服务。

第十二条 电信业务经营者、互联网信息服务提供者应当建立用户投诉处理机制，公布有效的联系方式，接受与用户个人信息保护有关的投诉，并自接到投诉之日起十五日内答复投诉人。

3.《网络预约出租汽车经营服务管理暂行办法》(2019 年 12 月 28 日修正)

第二十六条 网约车平台公司应当通过其服务平台以显著方式将驾驶员、约车人和乘客等个人信息的采集和使用的目的、方式和范围进行告知。未经信息主体明示同意，网约车平台公司不得使用前述个人信息用于开展其他业务。

网约车平台公司采集驾驶员、约车人和乘客的个人信息，不得超越提供网约车业务所必需的范围。

除配合国家机关依法行使监督检查权或者刑事侦查权外，网约车平台公司不得向任何第三方提供驾驶员、约车人和乘客的姓名、联系方式、家庭住址、银行账户或者支付账户、地理位置、出行线路等个人信息，不得泄露地理坐标、地理标志物等涉及国家安全的敏感信息。发生信息泄露后，网约车平台公司应当及时向相关主管部门报告，并采取及时有效的补救措施。

第二十七条　网约车平台公司应当遵守国家网络和信息安全有关规定，所采集的个人信息和生成的业务数据，应当在中国内地存储和使用，保存期限不少于2年，除法律法规另有规定外，上述信息和数据不得外流。

网约车平台公司不得利用其服务平台发布法律法规禁止传播的信息，不得为企业、个人及其他团体、组织发布有害信息提供便利，并采取有效措施过滤阻断有害信息传播。发现他人利用其网络服务平台传播有害信息的，应当立即停止传输，保存有关记录，并向国家有关机关报告。

网约车平台公司应当依照法律规定，为公安机关依法开展国家安全工作，防范、调查违法犯罪活动提供必要的技术支持与协助。

4.《侵害消费者权益行为处罚办法》(2015年3月15日起施行)

第十一条　经营者收集、使用消费者个人信息，应当遵循合法、正当、必要的原则，明示收集、使用信息的目的、方式和范围，并经消费者同意。经营者不得有下列行为：

(一)未经消费者同意，收集、使用消费者个人信息；

(二)泄露、出售或者非法向他人提供所收集的消费者个人信息；

(三)未经消费者同意或者请求，或者消费者明确表示拒绝，向其发送商业性信息。

前款中的消费者个人信息是指经营者在提供商品或者服务活动中收集的消费者姓名、性别、职业、出生日期、身份证件号码、住址、联系方式、收入和财产状况、健康状况、消费情况等能够单独或者与其他信息结合识别消费者的信息。

5.《规范互联网信息服务市场秩序若干规定》(2012年3月15日起施行)

第十一条　未经用户同意，互联网信息服务提供者不得收集与用户相关、能够单独或者与其他信息结合识别用户的信息(以下简称用户个人信息),不得将用户个人信息提供给他人,但是法律、行政法规另有规定的除外。

互联网信息服务提供者经用户同意收集用户个人信息的,应当明确告知用户收集和处理用户个人信息的方式、内容和用途,不得收集其提供服务所必需以外的信息,不得将用户个人信息用于其提供服务之外的目的。

6.《网络交易管理办法》(2014年3月15日起施行)

第十八条 网络商品经营者、有关服务经营者在经营活动中收集、使用消费者或者经营者信息,应当遵循合法、正当、必要的原则,明示收集、使用信息的目的、方式和范围,并经被收集者同意。网络商品经营者、有关服务经营者收集、使用消费者或者经营者信息,应当公开其收集、使用规则,不得违反法律、法规的规定和双方的约定收集、使用信息。

网络商品经营者、有关服务经营者及其工作人员对收集的消费者个人信息或者经营者商业秘密的数据信息必须严格保密,不得泄露、出售或者非法向他人提供。网络商品经营者、有关服务经营者应当采取技术措施和其他必要措施,确保信息安全,防止信息泄露、丢失。在发生或者可能发生信息泄露、丢失的情况时,应当立即采取补救措施。

网络商品经营者、有关服务经营者未经消费者同意或者请求,或者消费者明确表示拒绝的,不得向其发送商业性电子信息。

第一千零三十六条 【侵害个人信息的免责事由】 处理个人信息,有下列情形之一的,行为人不承担民事责任:

(一)在该自然人或者其监护人同意的范围内合理实施的行为;

(二)合理处理该自然人自行公开的或者其他已经合法公开的信息,但是该自然人明确拒绝或者处理该信息侵害其重大利益的除外;

(三)为维护公共利益或者该自然人合法权益,合理实施的其他行为。

法条评释: 本条是对侵害个人信息的免责事由的规定。所谓侵害个人信息的民事责任,是指个人信息的处理者因侵害自然人的个人信息权益而依法应当承担的民事责任。在我国侵权法中,过错责任是最基本的损害赔偿责任的归责原则(《民法典》第1165条第1款)。至于过错推定责任或无过错责任,都必须以法律有明确规定为前提(《民法典》第1165条第2款、第1166条)。本条对侵害个人信息的民事责任的免责事由作出了特别的规定,该规定用于违约责任也适用于侵权责任。具体而言,其一,在该自然人或者其监护人同意的范围内合理实施的行为。自然人或者其监护人的同意是个人信息处理的合法性基础,如果依法取得自然人或者其监护的同意且在该同意的范围内实施的个人信息处理行为,属于合法的个人信息处理行为,处理者自然无须承担民事责任。其二,合理处理该自然人自行公开的或者其他已经合法公开的信息,但是该自然人明确拒绝或者处理该信息侵害其重大利益的除外。对于已经合法公开的个人信息,无论是自然人自行公开的还是其他已经合法公开的个人信息,原则上是可以不告知并取得自然人的同意即能够自由地进行处理,因为这有利于促进信息的流动与利用,对于网络信息社会和数字经济的发展是有利的。但是,该自然人明确拒绝对已合法公开的个人信息的处理或者处理该信息侵害其重大利益的除外。这就是说,一方面,即便是已经合法公开的个人信息,依然受到个人信息保护法的保护,自然人对这些个人信息并不因其公开而失去控制的权利,其有权拒绝他人对这些信息进行处理。另一方面,由于个人信息的保护对于维护自然人的人格尊严和人格自由具有很重要的意义,所以,即便是已经合法公开的个人信息,也不得任意进行处理,如果处理该信息侵害自然人的重大利益的,也要承担民事责任。所谓"侵害自然人重大利益"的情形,是指此种处理将有害于自然人的生命、身体、自由、财产或其他重大利益。其三,为维护公共利益或者该自然人合法权益,合理实施的其他行为。所谓维护公共利益的情形,如大规模疫情或灾难发生时,为了应对该疫情或灾难而需要对个人信息进行收集、使用等处理行为。所谓维护该自然人的合法权益,是指为了维护个人信息被处理者的合法权益而在不经过其本人或监护人同意的情形下处理个人信息。例如,甲突发疾病而生命垂危,亟需在掌握其既往病史等个人信息的基础上进行治疗,而又无法取得其本人或近亲属的同意。

第一千零三十七条 【自然人个人信息权益的内容】 自然人可以依法向信息处理者查阅或者复制其个人信息;发现信息有错误的,有权提出异议并请求及时采取更正等必要措施。

自然人发现信息处理者违反法律、行政法规的规定或者双方的约定处理其个人信息的,有权请求信息处理者及时删除。

法条评释: 本条是对自然人个人信息权益内容的规定。具体包括:其一,查阅、复制个人信息的权利。任何组织或者个人要收集、处理自然人的个人信息,必须遵守法律确定的原则,同时告知个人信息被收集者并取得其同意。然而,履行完毕告知同意的程序后,信息控制者究竟在事实上收集了多大范围的个人信息,实际上采取了何种方式处理这些个人信息,有无违反约定的目的和范围处理个人信息,对此,自然人一无所知。因此,法律上有必要赋予自然人以查询、抄录和复制个人信息的权利,以确保自然人对其个人信息的知情权和保持应有的控制,避免因为非法收集、处理而致其人身财产权益遭受侵害。其二,针对错误信息的提出异议及更正的权利。自然人发现信息有错误的,有权提出异议并请求及时采取更正等必要措施。这就是对自然人的更正权的规定。个人信息在收集后要进行处理,如使用、加工、传输、共享,因此,一旦个人信息错误而不能及时更正,很可能会对自然人产生不利影响,如基于此种错误的个人信息进行的信用评价包括自动化决策,会对自然人的民事权益造成损害。因此,法律上允许自然人在发现个人信息有错误后予以更正。其三,删除个人信息的权利,这种权利是为了更好地保护自然人对个人信息享有的利益而作出的规定,具体行使的情形为:一是信息处理者违反法律、行政法规的规定处理其个人信息的;二是信息处理者违反双方的约定收集、使用其个人信息的。在这两种情形下,自然人有权请求信息处理者删除这些个人信息,否则,就等于认可了此等违法或违约行为的存在,承认了信息处理者有权侵害自然人的个人信息。

一、相关法律条文

1.《中华人民共和国民法典》(2021 年 1 月 1 日起施行)

第一千零二十九条 民事主体可以依法查询自己的信用评价;发现信用评价不当的,有权提出异议并请求采取更正、删除等必要措施。信用评价人应当及时核查,经核查属实的,应当及时采取必要措施。

2.《全国人民代表大会常务委员会关于加强网络信息保护的决定》(2012年12月28日起施行)

八、公民发现泄露个人身份、散布个人隐私等侵害其合法权益的网络信息,或者受到商业性电子信息侵扰的,有权要求网络服务提供者删除有关信息或者采取其他必要措施予以制止。

3.《中华人民共和国网络安全法》(2017年6月1日起施行)

第四十三条　个人发现网络运营者违反法律、行政法规的规定或者双方的约定收集、使用其个人信息的,有权要求网络运营者删除其个人信息;发现网络运营者收集、存储的其个人信息有错误的,有权要求网络运营者予以更正。网络运营者应当采取措施予以删除或者更正。

二、相关部门规章

1.《儿童个人信息网络保护规定》(2019年10月1日起施行)

第十九条　儿童或者其监护人发现网络运营者收集、存储、使用、披露的儿童个人信息有错误的,有权要求网络运营者予以更正。网络运营者应当及时采取措施予以更正。

第二十条　儿童或者其监护人要求网络运营者删除其收集、存储、使用、披露的儿童个人信息的,网络运营者应当及时采取措施予以删除,包括但不限于以下情形:

(一)网络运营者违反法律、行政法规的规定或者双方的约定收集、存储、使用、转移、披露儿童个人信息的;

(二)超出目的范围或者必要期限收集、存储、使用、转移、披露儿童个人信息的;

(三)儿童监护人撤回同意的;

(四)儿童或者其监护人通过注销等方式终止使用产品或者服务的。

2.《寄递服务用户个人信息安全管理规定》(国邮发〔2014〕52号)

第三十六条　邮政企业、快递企业应当加强寄递用户电子信息的存储安全管理,包括:

(一)使用独立物理区域存储寄递用户信息,禁止非授权人员进出该区域;

(二)采用加密方式存储寄递用户信息;

(三)确保安全使用、保管和处置存有寄递用户信息的计算机、移动设备和移动存储介质。明确管理数据存储设备、介质的负责人，建立设备、介质使用和借用登记制度，限制设备输出接口的使用。存储设备和介质报废的，应当及时删除其中的寄递用户信息数据，并销毁硬件。

第三十七条 邮政企业、快递企业应当加强寄递用户信息的应用安全管理，对所有批量导出、复制、销毁用户个人信息的操作进行审查，并采取防泄密措施，同时记录进行操作的人员、时间、地点和事项，留作信息安全审计依据。

第一千零三十八条 【信息处理者的法定义务】信息处理者不得泄露或者篡改其收集、存储的个人信息；未经自然人同意，不得向他人非法提供其个人信息，但是经过加工无法识别特定个人且不能复原的除外。

信息处理者应当采取技术措施和其他必要措施，确保其收集、存储的个人信息安全，防止信息泄露、篡改、丢失；发生或者可能发生个人信息泄露、篡改、丢失的，应当及时采取补救措施，按照规定告知自然人并向有关主管部门报告。

法条评释：本条是对信息处理者的法定义务的规定。依据本条第1款，信息处理者负有不得泄露、篡改所收集、存储的个人信息的义务，且当个人信息处理者要将其收集、存储的个人信息提供给他人时，必须告知自然人或者其监护人并取得同意，否则此种个人信息之提供就是非法的，除非是匿名化的信息，即经过处理无法识别特定个人且不能复原的信息。所谓无法识别特定个人，是指既不能凭借该信息本身识别特定的自然人，将该信息与其他信息结合也无法识别特定的自然人。所谓不能复原，是指从技术上不能复原或者非花费巨大的成本而难以复原。

依据本条第2款，信息处理负有保障个人信息安全的义务。个人信息被收集后要加以储存、保管，除了禁止信息处理者泄露、篡改或非法提供个人信息外，最重要的是对处理者提出具体的要求，强制其采取相应的措施，保护个人信息的安全。该义务具体包括：其一，采取技术措施确保个人信息安全。所谓技术措施，是指通过对个人信息进行加密、匿名，采取更安全可靠的数据系统、存储措施，采取防止黑客等第三方非法入侵信息系统等技术上的手段措施，从而实现保证个人信息安全,防止个人信息泄露、被窃取、篡改、毁损、灭失。其二,采取其他必要措施,即为了维护个人信息的安全而依据当时的情形等应当采取的措施。毕竟法律法规规章不可能将所有的保护个人信息安全的措施列举完毕,因此,虽然没有规定,但是根据具体的情形(如个人信息存储的容量、遭受非法侵入的风险和已经发生的时间、处理者的技术水平和财务能力),处理者应当采取的保护个人信息安全的措施就是必要措施。

一、相关法律条文

1.《全国人民代表大会常务委员会关于加强网络信息保护的决定》(2012年12月28日起施行)

四、网络服务提供者和其他企业事业单位应当采取技术措施和其他必要措施,确保信息安全,防止在业务活动中收集的公民个人电子信息泄露、毁损、丢失。在发生或者可能发生信息泄露、毁损、丢失的情况时,应当立即采取补救措施。

2.《中华人民共和国网络安全法》(2017年6月1日起施行)

第四十二条　网络运营者不得泄露、篡改、毁损其收集的个人信息;未经被收集者同意,不得向他人提供个人信息。但是,经过处理无法识别特定个人且不能复原的除外。

网络运营者应当采取技术措施和其他必要措施,确保其收集的个人信息安全,防止信息泄露、毁损、丢失。在发生或者可能发生个人信息泄露、毁损、丢失的情况时,应当立即采取补救措施,按照规定及时告知用户并向有关主管部门报告。

3.《中华人民共和国消费者权益保护法》(2013年10月25日修正)

第二十九条　经营者收集、使用消费者个人信息,应当遵循合法、正当、必要的原则,明示收集、使用信息的目的、方式和范围,并经消费者同意。经营者收集、使用消费者个人信息,应当公开其收集、使用规则,不得违反法律、法规的规定和双方的约定收集、使用信息。

经营者及其工作人员对收集的消费者个人信息必须严格保密,不得泄露、出售或者非法向他人提供。经营者应当采取技术措施和其他必要措施,确保信息安全,防止消费者个人信息泄露、丢失。在发生或者可能发生信息泄露、丢失的情况时,应当立即采取补救措施。

经营者未经消费者同意或者请求，或者消费者明确表示拒绝的，不得向其发送商业性信息。

二、相关部门规章

1.《儿童个人信息网络保护规定》(2019年10月1日起施行)

第二十一条 网络运营者发现儿童个人信息发生或者可能发生泄露、毁损、丢失的，应当立即启动应急预案，采取补救措施；造成或者可能造成严重后果的，应当立即向有关主管部门报告，并将事件相关情况以邮件、信函、电话、推送通知等方式告知受影响的儿童及其监护人，难以逐一告知的，应当采取合理、有效的方式发布相关警示信息。

第二十四条 任何组织和个人发现有违反本规定行为的，可以向网信部门和其他有关部门举报。

网信部门和其他有关部门收到相关举报的，应当依据职责及时进行处理。

第二十五条 网络运营者落实儿童个人信息安全管理责任不到位，存在较大安全风险或者发生安全事件的，由网信部门依据职责进行约谈，网络运营者应当及时采取措施进行整改，消除隐患。

2.《电信和互联网用户个人信息保护规定》(2013年9月1日起施行)

第十三条 电信业务经营者、互联网信息服务提供者应当采取以下措施防止用户个人信息泄露、毁损、篡改或者丢失：

(一)确定各部门、岗位和分支机构的用户个人信息安全管理责任；

(二)建立用户个人信息收集、使用及其相关活动的工作流程和安全管理制度；

(三)对工作人员及代理人实行权限管理，对批量导出、复制、销毁信息实行审查，并采取防泄密措施；

(四)妥善保管记录用户个人信息的纸介质、光介质、电磁介质等载体，并采取相应的安全储存措施；

(五)对储存用户个人信息的信息系统实行接入审查，并采取防入侵、防病毒等措施；

(六)记录对用户个人信息进行操作的人员、时间、地点、事项等信息；

(七)按照电信管理机构的规定开展通信网络安全防护工作；

(八)电信管理机构规定的其他必要措施。

第十四条　电信业务经营者、互联网信息服务提供者保管的用户个人信息发生或者可能发生泄露、毁损、丢失的，应当立即采取补救措施；造成或者可能造成严重后果的，应当立即向准予其许可或者备案的电信管理机构报告，配合相关部门进行的调查处理。

电信管理机构应当对报告或者发现的可能违反本规定的行为的影响进行评估；影响特别重大的，相关省、自治区、直辖市通信管理局应当向工业和信息化部报告。电信管理机构在依据本规定作出处理决定前，可以要求电信业务经营者和互联网信息服务提供者暂停有关行为，电信业务经营者和互联网信息服务提供者应当执行。

第十五条　电信业务经营者、互联网信息服务提供者应当对其工作人员进行用户个人信息保护相关知识、技能和安全责任培训。

第十六条　电信业务经营者、互联网信息服务提供者应当对用户个人信息保护情况每年至少进行一次自查，记录自查情况，及时消除自查中发现的安全隐患。

3.《规范互联网信息服务市场秩序若干规定》(2012 年 3 月 15 日起施行)

第十二条　互联网信息服务提供者应当妥善保管用户个人信息；保管的用户个人信息泄露或者可能泄露时，应当立即采取补救措施；造成或者可能造成严重后果的，应当立即向准予其互联网信息服务许可或者备案的电信管理机构报告，并配合相关部门进行的调查处理。

第一千零三十九条　【国家机关等保护隐私和个人信息的义务】国家机关、承担行政职能的法定机构及其工作人员对于履行职责过程中知悉的自然人的隐私和个人信息，应当予以保密，不得泄露或者向他人非法提供。

法条评释：本条是对国家机关、承担行政职能的法定机构及其工作人员保护隐私和个人信息的义务的规定。国家机关、承担行政职能的法定机构及其工作人员在依法履行职责的过程中，不仅要大量收集自然人的个人信息，也产生出新的个人信息，同时还会知悉很多自然人的隐私。此外，由国家机关、承担行政职能的法定机构所处理的个人信息的准确度也非常高。如果国家机关、承担行政职能的法定机构及其工作人员不能有效保守所知悉的自然人的隐私和个人信息，将会对自然人的人格尊严、人格自由和人身财产权益的安全造成很大的危险及损害。为强化对隐私和个人信息的保护，特设本条之规定。

一、相关法律条文

1.《全国人民代表大会常务委员会关于加强网络信息保护的决定》(2014年3月19日起施行)

十、有关主管部门应当在各自职权范围内依法履行职责，采取技术措施和其他必要措施，防范、制止和查处窃取或者以其他非法方式获取、出售或者非法向他人提供公民个人电子信息的违法犯罪行为以及其他网络信息违法犯罪行为。有关主管部门依法履行职责时，网络服务提供者应当予以配合，提供技术支持。

国家机关及其工作人员对在履行职责中知悉的公民个人电子信息应当予以保密，不得泄露、篡改、毁损，不得出售或者非法向他人提供。

2.《中华人民共和国网络安全法》(2017年6月1日起施行)

第四十四条 任何个人和组织不得窃取或者以其他非法方式获取个人信息，不得非法出售或者非法向他人提供个人信息。

第四十五条 依法负有网络安全监督管理职责的部门及其工作人员，必须对在履行职责中知悉的个人信息、隐私和商业秘密严格保密，不得泄露、出售或者非法向他人提供。

3.《中华人民共和国电子商务法》(2019年1月1日起施行)

第二十五条 有关主管部门依照法律、行政法规的规定要求电子商务经营者提供有关电子商务数据信息的，电子商务经营者应当提供。有关主管部门应当采取必要措施保护电子商务经营者提供的数据信息的安全，并对其中的个人信息、隐私和商业秘密严格保密，不得泄露、出售或者非法向他人提供。

4.《中华人民共和国社会保险法》(2018年12月29日修正)

第九十二条 社会保险行政部门和其他有关行政部门、社会保险经办机构、社会保险费征收机构及其工作人员泄露用人单位和个人信息的，对直接负责的主管人员和其他直接责任人员依法给予处分；给用人单位或者个人造成损失的，应当承担赔偿责任。

5.《中华人民共和国国际刑事司法协助法》(2018年10月26日起施行)

第十七条 办案机关收到主管机关交办的外国刑事司法协助请求后，应当依法执行，并将执行结果或者妨碍执行的情形及时报告主管机关。

办案机关在执行请求过程中,应当维护当事人和其他相关人员的合法权益,保护个人信息。

6.《中华人民共和国国家情报法》(2018 年 4 月 27 日修正)

第十九条 国家情报工作机构及其工作人员应当严格依法办事,不得超越职权、滥用职权,不得侵犯公民和组织的合法权益,不得利用职务便利为自己或者他人谋取私利,不得泄露国家秘密、商业秘密和个人信息。

7.《中华人民共和国居民身份证法》(2011 年 10 月 29 日修正)

第六条 居民身份证式样由国务院公安部门制定。居民身份证由公安机关统一制作、发放。

居民身份证具备视读与机读两种功能,视读、机读的内容限于本法第三条第一款规定的项目。

公安机关及其人民警察对因制作、发放、查验、扣押居民身份证而知悉的公民的个人信息,应当予以保密。

8.《中华人民共和国统计法》(2010 年 1 月 1 日起施行)

第九条 统计机构和统计人员对在统计工作中知悉的国家秘密、商业秘密和个人信息,应当予以保密。

9.《中华人民共和国护照法》(2007 年 1 月 1 日起施行)

第十二条 护照具备视读与机读两种功能。

护照的防伪性能参照国际技术标准制定。

护照签发机关及其工作人员对因制作、签发护照而知悉的公民个人信息,应当予以保密。

二、相关行政法规

1.《社会救助暂行办法》(2019 年 3 月 2 日修订)

第六十一条 履行社会救助职责的工作人员对在社会救助工作中知悉的公民个人信息,除按照规定应当公示的信息外,应当予以保密。

2.《戒毒条例》(2018 年 9 月 18 日修订)

第七条 戒毒人员在入学、就业、享受社会保障等方面不受歧视。

对戒毒人员戒毒的个人信息应当依法予以保密。对戒断 3 年未复吸的人员,不再实行动态管控。

3.《全国经济普查条例》(2018 年 8 月 11 日修订)

第三十二条 各级经济普查机构及其工作人员对在经济普查中所知悉的国家秘密和经济普查对象的商业秘密、个人信息,应当依法履行保密义务。

4.《人力资源市场暂行条例》(2018 年 10 月 1 日起施行)

第二十九条 人力资源服务机构发布人力资源供求信息,应当建立健全信息发布审查和投诉处理机制,确保发布的信息真实、合法、有效。

人力资源服务机构在业务活动中收集用人单位和个人信息的,不得泄露或者违法使用所知悉的商业秘密和个人信息。

5.《居住证暂行条例》(2016 年 1 月 1 日起施行)

第十七条 国家机关及其工作人员对在工作过程中知悉的居住证持有人个人信息,应当予以保密。

6.《征信业管理条例》(2013 年 3 月 15 日起施行)

第三十五条 国务院征信业监督管理部门及其派出机构的工作人员对在工作中知悉的国家秘密和信息主体的信息,应当依法保密。

7.《彩票管理条例》(2009 年 7 月 1 日起施行)

第二十七条 彩票发行机构、彩票销售机构、彩票代销者以及其他因职务或者业务便利知悉彩票中奖者个人信息的人员,应当对彩票中奖者个人信息予以保密。